上海师范大学智库培育项目(2022)

休闲研究专著系列

长三角41个城市休闲化发展研究报告（2022）

The Annual Report on Urban Recreationalization Development in Yangtze River Delta（2022）

毛润泽　楼嘉军　陈享尔　张楠楠 等　著

上海交通大学出版社
SHANGHAI JIAO TONG UNIVERSITY PRESS

内容提要

本书由上海师范大学与华东师范大学联合组成的“长三角城市休闲化指数”课题组发布的第 4 份有关我国区域层面的城市休闲化发展研究报告。本报告采用理论模型和实证分析相结合的研究方式，从经济与产业发展、休闲服务与接待、休闲生活与消费、休闲空间与环境和交通设施与规模五个维度出发，对长三角地区 41 个地级及以上城市休闲化指数进行深入分析。本书由三部分组成。第一部分是总报告，包括绪论、研究对象与研究方法，以及城市休闲化报告等内容；第二部分是城市休闲化指指标分析；第三部分是专题研究。

本书可作为高等院校旅游、休闲、会展、文化及社会学等专业师生的参考教材，也适合作为旅游管理、文化产业管理和城市公共服务管理部门的参考用书。

图书在版编目(CIP)数据

长三角 41 个城市休闲化发展研究报告. 2022／毛润泽等著. —上海：上海交通大学出版社，2023.9
ISBN 978-7-313-29344-2

Ⅰ. ①长… Ⅱ. ①毛… Ⅲ. ①长江三角洲—城市—闲暇社会学—研究报告—2022 Ⅳ. ①D669.3

中国国家版本馆 CIP 数据核字(2023)第 162283 号

长三角 41 个城市休闲化发展研究报告(2022)
CHANGSANJIAO 41GE CHENGSHI XIUXIANHUA FAZHAN YANJIU BAOGAO (2022)

著　　者：毛润泽　楼嘉军　陈享尔　张楠楠 等
出版发行：上海交通大学出版社　　地　　址：上海市番禺路 951 号
邮政编码：200030　　电　　话：021-64071208
印　　制：上海万卷印刷股份有限公司　　经　　销：全国新华书店
开　　本：710 mm×1000 mm　1/16　　印　　张：17.25
字　　数：214 千字
版　　次：2023 年 9 月第 1 版　　印　　次：2023 年 9 月第 1 次印刷
书　　号：ISBN 978-7-313-29344-2
定　　价：78.00 元

前　言

《2022长三角城市休闲化发展研究报告》由上海师范大学休闲与旅游研究中心和华东师范大学工商管理学院休闲研究中心联合组成的"长三角城市休闲化指数"课题组共同编制而成。是继2019年后，课题组为适应长三角区域一体化发展的现实需要推出的第四份基于我国区域层面的城市休闲化发展的研究报告，以期为推动本地区城市休闲高质量发展提供决策参考与实践指导。

本报告得出以下几个结论。

第一，从长三角城市休闲化发展的基本态势看，总体格局基本稳定，整体水平不断提升，尤其是以上海（超大城市）为核心，以特大城市、计划单列市和大城市为依托的发展结构，在长三角城市休闲化进程中的引领作用和示范作用显著。

第二，从长三角城市休闲化发展的五个维度看，休闲生活和消费维度在各城市间的发展差异最小,既体现了城市居民巨大的休闲消费需求与追求美好生活的高涨热情,又深刻表明在社会主要矛盾变化的大背景下,本地区不论城市大小,居民可支配收入高低,居民追求美好生活需要的急迫心情具有鲜明的共性,从而在休闲消费行为上体现出高度的一致性。

第三,从长三角城市休闲化发展的空间格局看,“东部持续引领、南部快速崛起、西部和北部合力奋起”的发展态势趋于稳定,但是稳中有变。

第四,从长三角城市休闲化发展质量和发展协调性角度看,城市休闲化发展质量、城市休闲化发展的协调性与城市社会经济发展总体水平之间表现出较高的一致性。

本报告认为,今后几年,长三角城市休闲化将出现以下几大变化。

第一,围绕区域协调发展战略,长三角城市休闲化协同发展趋势进一步强化。一方面,各城市在休闲化发展中会更加注重质量和效益的统一,把握好城市休闲化五大维度的结构协调度,进一步加大休闲旅游产品有效供给、释放休闲消费潜力,形成休闲需求和供给的协调共进与持续发展;另一方面,各城市之间围绕休闲化发展将增强互动,提升休闲市场联动效应与空间协同效应,推动长三角城市群休闲化的协同一体发展。

第二,依托休闲消费内循环活力,长三角将成为具有国际影响力的休闲创新供给高地。在畅通国内大循环为主体、国内国际双循环相互促进的新发展格局下,长三角区域范围内的休闲市场消费内循环与双互动将会不断得到强化。一是通过文旅融合消费需求牵引休闲产业供给优化;二是通过休闲产业供给优化创造更大以文旅消费为主体的休闲消费需求,形成长三角城市休闲化发展更高水平和质量的动态平衡,推进长三角地区以高质量的休闲服务供给引领休闲产业转型升级,夯实长三角成为世界级休闲创新供给高地的基础。

第三，深化人民美好生活理念，长三角将成为高品质休闲文化生活典范区。2021 年 3 月发布的《中华人民共和国国民经济和社会发展第十四个五年规划和 2035 年远景目标纲要》提出，要打造一批文化特色鲜明的国家级旅游休闲城市和街区，成为引导长三角城市休闲文化生活高品质创造与发展的指南。长三角城市休闲化建设需要继续以实现居民美好生活需要为引导目标，以提高居民生活获得感和幸福感建设为根本目的，促进长三角地区成为我国区域休闲文化生活系统化和集群化发展的高地，居民休闲文化多元化和品质化的消费需求创新引领区。

第四，依靠长三角一体化的整体优势，紧扣"上海大都市圈"空间规划蓝图的发展目标，积极打造具有世界级影响力的高质量的休闲化城市群。纳入上海大都市圈的 9 个城市，文化同源、人缘相亲、经济互连、市场互动，体现了中国特色的城市休闲化协调发展趋势，凸显可持续的发展韧性，对于长三角地区，乃至我国其他区域都具有鲜明的城市休闲化协同发展的引导性与示范性。

本报告由以下三部分组成。第一部分是总报告，包括绪论、研究对象与评价方法，以及城市休闲化评价报告等内容。第二部分是城市休闲化指标分析，包括分类指数评价与分析、41 个城市休闲化指数评价与分析等内容。第三部分是专题研究。

本报告撰写分工如下：第一部分由楼嘉军、毛润泽、陈享尔等负责完成；第二部分由毛润泽、陈享尔、楼嘉军、张楠楠等负责完成；第三部分由刘松、高雅、华钢和杜诚璐等负责完成。此外，参加本报告沙龙讨论与材料收集还有施蓓琦、马剑瑜、李丽梅、马红涛、刘源、赵玲玲等。

2022 年度报告得以顺利完成，与课题组全体成员近一年来的辛勤工作，以及以上各位老师和研究生同学的尽力配合密不可分。作为课题负责人,在此我谨向他们表示诚挚的敬意与真诚的感谢。本报告是2022年度上海师范大学智库培育项目,感谢上海师范大学康年副校长对该项目给予的无微不至的关怀;感谢宋波院长对该项目的支持与帮助。在此深表谢意。同时,还要感谢上海交通大学出版社的倪华老师和张勇老师对本报告的出版与审校工作付出的心血。由于本报告有关长三角41个城市休闲化发展水平的评价工作涉及的研究数据采集量比较大,来源又多元化,加上我们认识的局限性,在理论阐述、数据处理、材料分析等方面难免会存在不足,敬请学者与读者批评指正。

楼嘉军

上海师范大学休闲与旅游研究中心主任

2023年6月

目　录

第一部分　总报告

第二部分 41个城市休闲化指标分析

第三部分 专题研究

第一部分

总报告

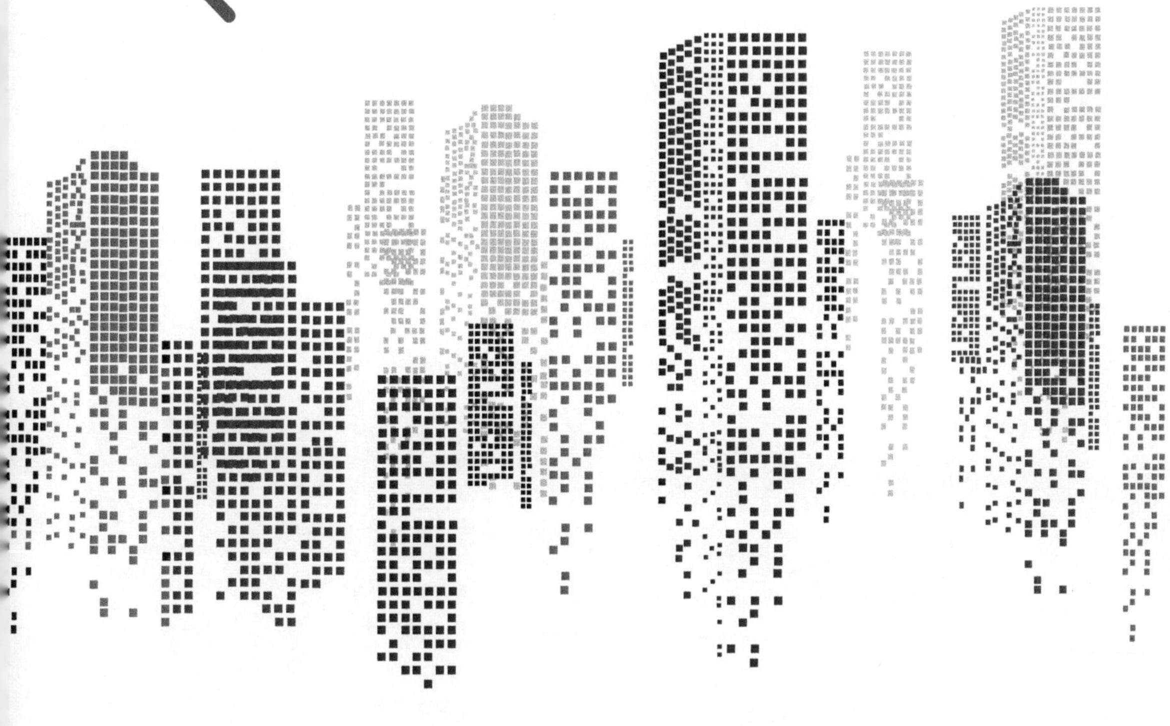

第一章 绪 论

2018年11月，习近平总书记在首届中国国际进口博览会上宣布，支持长江三角洲区域一体化发展并上升为国家战略。2020年8月，习近平总书记在扎实推进长三角一体化发展座谈会上强调，要深刻认识长三角区域在国家经济社会发展中的地位和作用，结合长三角一体化发展面临的新形势新要求，坚持目标导向、问题导向相统一，紧扣一体化和高质量两个关键词抓好重点工作，真抓实干、埋头苦干，推动长三角一体化发展不断取得成效。中共中央、国务院印发的《长江三角洲区域一体化发展规划纲要》指出：到2025年，长三角一体化发展将取得实质性进展，在科创产业、基础设施、生态环境、公共服务等领域基本实现一体化发展。自党中央做出长三角一体化发展重大战略部署以来，从基础设施联通到公共服务基本均等化，从产业集群发展到创新要素集聚发力，从深入改革到扩大对外开放，规划政策体系“四梁八柱”稳步构建，长三角一体化高质量发展迈出稳健步伐。“长三角区域要发挥人才富集、科技水平高、制造业发达、产业链供应链相对完备和市场潜力大等诸多优势，积极探索形成新发展格局的路径。”习近平总书记铿锵有力的话语，为长三角在全国发展大局中找准了定位、指明了方向。

沪苏浙皖三省一市深入贯彻落实习近平总书记重要讲话精神，紧扣一体化和高质量两个关键词，紧密携手、各展所长、协同发力，发展动能更加强劲，进展成效更加凸显。长三角地区以4%的国土面积，创造了全国约1/4的经济总量。该区域具有人才富集、科技水平高、制造业发达、产业链供应链相对完备和市场潜力大等诸多优势。长三角已成为我国经济发展最活跃、开放程度最高、创新能力最强的区域之一。该区域在推动人才、技术、资本、信息等要素资源跨区域自由流动,建设统一开放大市场方面,走在全国前列。围绕生物医药、集成电路、人工智能等战略性新兴产业和先进制造业,长三角地区着力打造优势产业集群,不断提升在全球价值链中的地位。目前,长三角地区集成电路产业规模占全国58.3%,生物医药和人工智能产业规模均占全国约1/3。从138个政务服务事项在长三角地区41个城市跨省市通办,到合作共建长三角国家技术创新中心,再到长三角生态绿色一体化发展示范区38项制度创新成果向长三角和全国其他有条件的重点地区复制推广[1],长三角一体化高质量发展扎实推进。

2022年8月16日,2022年度长三角地区主要领导座谈会在上海举行,会议深入学习贯彻习近平总书记关于长三角一体化发展的重要讲话和指示批示精神,以"共担新使命、同谱新篇章"为主题,全面总结长三角一体化发展上升为国家战略以来的工作成效,深入分析长三角地区肩负的新使命新任务,审议了《长三角区域一体化发展2022年度工作计划》和《长三角区域一体化发展2022年度重点合作事项清单》,聚焦高效统筹疫情防控和经济社会发展、推动高水平科技自立自强和产业协同发展、持续提升基础设施服务保障水平、打造改革开放新高地、携手共建绿色美丽长三角、努力建设幸福和谐长三角、加快推动区域协同发展、完善区域合作机制等方面进行深入讨论,明确了当前和今后一个时期共同推进长三角更高质量一体化发展的若干重大事项。

长三角地区拥有坚实的城市休闲化发展基础,是"一带一路"和长江经济带的重要交汇点,在国家现代化建设大局和全方位开放格局中具有举足轻重的战略地位[2]。在"人民城市人民建,人民城市为人民"重要理念的指引下，长三角一体化进程中将更加关注城市居民的幸福感、获得感和安全感，城市休闲功能配置将得到优化，长三角城市休闲化发展的均衡性与充分性将得到进一步体现。长三角城市生活已呈现品质化、休闲化的特点。居民休闲生活是美好生活需要的重要组成部分，也是长三角城市群一体化进程中的重要环节[3]。

本章将基于城市休闲化系统视角，从长三角居民消费方式、产业结构、城市功能、公共基础设施和生态环境五个方面阐述长三角城市的休闲化发展。

一、长三角居民消费方式休闲化

伴随我国提出“深化供给侧结构性改革，充分发挥我国超大规模市场优势和内需潜力，构建国内国际双循环相互促进的新发展格局”，消费作为拉动经济发展的三驾马车之一，对经济发展的驱动作用愈加明显。随着国际国内经济形势日益复杂，我国经济发展由高速发展进入新常态发展阶段，经济发展转向高质量发展。党的二十大报告提出，高质量发展是全面建设社会主义现代化国家的首要任务。习近平总书记对实现高质量发展站高望远、深谋远虑，在起草“十四五”规划和2035年远景目标建议的过程中就明确提出：“高质量发展不能只是一句口号，更不是局限于经济领域。”生产与消费是内生循环系统，消费高质量发展是经济高质量发展不可分割的重要内容。消费规模特别是居民消费规模是大国经济持续稳定增长的必要条件[4]。产业集聚具有正的外部性，能够带动周边地区经济发展，一般认为产业集聚通过知识溢出、劳动力共享及竞争等效应促进地区经济发展。产业集聚具有规模经济，集聚区内的企业成本降低、集聚的知识溢出效应增加企业创新能力，降低企业学习成本，大量生产要素的集聚，降低了要素价格，企业利润增加，居民收入增加，从而促进居民消费。探讨产业集聚与居民消费升级的关系，对于合理制定产业发展政策及寻找促进消费升级的新路径具有重要意义[5]。长三角城市群是中国城镇集聚程度最高、经济最发达的城市化地区，该区域整体处于后工业化阶段，其消费格局能较好地反映未来区域经济竞争格局，并能为城市群发展和区域一体化提供理论及实践支撑[6]。

随着我国对外开放程度的不断提升，我国居民消费受到了很大影响，这种影响不仅表现在物质产品全球化流动，还表现在精神产品全球化流动，即通过国际文化、体育、旅游和互联网等交流影响居民消费偏好，进而使居民消费行为发生改变[7]。总的来看，相比于物质产品全球化流动，精神产品全球化流动对长三角地区居民消费影响程度更明显，尤其是对交通运输、文化、体育和娱乐业、金融保险业、旅游业、邮政业、其他社会服务业。2022年受多重因素影响，全国居民消费意愿和消费行为整体呈现低迷态势：居民人均消费支出24 538元，名义增长1.8%，远不及人均可支配收入增长(5.0%)。纵观7个长三角重点城市，从居民人均消费支出的金额来看，2022年消费较高的城市是杭州、上海和宁波，人均支出分别达到46 440元、46 045元和42 997元。除杭州、上海、宁波外，长三角还有3座重点城市人均消费支出超过4万元，分别是苏州、无锡和南京。其中，无锡、南京也保持较高增长速度，人均消费支出首次突破4万元。2022年全国居民人均消费支出占人均可支配收入的比重为66.53%。从长三角重点城市来看，杭州、南通、宁波、无锡、苏州、南京、上海的居民人均消费支出占人均可支配收入的比重分别为66.08%、63.06%、62.88%、62.87%、60.56%、58.39%、57.84%[8]。

城市居民休闲生活呈现出多样化、品质化、个性化特点。为持续深化长三角地区放心消费环境建设合作，确保《长三角地区共同开展"满意消费长三角"行动方案》落实到位，共同打响"满意消费长三角"品牌，为区域经济社会发展营造良好环境。苏浙沪皖三省一市制定了《长三角地区共同开展“满意消费长三角”行动实施方案(2019—2022年)》,坚持以人民为中心的理念,以推动高质量发展、创造高品质生活为主线,进一步健全完善促进消费的区域协同发展机制,合力营造消费需求持续增长、产品服务品质放心、消费权益有效保障的长三角满意消费环境,不断释放人民群众日益增长的品质消费需求,满足人民群众对美好生活的向往,增强消费对经济发展的基础性作用,让广大消费者有更多的获得感。

二、长三角产业结构休闲化

党的十八大以来,党中央立足中国区域发展不平衡这一基础国情,高瞻远瞩用大战略运筹区域协调发展大格局。扎实推动长三角地区实现更高质量一体化发展,将这一区域建设成为全国贯彻新发展理念的引领示范区、全球资源配置的亚太门户、具有全球竞争力的世界级城市群,率先形成新发展格局,勇当我国科技和产业创新的开路先锋,成为全国经济发展强劲活跃的增长极,加快打造改革开放新高地,形成高质量发展的区域集群,从而更好带动整个长江经济带和华东地区发展,更好地服务国家发展大局。

中国式现代化新征程中,长三角三省一市主动承担起探索与实践、率先与带动、示范与引领的使命。上海是党的诞生地,也是在党和国家工作全局中具有十分重要地位、承担特殊期许的人民城市。全力打造社会主义现代化建设引领区,当好更高水平改革开放的开路先锋,努力当好全面建设社会主义现代化国家的排头兵。“努力建设经济强、百姓富、环境美、社会文明程度高的新江苏。”这是习近平总书记2014年12月在江苏考察时提出的殷切期望。江苏以中国式现代化推进现代化建设新实践,更好“扛起新使命、谱写新篇章”,奋力建设“强富美高”现代化新江苏。共同富裕是中国式现代化的重要特征。浙江聚焦破解中国式现代化和共同富裕的重大共性问题，根据计划，到2025年，浙江推动高质量发展建设共同富裕示范区将取得明显实质性进展；到2035年，高质量发展取得更大成就，基本实现共同富裕。中共安徽省委十一届四次全会审议通过了《中共安徽省委关于深入贯彻落实党的二十大精神奋力谱写现代化美好安徽建设新篇章的决定》，形成了安徽省全面贯彻党的二十大精神的总施工图。对未来五年，安徽明确了十个新的更大目标要求；对未来十五年，安徽展望了九个新的远景目标，并在此基础上提出“经济强、百姓富、生态美”总目标，这是现代化美好安徽建设的核心内涵[9]。

长三角地区全面落实长三角一体化发展国家战略，坚持稳中求进工作总基调，落实高质量发展要求，经济增长保持韧性，深入实施创新驱动发展战略，新旧动能加快转换，经济结构持续优化。长三角区域集中全国1/4的双一流高校、国家重点实验室、国家工程研究中心，全国1/3的研发经费支出和有效发明专利，集成电路和软件信息服务产业分别占全国的1/2和1/3。数据显示，长三角地区人均地区生产总值超过中等收入国家水平。其内部发展水平不均衡，上海明显高于浙江和江苏，已向发达国家水平迈进。从产业增加值构成看，与国际标准相比，长三角地区第二产业比重继续下降，但占比仍然较高，第一产业偏低，第三产业贡献比重上升。如果与一些发达国家大都市同等发展水平时期的产业结构比，上海第三产业比重较高，与国际标准比就业人员数量偏高，说明上海服务业的经济效率略低。

当下国际产业结构正朝着技术、知识、数字、服务密集的方向发展。长三角产业在全国具有较大的领先性，但其产业发展水平仍需进一步提升。长三角地区实体经济基础良好、产业链条相对完善、参与国际化程度相对较高。在新一轮高质量发展过程中，在贸易摩擦加剧，全球制造业投资、贸易规则重构的大背景下，应率先参与国际规则的制定及完善，尤其是通过深化自贸区试点改革，加快对标国际最高标准，打造科创高地。以上海为例，其着力于重点产业结构布局：新型产业体系为集成电路、生物医药、人工智能、电子信息、生命健康、汽车、高端装备、先进材料、时尚消费品；产业新赛道领域为数字经济、绿色低碳、元宇宙、智能终端；未来产业集群为未来健康、未来智能、未来能源、未来空间、未来材料。

《长江三角洲区域一体化发展规划纲要》（以下简称《纲要》）提出：推动长三角中心区重化工业和工程机械、轻工食品、纺织服装等传统产业，向具备承接能力的中心区以外城市和部分沿海地区升级转移时，要建立与产业转移承接地间利益分享机制，加大对产业转移重大项目的各项政策支持力度。长三角产业结构调整方向为高端化、集约化、数字化、服务化。上海金融业、汽车制造业和装备制造业首屈一指；杭州互联网、电子信息和数字经济产业优势突出；苏州拥有电子、装备、冶金等支柱产业；南京以电子、石化、钢铁、汽车为支柱产业；合肥的显示产业、家电产业优势明显。新一轮科技革命和产业变革加速演变，更加凸显了加快提高我国科技创新能力的紧迫性。长三角区域不仅要提供优质产品，更要提供高水平科技供给，支撑全国高质量发展[10]。

长三角地区产业体系较为完善，但长三角地区的产业结构具有较高的相似性。长三角有 36 个城市将金融业作为优先发展的产业，26 个城市将汽车产业作为优势产业或重点发展产业。长三角城市之间竞争大于分工，各自优势发挥不足。以产业布局一体化破解同质化竞争，推动科技创新水平，提高城市产业能级的任务就显得尤为紧迫[11]。长三角不同区域应加紧构建具有自身特色的发展布局：上海全力为长三角高质量发展和参与国际竞争提供服务；江苏定位全球有影响力的科技产业创新中心和先进制造业中心；浙江打造全国数字经济创新高地与提升聚集发展平台；安徽打造有重要影响力的科技创新策源地与新兴产业聚集地。此外，由三省一市联合编制的“长三角产业和创新资源标识图”进展迅速，将成为后续产业布局的有力支撑。G60科创走廊作为产业协同发展示范区，将“一廊一核九城”组建成为全国首个跨省实体化运作的一体化发展集群。

截至2022年末，长三角仍然拥有8座万亿级城市，分别为上海、苏州、杭州、南京、宁波、无锡、合肥和南通。上海继续保持龙头地位，2022年经济运行呈现“平稳开局、深度回落、快速反弹、持续恢复”的态势，全年实现地区生产总值44 653亿元。常州2022年GDP达到9 550.1亿元，距离万亿大关只有一步之遥。增速方面，浙江舟山工业经济强劲增长，拉动GDP增速达到8.5%，在41个城市中排名第一。长三角地区的传统行业如医药、化工、机械、机床、汽车等，在地区经济生产总值之中依然占有重要地位。物质性生产行业依然在长三角地区经济与社会发展中具有举足轻重的作用。推动长三角地区传统产业与数字化产业相互结合，对于长三角地区产业技术水平提高和产业结构优化具有重要意义。基于当前国内外经济形势，长三角地区产业发展应立足于区域内与国内需求，响应区域消费需求升级要求，积极促进生产与服务相互融合，进一步发展满足区域消费需求，加快运用数字技术改造升级传统产业，促进区域产业结构优化升级。

三、长三角城市功能休闲化

长三角区域创新资源不断集聚、产生更多高质量创新成果，为产业发展积蓄动力，最终为提升长三角区域创新生态能级提供了支撑。在第五届长三角科交会开幕式上，《2022长三角41城市创新生态指数报告》发布，报告显示：综合得分前十的城市依次为上海、苏州、南京、杭州、合肥、宁波、无锡、常州、嘉兴和扬州。相较于2021年，长三角城市创新生态指数整体水平上升7.47%。《长三角地区一体化发展三年行动计划(2021—

2023年)》指出：长三角一体化建设主要目标包括：服务国家现代化建设大局的能力进一步增强，对全国经济的贡献度进一步提高，全球资源配置功能和核心竞争力进一步提升，世界级城市群能级和影响力持续扩大。从全球范围城市群的实践经验来看，城市群一体化发展的着力点在于政府规划引导、顶层设计推进、产业定位精准，上下游协同发展、金融资源集聚及创新优化配置。从全球维度来看，长三角城市群的发展质量及国际竞争力仍有待提升。产业层面，长三角城市群高技术和服务经济发展相对滞后，城市间分工协作不够，低水平同质化竞争严重；金融层面，尽管上海已基本形成多层次、类型健全的金融市场体系，上交所、上期所等市场的交易规模都已位居全球前列，但各类金融市场发育程度存在较大差距，数量优于质量，上海金融市场的定价影响力和全球资源配置能力都相对较弱，并且与周边地区的金融联系和辐射能力有待进一步增强[12]。

《长江三角洲城市群发展规划》指明，长三角城市群要建设面向全球、辐射亚太、引领全国的世界级城市群。建成最具经济活力的资源配置中心、具有全球影响力的科技创新高地、全球重要的现代服务业和先进制造业中心、亚太地区重要国际门户、全国新一轮改革开放排头兵、美丽中国建设示范区。到2030年，长三角城市群配置全球资源的枢纽作用更加凸显，服务全国、辐射亚太的门户地位更加巩固，在全球价值链和产业分工体系中的位置大幅跃升，国际竞争力和影响力显著增强，全面建成全球一流品质的世界级城市群。长三角城市群在上海、江苏、浙江、安徽范围内，由以上海为核心、联系紧密的多个城市组成，主要分布于国家“两横三纵”城市化格局的优化开发和重点开发区域[13]。推动上海大都市圈及南京、杭州、合肥、苏锡常、宁波、徐州都市圈建设。建设宁杭生态经济带、淮河生态经济带、大运河文化带、打造环太湖世界级生态湖区和创新湖区、环淀山湖绿色发展协同区等一批跨省特色合作区，促进都市圈协同联动。

上海的城市首位度占全国GDP不到5%,与发达国家相比差距较大,如纽约占24%,东京占26%,伦敦占22%,首尔占26%。目前落户上海的世界500强企业总部仅为纽约的10%,外国人口占常住人口比重仅0.9%。一般性加工制造和服务业比重过高,国际经济、金融、贸易和航运中心功能建设滞后。上海"大城市病"也较为突出。从长三角城市群规划来看,上海未来的目标定位是提升全球城市功能,引领长三角城市群一体化发展,提升服务长江经济带和"一带一路"等国家战略的能力。《上海市城市总体规划(2017—2035年)》(简称《上海2035》)获得国务院批复原则同意。《上海2035》以习近平新时代中国特色社会主义思想为指导,全面贯彻党的"十九大"精神,全面对接"两个阶段"战略安排,全面落实创新、协调、绿色、开放、共享的新发展理念,明确了上海至2035年并远景展望至2050年的总体目标、发展模式、空间格局、发展任务和主要举措,为上海未来发展描绘了美好蓝图。

产业集群加快崛起。以创新驱动发展,一批世界级产业集群正在长三角加速崛起。目前,长三角地区集成电路产业规模占全国近60%,生物医药和人工智能产业规模均占全国约1/3,新能源汽车产量占全国38%。上海的核心任务是加快提升上海核心竞争力和综合服务功能,加快建设具有全球影响力的科技创新中心,发挥浦东新区引领作用,推动非核心功能疏解,推进与苏州、无锡、南通、宁波、嘉兴、舟山等周边城市协同发展等。南京的定位是中心城市,打造与镇江、扬州抱团式发展的都市圈,加快建设南京江北新区,辐射带动淮安等市发展,促进与合肥都市圈融合发展。按照规划,杭州的目标定位是加快建设杭州国家自主创新示范区和跨境电子商务综合试验区、湖州国家生态文明先行示范区,建设全国经济转型升级和改革创新的先行区,与嘉兴、湖州、绍兴形成一个都市圈[14]。而被划入并融入长三角格局的合肥,在推进长江经济带国家战略中发挥着承东启西的区位优势和创新资源富集优势，致力于打造区域增长新引擎。

四、长三角公共基础设施休闲化

作为我国经济最具活力、开放程度最高、创新能力最强、吸纳外来人口最多的区域之一，长三角地区实施基础服务和公共设施均等化的探索，其社会风险及政治风险是最小的。《长江三角洲区域一体化发展规划纲要》(以下简称《纲要》)中指出，当前长三角地区重大基础设施基本联通。交通干线密度较高，省际高速公路基本贯通，区域机场群体系基本建立。区域一体化的本质是实现资源要素的无障碍自由流动和地区间的全方位开放合作[15]。通过有效一体化，使长三角三省一市形成合力，最终实现高质量发展。

长三角各地区之间的公共服务和基础设施的不均等化，正是阻碍区域内各生产要素自由流动的重要原因之一。区域内存在发展不平衡不充分、跨区域共建共享共保共治机制尚不健全等短板，基础设施、生态环境、公共服务一体化发展水平有待提高。为此，《纲要》明确提出“基础设施互联互通基本实现”的发展目标，具体包括：轨道上的长三角基本建成，省际公路通达能力进一步提升，世界级机场群体系基本形成，港口群联动协作成效显著。能源安全供应和互济互保能力明显提高，新一代信息设施率先布局成网，安全可控的水网工程体系基本建成，重要江河骨干堤防全面达标。在提升基础设施互联互通水平的部分，《纲要》把协同建设一体化综合交通体系放在了第一节。在协同建设一体化综合交通体系中，《纲要》提到共建轨道上的长三角、提升省际公路通达能力、合力打造世界级机场群、协同推进港口航道建设四方面。在共建轨道上的长三角方面，指出要加快建设集高速铁路、普速铁路、城际铁路、市域(郊)铁路、城市轨道交通于一体的现代轨道交通运输体系，构建高品质快速轨道交通网。在合力打造世界级机场群方面，《纲要》提出要规划建设南通新机场，成为上海国际航空枢纽的重要组成部分。

当前长三角基础设施互联互通水平已得到显著提升,目前长三角高速铁路总里程突破6 000千米,覆盖区域内90%以上的地级市。2022年长三角地区开行中欧(亚)班列5 063列,较2021年新增668列,同比增长15.2%,开行总量创历史新高。"轨道上的长三角"内涵更加丰富,除了干线铁路,城际铁路、市域(郊)铁路、城市轨道也进入了密集建设期。但仍存在枢纽分工协作水平不高和国际竞争力不强等问题。而就长三角内部基础设施网络看,"东强西弱""南密北疏"不均衡问题亟待解决。根据《长江三角洲地区交通运输更高质量一体化发展规划》,到2025年要以长三角一体化为重点构建长三角地区现代化综合交通运输体系,加强基础设施建设水平和互联互通,铁路密度达507千米/万平方千米,高速公路密度达500千米/万平方千米,中心城市之间享受1~1.5小时客运服务,世界级机场群和港口群全球竞争能力显著增强;大幅提升智能绿色安全发展水平,大城市中心城区绿色出行分担率超过65%等。生态优先、绿色发展,基本建成"轨道上的长三角"。

长三角三省一市科技创新共同体建设加快推进,创新活力更加充沛。已集聚重大科学装置23个、大型科学仪器超4万台(套),助推区域创新能力迈上新台阶。数字经济已成为中国经济高质量发展的强大动能。长三角是全国发展的强劲增长极,建设"数字长三角"是实现区域一体化高质量发展的重要路径。长三角地区共同打造数字长三角,其中重点提到要协同建设新一代信息基础设施,包括加快推进5G网络建设、深入推进IPv6规模部署、加快量子通信产业发展等内容。高标准布局新型数字基础设施。协同推动5G网络建设,整合边界地区站址资源,推进网络与频率资源共享,联合推动5G在各行业各领域深度应用创新。推动数字赋能经济社会发展,加速"长三角工业互联网一体化发展示范区"建设,实施

“数字＋”行动，率先开展区域性数字孪生城市建设，加快公共设施数字化改造。提升区域数字治理能力，编制长三角公共数据资源目录，确立长三角公共数据资源共享标准和开放机制。建立数据产权交易制度，加快培育长三角一体化数据要素市场。

长三角实施基础服务和公共设施均等化是长三角城市休闲化的重要保障，只有保证了公共基础设施的供应，长三角城市才能实现休闲化发展。

五、长三角生态环境休闲化

在长三角区域大力推进生态文明建设，打好污染防治攻坚战的大背景下，深化长三角区域生态环境保护协作，构建生态环境保护共同体，实现生态环境保护工作一体化，是亟待加强的一项重点工作。长三角地区持续加强生态环境共治，打造践行“绿水青山就是金山银山”理念的长三角样板。坚决抓好长江十年禁渔的贯彻落实，做好退捕渔民安置保障工作。狠抓生态环境突出问题整改，大力推进沿江城镇污水垃圾、化工园区污染、农业面源污染、船舶污染和上中游尾矿库污染等生态环境污染治理的“4＋1”工程。率先完成新一轮长江入河排污口排查并开展整治行动。建设环太湖城乡有机废弃物处理利用示范区，探索形成垃圾焚烧发电市场化运作模式。制定一体化示范区重点跨界水体联保方案，加快推进饮用水水源地保护提升、污水处理厂扩容、河湖生态环境综合整治。长三角区域时空一体、山水相连，生态环境休戚相关。同时，长三角区域内城市频繁举办具有国际性影响的大型活动，合力开展大气环境保障的任务十分繁重。这些都要求长三角地区要构建区域生态环境保护共同体，协调一致开展污染防治和生态环境保护。

长三角区域在区域大气污染联防联控、水污染综合防治、跨界污染应急处置、区域危废环境管理等方面做了大量积极探索,摸索建立了一套良好的生态环境保护协商机制,为区域环境共治共建共享打下了坚实基础[16]。生态环境共保联治持续深化。长三角生态环保信息互认、标准相通、治理协同等工作机制加快完善。

2021年2月19日,位于沪苏浙交界处的长三角生态绿色一体化发展示范区正式公布2021年"作战图",2021年示范区建设重点安排65个重大项目,其中,互联互通类项目12个,生态环保类项目10个,创新发展类项目17个,公共服务类项目26个。包括推进华为研发中心建设、加快推进"中国·江村"乡村振兴示范区建设、举办世界赛艇锦标赛(淀山湖)等。示范区将继续紧扣制度创新度、项目显示度、民生感受度,做好"高质量""一体化"发展的大文章。2022年,该示范区发布了《长三角生态绿色一体化发展示范区碳达峰碳中和工作的实施方案》,示范区的碳达峰碳中和工作是落实长三角一体化发展国家战略的重要抓手,相关方案旨在为探索一体协同落实碳达峰目标提供可复制可推广的经验,为落实跨域协调发展和"双碳"目标提供有力支撑。示范区碳达峰主要目标是要统筹经济发展与碳排放控制,保持经济持续增长,加快构建政府主导、市场驱动、业界共治、全民参与的一体协同降碳格局,积极推动能耗"双控"向碳排放总量和强度"双控"转变。

长三角区域生态环境共保联治能力显著提升,跨区域跨流域生态网络基本形成,优质生态产品供给能力不断提升,生态环境质量总体改善。三省一市还在其他生态领域不断寻求合作,深耕项目培育,致力于为长三角居民提供"绿色"的休闲空间。

第二章　指标体系与评价方法

第一节　指标体系

为保证数据的持续性和可比性，2022 年长三角城市休闲化指数继续沿用以往的指标体系，共包括经济与产业发展、休闲服务与接待、休闲生活与消费、休闲空间与环境、交通设施与规模在内的 5 个一级指标、10 个二级指标，共计 31 个三级指标，见表 2-1。

表 2-1　长三角城市休闲化评价指标体系

一级指标	二级指标	三级指标	单位	变量	属性
经济与产业发展	经济水平	地区生产总值	亿元	X1	正向
		人均地区生产总值	元	X2	正向
	城市化水平	城市化率	%	X3	正向
	产业发展	第三产业占地区生产总值比重	%	X4	正向
		第三产业就业人数占全部就业人数的比重	%	X5	正向
		社会消费品零售总额	亿元	X6	正向
		住宿和餐饮业零售总额	亿元	X7	正向

续 表

一级指标	二级指标	三 级 指 标	单位	变量	属性
经济与产业发展	产业发展	批发、零售、住宿和餐饮业从业人数	万人	X8	正向
		限额以上批发、零售、住宿和餐饮业企业个数	个	X9	正向
休闲服务与接待	文化设施	每百人公共图书馆藏书	册/件	X10	正向
		剧场、影剧院个数	个	X11	正向
		国家重点文物保护单位数量	个	X12	正向
	休闲旅游接待	星级饭店数量	个	X13	正向
		国家4A级及以上景区数量	个	X14	正向
		公园个数	个	X15	正向
	游客接待规模	国内旅游人数	万人次	X16	正向
		入境旅游人数	万人次	X17	正向
休闲生活与消费	居民消费	城镇居民家庭恩格尔系数	%	X18	负向
		城市居民人均可支配收入	元	X19	正向
		城市居民消费价格指数(以上一年为100)	%	X20	正向
		城市居民家庭人均消费性支出	元	X21	正向
		城市居民人均家庭设备用品及服务消费支出	元	X22	正向
		城市居民人均医疗保健消费支出	元	X23	正向
		城市居民人均交通通信消费支出	元	X24	正向
		城市居民人均教育文化娱乐服务消费支出	元	X25	正向

续　表

一级指标	二级指标	三级指标	单位	变量	属性
休闲空间与环境	城市绿化	城市(建成区)绿化覆盖率	%	X26	正向
		城市绿地面积	公顷	X27	正向
		公园绿地面积	公顷	X28	正向
	环境荣誉	国家荣誉称号数	个	X29	正向
交通设施与规模	城市交通	公共交通客运量	万人次	X30	正向
		公路运输完成客运量	万人次	X31	正向

评价方法沿用了《中国城市休闲化报告》的算法框架，使得城市间的数据可以进行横向和纵向对比。五个一级指标的具体内容叙述如下。

第一类，经济与产业发展。主要反映城市居民进行休闲消费的宏观经济产业环境，包括地区生产总值，人均地区生产总值，城市化率，第三产业占地区生产总值比重，第三产业就业人数占全部就业人数的比重，社会消费品零售总额，住宿和餐饮业零售总额，批发、零售、住宿和餐饮业从业人数，限额以上批发、零售、住宿和餐饮业企业个数等 9 个指标。经济与产业发展指标是影响城市休闲化发展的先决条件。

第二类，休闲服务与接待。主要反映城市为满足本地居民的休闲需求和外来游客的旅游需求而提供的休闲服务设施规模以及城市的休闲服务接待能力，包括每百人公共图书馆藏书，剧场、影剧院个数，国家重点文物保护单位数量，星级饭店数量，国家 4A 级及以上景区数量，公园个数，国内旅游人数，入境旅游人数等 8 个指标。休闲服务与接待指标是表征一座城市休闲服务功能水平的重要指标，也是城市休闲化发展的内在驱动力。

第三类，休闲生活与消费。主要反映城市居民的休闲生活质量和休闲消费结构，包括城镇居民家庭恩格尔系数，城市居民人均可支配收入，城市居民消费价格指数(以上一年为 100),城市居民家庭人均消费性支出,城市居民人均家庭设备用品及服务消费支出,城市居民人均医疗保健消费支出,城市居民人均交通通信消费支出,城市居民人均教育文化娱乐服务消费支出等 8 个指标。休闲生活与消费指标是城市居民休闲生活质量的体现,也是城市休闲化发展的核心内容。

第四类,休闲空间与环境。主要反映城市居民的户外活动条件、城市环境荣誉以及城市绿化环境等,包括城市(建成区)绿化覆盖率,城市绿地面积,公园绿地面积和国家荣誉称号数等 4 个指标。其中国家荣誉称号数包括国家历史文化名城,全国文明城市,国家文明城市,国家园林城市,国家环境保护模范城市,中国优秀旅游城市等六个方面的内容。休闲空间与环境指标是构成城市本地居民与外来游客从事户外游憩活动的基本条件,也是促进城市休闲化发展的重要载体。

第五类,交通设施与规模。主要反映城市内外交通的通畅程度,包括公共交通客运量、公路运输完成客运量等 2 个指标。其中公共交通客运量指标包含公共汽车、电车、地铁等三部分内容。交通设施与规模指标是城市本地居民和外来游客开展休闲活动的前提,也是城市休闲化发展的基础条件。

第二节　研究对象与评价方法

一、研究对象

本报告选取长三角地区沪苏浙皖三省一市地级及以上城市为研究对象,其中包括上海市、江苏省 13 个地级市、浙江省 11 个地级市和安徽省 16 个地级市,共计 41 个。见表 2-2。

表 2－2　长三角地区地级及以上城市分布

省　份	地级及以上城市	数量
上海市	上海	1
江苏省	南京、无锡、徐州、常州、苏州、南通、连云港、淮安、盐城、扬州、镇江、泰州、宿迁	13
浙江省	杭州、宁波、温州、嘉兴、湖州、绍兴、金华、衢州、舟山、台州、丽水	11
安徽省	合肥、淮北、亳州、宿州、阜阳、蚌埠、淮南、滁州、六安、芜湖、马鞍山、铜陵、安庆、池州、宣城、黄山	16

本报告中的数据均来自《中国统计年鉴》《中国城市统计年鉴》《上海市统计年鉴》《江苏省统计年鉴》《浙江省统计年鉴》《安徽省统计年鉴》，以及苏浙皖三省各地级市统计年鉴或国民经济和社会发展统计公报等国家、省级及地区有关管理部门公开出版或发布的统计数据。

二、评价方法

（一）数据处理

本研究所有指标口径概念均与国家统计局制定的城市基本情况统计制度保持一致，以保证评价结果的客观公正性。按照评价指导思想与评价原则要求，所有指标分为两类，一是正向指标，即指标数据越大，评价结果越好；二是负向指标，即这类指标的数值与评价结果成反向影响关系，即指标数值越大，评价结果就越差。本报告中"城镇居民家庭恩格尔系数"就属于负向指标。本研究对负向指标进行一致化处理，转换成正向指标，具体采用如下公式。

$$X' = \frac{1}{x}(x > 1)$$

对所有负向指标的 X 数据进行变化，统一为正向指标。

(二)指标赋权方法

在以往相关研究文献中,计算权重通常采用主观判断法和客观分析法。前者通过对专家评分结果进行数学分析实现定性到定量的转化,后者则通过提取统计数据本身的客观信息来确定权重。主观判断法对先验理论有很强的依赖性,受调查者往往以某种先验理论或对某种行为的既定认识来确定指标权重,所以使用主观判断法会造成指标选取和权重确定上的主观性和随意性,从而降低综合评价分析的科学性。客观分析法是通过对评价指标数据本身的客观信息进行提取分析,从而确定权重大小,其特点是客观性强,但其忽略了专家经验在确定权重中应用的重要性,赋权结果有时说服力不强。

在本指标体系中由于指标较多,数据信息量较大,为避免数据处理的失真,本研究主要按照客观分析法,依靠可得性客观数据,并运用基于客观数据分析的"差异驱动"原理,对长三角41个城市的休闲相关变量进行赋权,目的在于消除人为因素的影响,提高评价的科学性。本研究将指标变量数列的变异系数记为

$$V_j = S_j / \overline{X}_j \text{,其中 } \overline{X}_j = \frac{1}{41}\sum_{i=1}^{41} X_{ij} \text{,}$$

$$S_j = \sqrt{\frac{1}{41}\sum_{i=1}^{41}(X_{ij} - \overline{X}_j)^2} \quad (i = 1,\ 2,\ 3,\ \cdots,\ 41; j = 1,\ 2,\ 3,\ \cdots,\ 31)$$

由此,变量的权重为

$$\lambda_j = \frac{V_j}{\sum_{j=1}^{31} V_j} \tag{2-1}$$

(三)综合评价模型

变量集聚是简化城市休闲化评价指标体系(Urban Recreationalization Index,简称URI)的有效手段,即指数大小不仅取决于独立变量的作用,也取决于各变量之间形成的集聚效应。非线性机制整体效应的存在,客观上要

求经济与产业发展(EI)、休闲服务与接待(SH)、休闲生活与消费(LC)、休闲空间与环境(SE)、交通设施与规模(TS)全面协调发展,产生协同作用。

本评价指标根据柯布道格拉斯函数式构建如下评价模型。

$$URI = EI_j^a + SH_j^b + LC_j^c + SE_j^d + TS_j^e \quad (2-2)$$

式中,a、b、c、d、e 分别表示经济与产业发展、休闲服务与接待、休闲生活与消费、休闲空间与环境、交通设施与规模的偏弹性系数。从式(2-2)中可以看出,该函数体现的是城市休闲化各变量指标之间的非线性集聚机制,强调了城市休闲化各指标协调发展的重要性。

在指标数据处理上,由于评价指标含义不同,各指标量纲处理差异比较大,所以不能直接使用各指标数值进行评价。为了使数据具有可比性,采用最大元素基准法对指标数据进行无量纲处理,将实际能力指标值转化为相对指标,即

$$Y_{ij} = X_{ij} / \max_{1 \leqslant i \leqslant 41}^{1 \leqslant j \leqslant 31} [X_{ij}]$$

经过处理后的城市休闲化评价模型为

$$URI = \sum_{j=1}^{9} Y_{ij}^a + \sum_{j=10}^{17} Y_{ij}^b + \sum_{j=18}^{25} Y_{ij}^c + \sum_{j=26}^{29} Y_{ij}^d + \sum_{j=30}^{31} Y_{ij}^e \quad (2-3)$$

总的来说,城市休闲化评价指标的非线性组合评价法具有以下特点。

一是强调了城市休闲化评价指标变量间的相关性及交互作用。二是着眼于系统性观点,突出了评价变量中较弱变量的约束作用,充分体现了城市休闲化水平的"短板效应",即城市休闲化水平就像 31 块长短不同的木板组成的木桶,木桶的盛水量取决于长度最短的那块木板。三是因为采用了指数形式,导致变量权重的作用不如线性评价法明显,但对于变量的变动却比线性评价法更为敏感。

第三章　城市休闲化评价报告

第一节　城市休闲化指数综合评价

根据对经济与产业发展、休闲服务与接待、休闲生活与消费、休闲空间与环境、交通设施与规模等五个方面，共计 31 个指标相关数据的统计与分析，得出了长三角 41 个城市 2022 年城市休闲化发展指数的综合结果。其中，上海、杭州、南京、苏州和宁波排名前 5 位，表明其城市休闲化程度位居长三角前列。这一排名也与上述城市在长三角的社会经济发展排名相符合，体现了经济与休闲互动发展的和谐特征。合肥、温州、无锡、绍兴、嘉兴进入城市休闲化指数评价前十强，表明这些城市休闲化发展的和谐性、均衡性也比较显著，所以能够成为长三角城市休闲化发展的领先城市。而亳州、六安、宿州、阜阳和淮北则位列综合排名的后 5 位，反映了 5 个城市在城市休闲化发展的整体性方面还有很大发展潜力，见图 3 - 1。

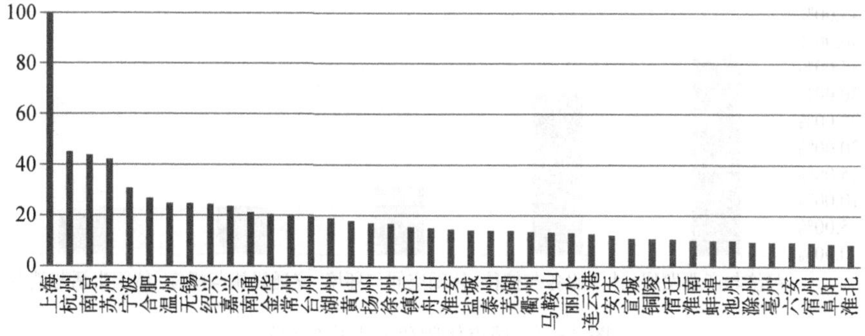

图 3-1　长三角 41 个地级及以上城市休闲化综合水平排名

第二节　分类评价

一、分类指标权重

从城市休闲化指数评价的五个一级指标的权重看，经济与产业发展的指标权重最高(40.32%)，其次依次是休闲服务与接待(30.41%)、休闲空间与环境(12.83%)、交通设施与规模(9.02%)、休闲生活与消费(7.42%)。显然，在目前城市休闲化过程中，经济与产业发展对城市休闲化的影响最大，这也从一个侧面证明，经济的发展在城市休闲化中正在发挥越来越重要的促进作用(见图 3-2)。与此同时，休闲生活与消费指标对城市休闲化的影响作用相对较小。

二、分类指标分析

(一)经济与产业发展

经济与产业发展是促进城市休闲化进程的前提条件。从经济与产业分类指数看，上海、杭州、南京、合肥和苏州排名前五位，表明上述城市经

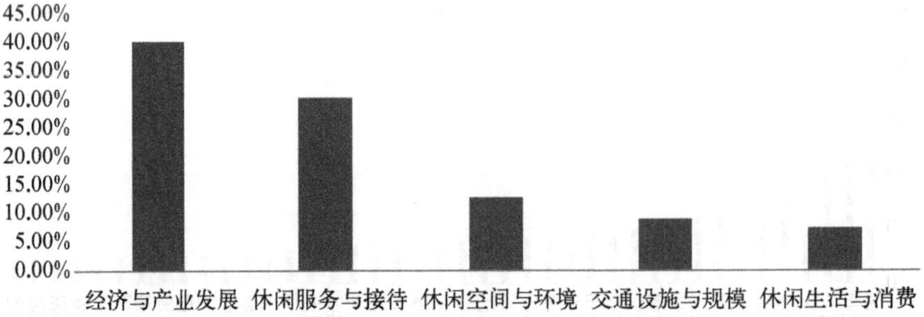

图 3-2　城市休闲化五大指标权重

济发展实力雄厚,为城市休闲化发展奠定了扎实的基础。而亳州、淮南、宿州、池州、淮北则位列后 5 位,表明经济发展的相对薄弱制约了上述城市休闲化发展的水平,见图 3-3。

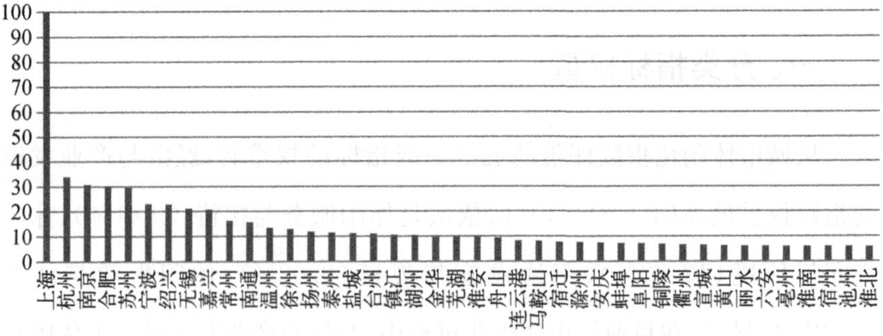

图 3-3　长三角 41 个地级及以上城市经济与产业发展水平排名

(二) 休闲服务与接待

城市的休闲文化、娱乐、旅游等设施是重要的休闲消费场所,接待规模是城市休闲吸引力的重要表现。在城市休闲服务与接待分类指数排名中,上海、杭州、苏州、南京、宁波进入前 5 位,表明 5 个城市在文旅新业态的发展和休闲新消费发展方面做了有益探索,形成了休闲文化产业规模和结构的相对优势。而宿州、亳州、滁州、淮北和阜阳位居后 5 位。虽然以上城市在文旅资源方面有各自的特色,但受到经济和人口规模等因素的制约，在休闲化整体性发展方面还存在一定薄弱之处，影响了休闲服务与接待类别指数的排名，见图 3-4。

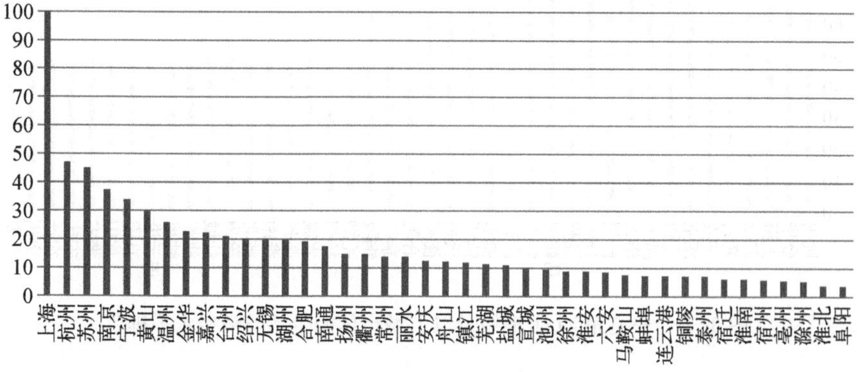

图 3-4　长三角 41 个地级及以上城市休闲服务与接待水平排名

（三）休闲生活与消费

城市居民的消费支出结构、家庭恩格尔系数、人均可支配收入、消费价格指数、家庭人均消费性支出是反映城市休闲化质量的关键指标。在 5 个一级指标中，各城市在休闲生活与消费上的差距最为平缓，说明长三角 41 个城市在该指标上的得分相对均衡。从指数排名看，杭州、金华、上海、苏州、嘉兴排名前 5 位，反映了上述城市休闲娱乐和文旅市场相对活跃，居民与游客用于与休闲相关的消费水平较强。而淮安、安庆、宿迁、宿州和六安排名最后 5 位，这 5 座城市的人均可支配收入水平相对靠后，且近年来人口增长乏力，一定程度影响了当地的休闲娱乐与文化旅游综合消费能力，未来需要进一步促进经济发展，提振消费，见图 3-5。

（四）休闲空间与环境

城市（建成区）绿化覆盖率、城市绿地面积、公园绿地面积、国家荣誉称号数等指标代表一个城市自然环境建设和发展的水平，成为衡量居民与游客从事户外游憩活动载体环境质量的重要指数。从休闲空间与环境

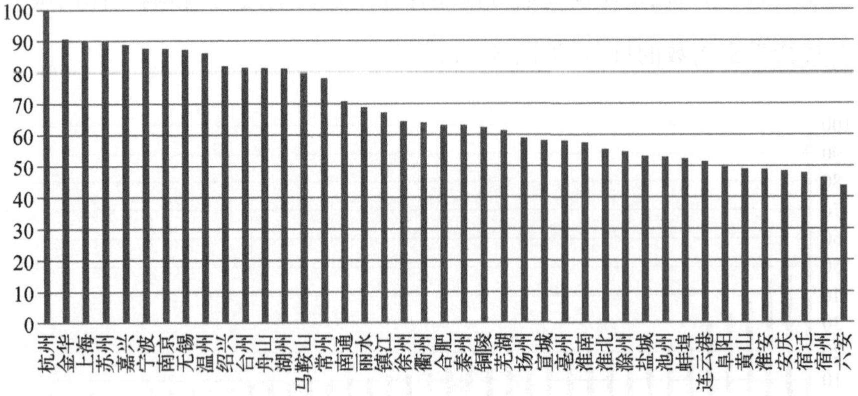

图 3-5　长三角41个地级及以上城市休闲生活与消费水平排名

分类指数排名看，上海、南京、杭州、苏州和宁波名列前5位，说明这5座城市在生态环境的治理与优化发展方面相对较好。而蚌埠、池州、阜阳、六安和滁州则处于排名的最后5位，一定程度上表明以上5个城市的户外休闲环境的综合质量相对较低，成为城市休闲化发展的短板，见图3-6。

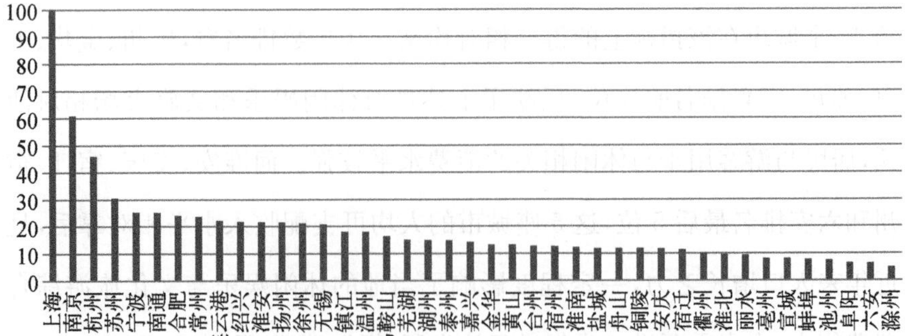

图 3-6　长三角41个地级及以上城市休闲空间与环境水平排名

（五）交通设施与规模

交通设施与规模是城市休闲化发展的基础条件。从交通设施与规模分类指数看，上海、苏州、南京、杭州和温州排名前5位。交通条件完善，交通枢纽功能强大，使得上述城市居民在本地日常的休闲活动与外来游客在当地的旅游观光活动能够互动协调发展。而宣城、马鞍山、铜陵、淮北和池州位居最后5位。上述城市交通设施与规模评价指数相对较弱，对本地居民从事日常的休闲娱乐活动以及外来游客开展观光度假活动都会产生相应的抑制作用，见图3-7。

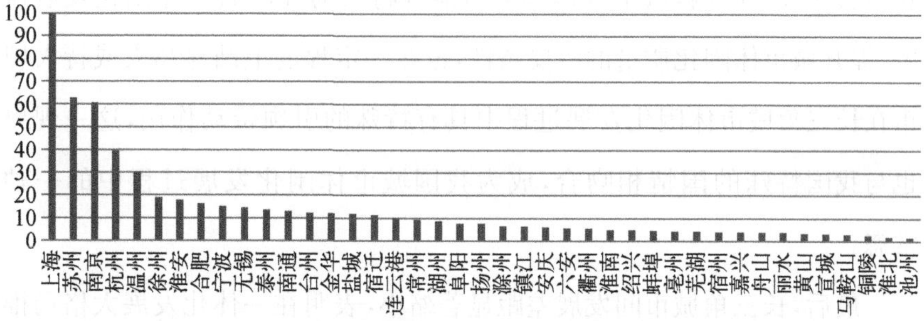

图3-7　长三角41个地级及以上城市交通设施与规模水平排名

第三节　长三角41个城市休闲化发展特征与趋势

一、发展特征

2022年长三角城市休闲化水平呈现如下特征。

第一，从长三角城市休闲化发展的基本态势看，总体格局基本稳定，整体水平不断提升，尤其是以上海（超大城市）为核心，以特大城市、计划单列市和大城市为依托的发展结构，在长三角城市休闲化进程中的引领作用和示范作用显著。

首先，作为长三角发展的核心城市——上海已经率先在全国进入全域休闲化发展阶段，并且在区域休闲化发展层面发挥愈来愈强烈的引领作用与辐射作用。紧随其后的杭州、南京、苏州、宁波和合肥,在城市休闲化发展水平方面正在不断提速,表现出强劲的发展势头。

其次,除上海外,杭州、苏州、南京、宁波和合肥等城市多年来始终位居城市休闲化发展的前列,这些城市或属于特大城市,或属于计划单列市或Ⅰ型大城市,而排在后五位的基本属于Ⅰ型小城市,说明在当前或今后相当长一段时间内,城市规模和城市能级将成为提高城市休闲化发展速度、提升城市休闲化质量的重要条件,也在一定程度上凸显超大或特大城市在长三角城市休闲化发展过程中具有特殊的引领带动作用,这一现象也与我国特殊的国情相吻合,成为我国城市休闲化发展过程中的一种常态。

最后,长三角城市间发展差距显著缩小,表明在一体化发展大格局推动下,本地区城市休闲化发展已经取得初步成效。2021年,排名第1的城市与位列末位的城市之间,休闲化指数相差12倍之多,如今两者之间的差距已经缩减至11.61倍。当然必须清醒看到,要完全实现本地区城市之间休闲化发展水平与发展质量的协调性与均衡性目标,依然任重道远。

第二,从长三角城市休闲化发展的五个维度看,休闲生活和消费维度在各城市间的发展差异最小,既体现了城市居民巨大的休闲消费需求与追求美好生活的高涨热情,又深刻表明在社会主要矛盾变化的大背景下,本地区不论城市大小,居民可支配收入高低,居民追求美好生活需要的急迫心情具有鲜明的共性,从而在休闲消费行为上体现出高度的一致性。

首先,从整体上讲,在五个类别指标中,首尾城市之间的平均差距为15.88倍,表明本地区城市之间发展存在的巨大差异性与不均衡性。

其次,从评价指标数值的差异看,表现出两面性,一方面,凡是涉及绝对性指标,各城市之间的差距就比较明显,即城市规模越大,指标评价数值就越高;城市规模越小,则相对较低。另一方面,凡是涉及相对性指标,各城市之间的差距就比较微小。如休闲生活与消费维度指标，首末位城市之间的差距仅有2.3倍。这在一定程度上揭示出一个不争的事实，在本地区城市不论大小，居民在美好生活需要追求、幸福满意度期待以及休闲消费支出方面，彼此之间的价值诉求很接近，这是长三角城市休闲化发展的本质特征。

第三，从长三角城市休闲化发展的空间格局看，“东部持续引领、南部快速崛起、西部和北部合力奋起”的发展态势趋于稳定，但是稳中有变。

首先，从长三角区域层面看，以上海为核心，沿沪宁线和沿沪杭甬线分布的长三角地区的超大和特大城市群，与位于本地区南部、西部和北部主要以Ⅱ型大城市、中等城市和Ⅰ型小城市群之间的休闲化发展水平存在明显差距，表现出显著的不均衡性特征。

其次，从省域层面看，江苏省以南京、苏州为代表的苏南地区和浙江省以杭州、宁波为代表的杭州湾沿岸地区城市休闲化发展程度相对较好，而江苏省的苏北地区和浙江省的西南地区相对较弱。与此同时，安徽省的皖南地区相比于皖北地区的发展要略胜一筹。

最后，从空间发展的动态性角度看，由于长三角一体化进程不断加快，联动发展效益日益明显。以安徽省会城市合肥为例，城市休闲化综合发展水平排名由前几年的第八位，提升至今年的第七位。此外，本地区省会城市对周边城市休闲化发展的辐射带动作用日趋显著，形成了南京、杭州和合肥各具特色的休闲化发展辐射区。

第四，从长三角城市休闲化发展质量和发展协调性角度看，城市休闲化发展质量、城市休闲化发展的协调性与城市社会经济发展总体水平之间表现出较高的一致性。

长三角地区城市休闲化发展这一现象在一定程度上揭示了当前我国城市休闲化发展的一个基本特征，社会经济发展水平是决定城市休闲化发展程度的重要基础条件，社会经济水平越高，城市休闲化程度也越高；反之，亦然。

二、发展趋势

随着十四五系列规划密集发布，各地对历史文化街区、旅游休闲街区等做了详尽的战略部署，休闲市场将从供给侧发力，提高都市休闲服务质量，开拓独具地方特色的人文休闲空间。今后几年，长三角城市休闲化将出现以下几大变化。

第一，围绕区域协调发展战略，长三角城市休闲化协同发展趋势进一步强化。党的二十大报告指出，要促进区域协调发展，构建高质量发展的区域经济布局。长三角城市休闲化也必将在这一战略背景下深化发展，持续推进休闲一体化进程。因此，一方面各城市休闲化发展中会更加注重质量和效益，把握好城市休闲化五大维度的结构协调度，从而更大程度地扩大休闲旅游产品有效供给、释放休闲消费潜力，形成休闲需求和供给的协调共进、持续发展；另一方面各城市间休闲化发展会进一步加强互动，增强休闲市场的联动效应与空间协同效应，从而推动长三角城市群休闲化的协同一体发展。

第二，依托休闲消费内循环活力，长三角将成为具有国际影响力的休闲创新供给高地。在畅通国内大循环为主体、国内国际双循环相互促进的新发展格局下，长三角区域范围内的休闲市场消费内循环与双互动将会不断得到强化。一方面，通过文旅融合消费需求牵引休闲产业供给优化；另一方面，通过休闲产业供给优化创造更大以文旅消费为主体的休闲消费需求，从而形成长三角城市休闲化发展更高水平和质量的动态平衡，实现长三角地区以高质量的休闲服务供给引领休闲产业转型升级，最终形成长三角世界级休闲创新供给高地。

第三，深化人民美好生活理念，长三角将成为高品质休闲文化生活典范区。2021 年 3 月《中华人民共和国国民经济和社会发展第十四个五年规划和 2035 年远景目标纲要》提出，要打造一批文化特色鲜明的国家级旅游休闲城市和街区，这必将促进长三角城市休闲文化生活的高品质创造与发展。因此，长三角城市休闲化建设需要继续以实现居民美好生活需要为引导目标，以提高居民生活获得感和幸福感建设为根本目的，促进长三角地区成为我国区域休闲文化生活系统化和集群化发展的高地，居民休闲文化多元化和品质化的消费需求创新引领区。

第四，依靠长三角一体化的整体优势，紧扣“上海大都市圈”空间规划蓝图的发展目标，积极打造具有世界级影响力的高质量的休闲化城市群。纳入上海大都市圈的 9 个城市，文化同源，人缘相亲，经济互连，市场互动，体现了中国特色的城市休闲化协调发展趋势，凸显可持续的发展韧性，对于长三角地区，乃至我国其他区域都具有鲜明的城市休闲化协同发展的引导性与示范性。

参考文献

［1］刘士安，巨云鹏.长三角扎实推进一体化高质量发展［N］.人民日报：2022-8-24(001).

［2］刘瑾.长江三角洲主要城市休闲体育发展现状及对策研究［J］.杭州师范大学学报(社会科学版)，2009，31(2)：103-107.

［3］施蓓琦，李丽梅，楼嘉军，等.长三角城市居民休闲生活满意度影响机理分析——以杭州、南京、苏州、宁波和合肥为例［J］.城市问题，2021(5)：84-93.

［4］欧阳峣，傅元海，王松.居民消费的规模效应及其演变机制［J］.经济研究，2016，51(2)：56-68.

［5］常尚新.不同类型产业集聚对居民消费升级的影响分析［J］.消费市场，2021(20)：

54 - 57.

[6] 毛中根,武优勐,谢迟.长三角城市群消费水平空间格局及其影响机制[J].经济地理,2020,40(12):56 - 62.

[7] 王心蕊,孙九霞.城市居民休闲与主观幸福感研究:以广州市为例[J].地理研究,2019,38(7):1566 - 1580.

[8] 史娓超.2022年长三角地区哪些城市最能花钱?宁波人均消费支出位列第三[EB/OL].学习强国,2023 - 2 - 28.

[9] 何建华.长三角现代化建设的样板意义与认知价值[EB/OL].澎湃新闻.https://baijiahao.baidu.com/s?id=1751282479902133946&for=pc,2022 - 12 - 04.

[10] 陈勇鸣.推动长三角产业转型升级的路径探讨[J].上海企业,2022(3):23 - 26.

[11] 宋歌.我国区域经济新格局的驱动因素及趋势展望[J].未来与发展,2019(8):1 - 32.

[12] 鹿媛媛.构建长三角一体化协同创新机制探讨[J].未来与发展,2020(11):104 - 107.

[13] 冯凌宇.公园城市视角下的城市公共休闲空间建设——以成都为例[J].中共成都市委党校学报,2019(5):92 - 96.

[14] 王炳兴.全域提升打造城市休闲后花园[N].绍兴日报:2019 - 9 - 30(027).

[15] 李洪.城市休闲文化旅游发展策略探析——以重庆市为例[J].现代经济信息,2019(14):347+350.

[16] 生延超,吴昕阳.城市休闲化水平区域差异动态研究[J].湖南工业大学学报(社会科学版),2018,23(3):18 - 26.

第二部分

41个城市休闲化指标分析

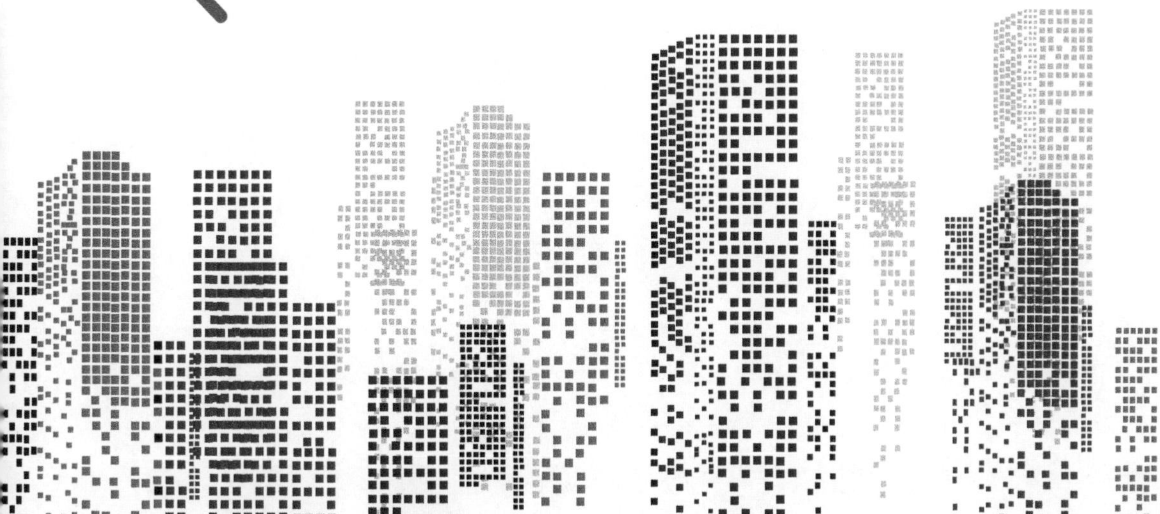

第四章　41个城市休闲化指数分析

第一节　经济与产业发展

一、经济水平

（一）地区生产总值

地区生产总值是反映一座城市经济综合发展能力的重要指标，也是影响城市休闲化发展指数高低的重要因素。根据对长三角41个城市地区生产总值的统计，上海、苏州、杭州、南京和宁波排名前五。其中，上海地区生产总值最高，超过3万亿元。

从具体排列看，大致可以分成以下几个层次。第一层次是1.5万亿元以上，有上海、苏州、杭州3个城市。第二层次是1万亿～1.5万亿元，有南京、宁波、无锡、合肥、南通5个城市。第三层次是0.5万亿～1万亿元，有常州、徐州、温州等9个城市。第四层次是0.1万亿～0.5万亿元，有金华、镇江、淮安等22座城市。第五层次是0.1万亿元以下，有池州和黄山2座城市。各城市在地区生产总值的数量之间形成非常大的反差，如城市地区生产总值最高的上海与最低的黄山之间相差将近46倍，见图4－1。

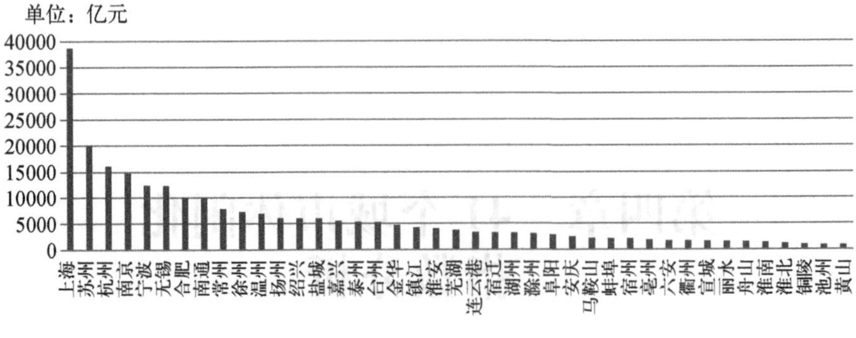

图 4－1　长三角 41 个城市地区生产总值排名一览图

（二）人均地区生产总值

人均地区生产总值是观察城市发展重要的经济指标之一，也是衡量居民生活水平的一个重要标准，还可用作测度居民休闲消费能力的一个客观指标。根据长三角 41 个城市人均地区生产总值的实际状况进行排序，可以看清楚我国长三角地级以上城市人均地区生产总值分布的一个基本格局。无锡、南京、苏州、上海、常州列前 5 名，其中，居于前 3 位的均为江苏省的城市，江苏省省会城市南京位列第 2 名，而浙江省省会城市杭州位列第 6 名。值得注意的是地区生产总值居于第一的上海，在人均地区生产总值的排名中位列第 4 名，这一排名的变化从一个侧面揭示，上海在居民休闲生活质量提升方面还存在一定的发展空间。另外，各城市在人均地区生产总值指标上也存在一定的差异，如位居第一的无锡与位居末位的阜阳之间的差距约为 2.4 倍，远小于各城市在地区生产总值方面的差距，见图 4－2。

二、城市化水平

城市化水平，即城市化率在一定意义上反映了城市规模不断扩大的过程，涵盖了经济规模、人口规模、用地规模三个方面。自改革开放以来，我国城市化水平的发展已取得长足进步。在 2022 年，上海、南京、杭州、无

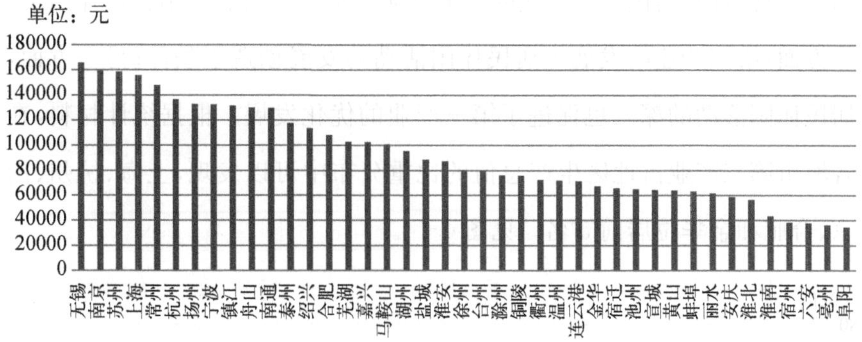

图 4-2　长三角 41 个城市人均地区生产总值排名一览图

锡和合肥的城市化率突破 80%，而达到 70%以上的有 17 座城市。总体来看，长三角 41 个地级以上城市的城市化率较高，均值为 66.45%，见图 4-3。

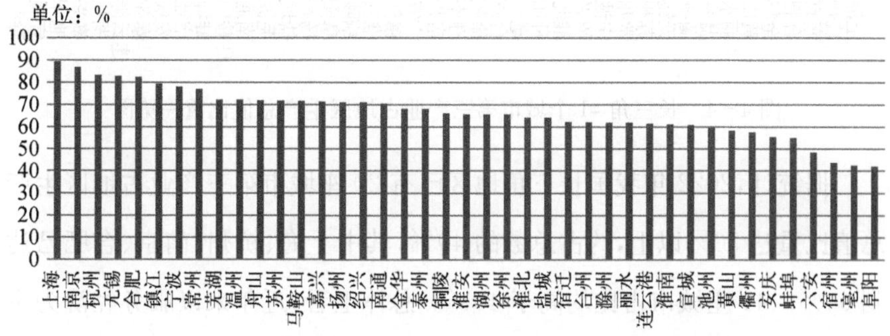

图 4-3　长三角 41 个城市的城市化率一览图

三、产业发展

（一）第三产业占地区生产总值比重

一般来说，如果一个城市的服务业产出占到地区生产总值总量达 50%。就意味着这个城市的产业结构开始以服务经济为主；如果比重达到 60%，就可以认为基本形成了以服务经济为主的产业结构。第三产业包含了旅游娱乐、文化、艺术教育和科学等以提供非物质性产品为主的部门。在现阶段,居民各种形式的休闲活动几乎涉及所有的第三产业门类。一方面,第三产业的发展为居民休闲活动的发展创造了条件;另一方面,居民休闲活动的深入也促进了第三产业的优化发展。根据统计材料,在各城市第三产业占地区生产总值的比重分布中可以发现,上海、杭州、南京、合肥和金华位居前5名。见图4-4。

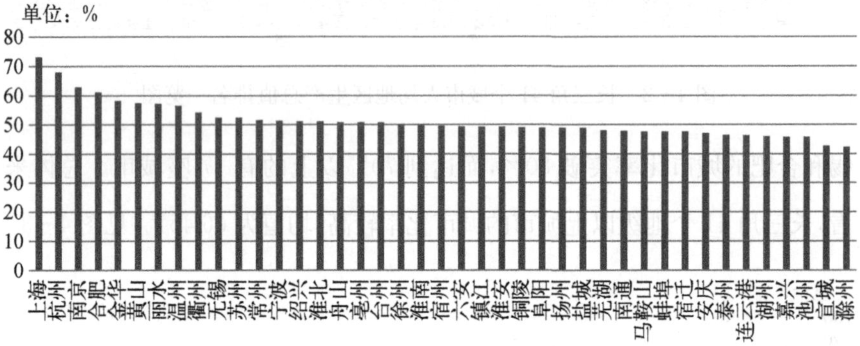

图4-4 长三角41个城市第三产业占地区生产总值比重一览图

据统计,2022年我国长三角地区已有20座城市第三产业占地区生产总值比重达50%以上,约占总数的49%,其中上海、杭州、南京、合肥已达到60%。41座城市占比均高于40%。总体上看,近年来以服务经济为主的第三产业的快速发展,也为长三角各地级以上城市休闲产业的深入发展和居民休闲活动的转型升级奠定了扎实的基础。

(二)第三产业就业人数占全部就业人数的比重

第三产业就业人数占全部就业人数的比重,通常反映了第三产业结构调整的进程和服务经济质量的高低。目前我国第三产业发展相对落后,第三产业占全部就业人数的比重较低且地区发展不均衡。由于第三产业主要以服务业为主,就业人数在一定程度上反映了城市休闲产业发展的状况。我国长三角地区各地级以上城市第三产业就业人数占全部就业人数的比重统计见图4-5。其中,上海、舟山、南京、杭州、合肥排名前5位。

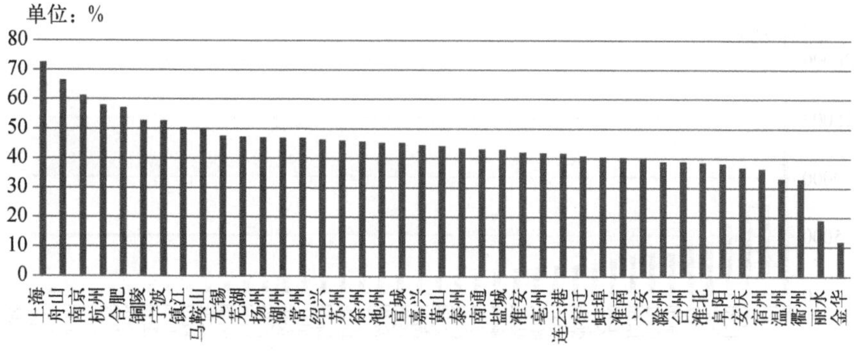

图 4-5 长三角 41 个城市第三产业就业人数占全部就业人数的比重一览图

上海、舟山、南京第三产业的就业人数占全部就业人数的比重已经超过 60%，紧随其后的是杭州、合肥。上海是国内服务业最发达的城市，这与上海休闲产业发展的综合实力名列前茅相吻合。尤其值得一提的是，舟山则从原来的中等水平跃升至现在的前五，说明舟山市在包括休闲产业在内的第三产业的就业人数方面具有一定的优势，也凸显出近年来舟山市在休闲与旅游产业方面所取得的发展成效。另外苏州、无锡等经济较发达的地区排名却靠后，这说明在业态服务化和经济休闲化方面需要加快步伐。

（三）社会消费品零售总额

城市社会消费品零售额反映了一定时期内城市居民休闲物质文化生活水平的变化情况，也反映了一座城市社会商品购买力的实现程度，以及零售市场规模和业态规模等状况，在国际上通常是作为衡量城市商业服务经济景气度的重要指标。从统计数据看，上海、苏州、南京、杭州、合肥居于前五位，其中上海社会消费品零售总额远超长三角其他城市，优势地位明显，见图 4-6。

从图 4-6 可以看出，上海市在居民生活水平、商品购买力和市场规模等方面在国内城市中具有无可比拟的综合优势。上海市社会消费品零售

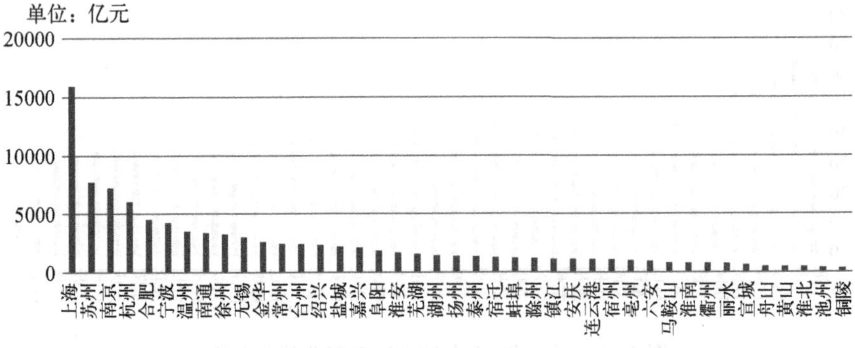

图 4-6　长三角 41 个城市社会消费品零售总额一览图

总额是第二名苏州的零售总额的两倍多，这说明除上海外长三角地级市社会消费品零售业发展较弱。从省份来看，江苏、浙江省整体排名靠前，而安徽省整体排名靠后，区域发展不平衡性显著。

(四) 住宿和餐饮业零售总额

城市住宿和餐饮业零售总额是社会消费品零售总额进行分类的一个统计指标。从居民日常休闲活动与游客各种形式的旅游活动看，或多或少都与住宿和餐饮服务业产生直接关系，所以从住宿和餐饮业零售总额入手，有助于进一步了解居民和游客在住宿与餐饮方面消费的状况。从各城市统计数据排名看，上海、杭州、南京、苏州、合肥名列前 5 名，见图 4-7。

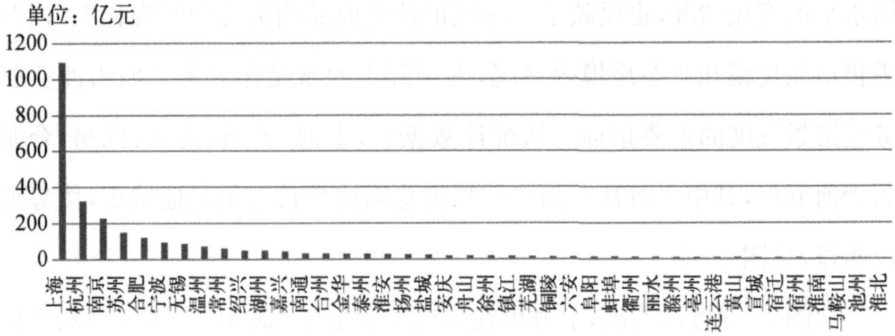

图 4-7　长三角 41 个城市住宿和餐饮业零售总额一览图

从统计数据可以看出，住宿和餐饮业零售总额在100亿元以上的有5座城市，其中江苏省的地级市占比较大，这说明江苏省本地居民的日常休闲消费与外来游客的旅游消费水平都比较高。10亿元以下的城市有11个，大部分位于安徽省，表明该省区域内部的发展差距较为明显。

（五）批发、零售、住宿和餐饮业从业人数

批发、零售、住宿和餐饮业从业人员人数是第三产业的重要组成部分，也是劳动力聚集的行业。近年来各大城市批发、零售、住宿和餐饮行业随着经济的发展日益繁荣，行业结构日益优化，吸纳了大量劳动力就业，是提高城市就业率的重要渠道，也是城市居民休闲生活方式丰富、休闲消费能力提高的必然结果。各城市统计结果见图4-8。其中，上海、绍兴、嘉兴、杭州和南京名列前五名。

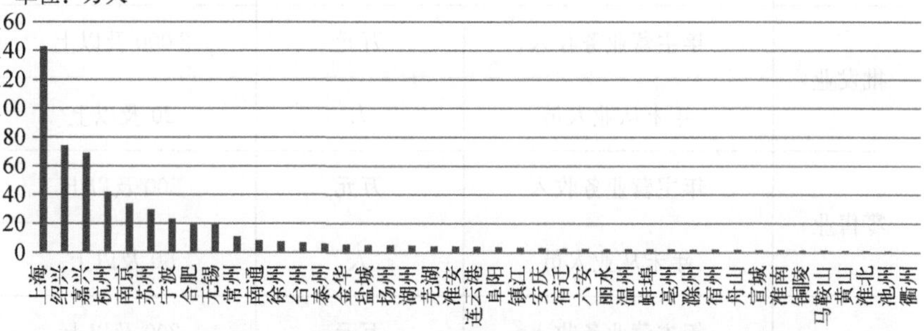

图4-8　长三角41个城市批发、零售、住宿和餐饮业从业人数一览图

从数据分析看，各地级市发展极不平衡。首先，上海在批发、零售、住宿和餐饮业的从业人数最多，这与上海休闲产业发达的现状相符。其次，从层次上看，上海就业人数在100万以上，属于第一层次，占总数的25%。无锡和嘉兴就业人数在50万以上，为第二层次，占总数的26%。杭州、南京、苏州、宁波、合肥、无锡和常州在10万～50万之间，是第三层次，占总

数的31%。第四层次为南通、徐州、台州等31座城市,就业人数在10万以下,约占总数的18%。最后,从差异上看,排名首位的上海约为142.91万人,而末位的衢州约为0.56万人,两者相差255倍,表明了不同规模的城市之间差距悬殊。但是整体上来看,相较去年,批发、零售、住宿和餐饮业从业人数下降。

(六)限额以上批发、零售、住宿和餐饮业企业个数

限额以上批发、零售、住宿和餐饮业企业个数反映了城市商业服务经济发展的市场环境和产业态势,与城市本地居民与外来游客的休闲消费活动密切相关。限额以上的标准主要由批发业、零售业、住宿业和餐饮业等内容构成,见表4-1。

表4-1 限额以上批发、零售业、住宿和餐饮业的划分标准

行业类别	统计指标名称	计量单位	限额以上企业
批发业	年主营业务收入	万元	2 000及以上
	年末从业人员	人	20及以上
零售业	年主营业务收入	万元	500及以上
	年末从业人员	人	60及以上
餐饮业	年主营业务收入	万元	200及以上
	年末从业人员	人	40及以上
住宿业	是否已评定星级	—	一星级及以上
	或是否为旅游饭店	—	或为旅游饭店

各城市限额以上批发、零售、住宿和餐饮业企业个数统计见图4-9。其中,上海、合肥、杭州、宁波、苏州名列前五名。

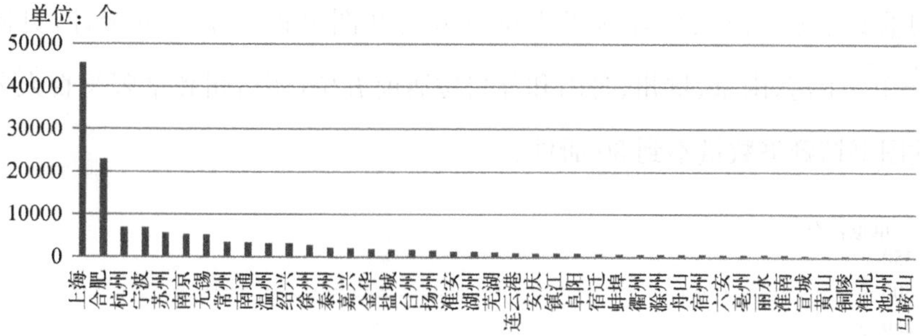

图4－9　长三角41个城市限额以上批发、零售、住宿和餐饮业企业个数一览图

从图4－9来看，上海在该项指标水平上遥遥领先，随后是合肥、杭州、宁波和苏州。宁波和苏州并非省会城市，但是在商业服务业方面发展突出，尤其宁波在休闲之都发展战略的引导下，居民休闲活动与游客度假活动发展迅速，推动了休闲化发展。从企业数量上看，可以分成5个层次，上海、合肥、杭州、宁波、苏州、南京和无锡企业个数超过5 000个，属于第一层次，占总数的69.99％；常州、南通、温州和绍兴在第二个层次，占总数的9.34％；徐州、泰州和嘉兴在第三层次，占总数的4.9％；金华、盐城、台州等8个城市属于第四层次，占总数的7.58％；连云港、安庆、镇江等20个城市企业数量在1 000个以下，属于第五层次，占总数的8.19％。

第二节　休闲服务与接待

一、文化设施

（一）每百人公共图书馆藏书

图书馆蕴藏着丰富的文化遗产，是人类社会教育、科学文化事业的重要组成部分，同时也是城市休闲文化产业服务体系的重要组成部分。图书馆担负着保存人类文化果实、开展社会教育、传递科技信息、开发资源的重要任务。长三角各地级市每百人公共图书馆藏书数量统计，见图4－10。上海、南京、杭州、舟山和苏州位居前五位，而宿州和阜阳每百人公共图书馆藏书数量不到30册件。

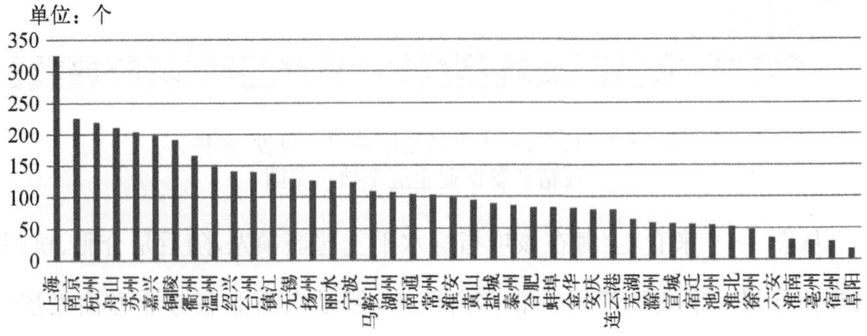

图 4－10　长三角 41 个城市每百人公共图书馆藏书一览图

值得注意的是，江苏省省会城市南京较去年位次上升明显，体现出了相关部门对南京市文化设施建设的高度重视。

（二）剧场、影剧院个数

剧院、影院是城市居民和外来游客休闲娱乐的重要场所，还是多元文化沟通的载体和桥梁，在一定程度上代表了城市文化娱乐设施发展的水平。具体数据见图4－11。其中，上海、苏州、南京、无锡和南通位列前五名，而亳州、滁州、黄山、泰州和徐州位于后五名。

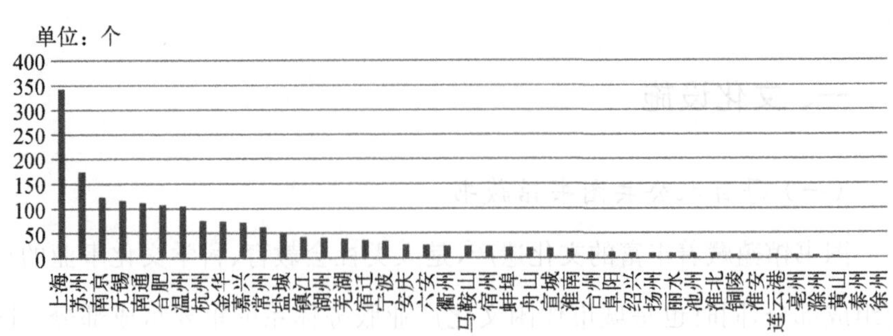

图 4－11　长三角 41 个城市剧场、影剧院个数一览图

从统计数据可以看出，剧场、影院个数可以分成四个层次。上海、苏州、南京、无锡、南通、合肥和温州在100个以上，为第一层次，占总数的56.26％；杭州、金华等5个城市在50～100个，属于第二层次，占总数的17.54％；镇江、湖州、芜湖、宿迁等17个城市在10～50个，属于第三层次，占总数的22.39％；扬州、丽水等12城市的剧场、影剧院个数在10个以下，属于第四层次，占总数的3.81％。

（三）国家重点文物保护单位数量

我国历史悠久，拥有丰富的文化遗产，文物作为文化遗产的重要组成部分，对于社会主义精神文明建设具有深远的意义。根据2002年10月28日第九届全国人民代表大会常务委员会第三十次会议通过的《中华人民共和国文物保护法》第十三条的规定，中国国务院所属的文物行政部门（国家文物局）在省级、市、县级文物保护单位中，选择具有重大历史、艺术、科学价值者确定为全国重点文物保护单位，或者直接确定，并报国务院核定公布。因此，国家重点文物保护单位是具有重大历史、艺术、科学等价值的不可移动的文物，不仅是文化有形实体的体现，同时也传递了一座城市无形的历史文化，具有较高的价值内涵。一个城市国家重点文物保护单位的拥有量从一个方面客观地反映了该地区的历史文化资源的丰富度，也从侧面体现了该地区的精神文化建设水平，这是城市休闲文化资源建设的重要基础。具体数据见图4-12。苏州、南京、黄山、杭州、上海名列前5名，滁州、铜陵、盐城、宿迁和阜阳位列后5名。

从数据可以看出，苏州作为我国著名历史文化名城和风景旅游城市，拥有61个国家重点文物保护单位，其中苏州园林被联合国教科文组织列为世界文化遗产，位列第一名。紧接着是南京，拥有55个国家重点文物保护单位。南京是中国四大古城之一，是首批国家历史文化名城，拥有历史悠久的文化遗址和纪念建筑。黄山以49个国家重点文物保护单位位居第三。

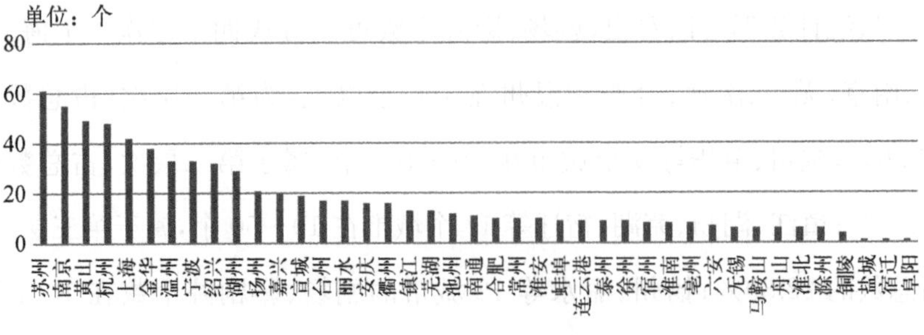

图4-12　长三角41个城市国家重点文物保护单位数量一览图

二、休闲旅游接待

（一）星级饭店数量

星级酒店是由国家(省级)旅游局评定的能够以夜为时间单位向旅游客人提供配有餐饮及相关服务的住宿设施(按不同习惯,它也被称为宾馆、酒店、旅馆、旅社、宾舍、度假村、俱乐部、大厦、中心等),通常分为五个等级。一个城市的星级饭店数量在一定程度上反映了当地旅游发展水平和旅游接待服务能力。具体数据见4-13。其中,上海、杭州、宁波、苏州、南京位于前五名,滁州、宿州、阜阳、淮北、铜陵位列后五名。

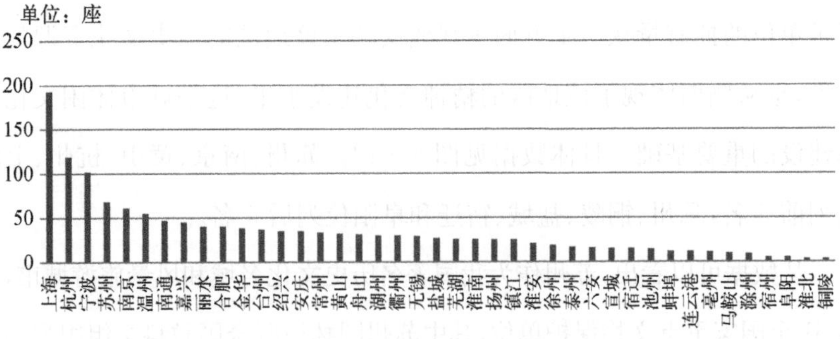

图4-13　长三角41个城市星级饭店数量一览图

从数据来看,上海、杭州和宁波的星级饭店数量在100个以上,上海以193个星级饭店遥遥领先,表明上海在长三角地区具备极强的中高档旅游接待服务能力，这一现状与上海市公务旅游、商务旅游、都市旅游及其他各种形式的中高档次旅游活动发达相吻合。在长三角41个城市中，有35座城市星级饭店数量在50家以下，表明在旅游接待方面具有巨大的发展空间。

（二）国家4A级及以上景区数量

旅游景区是指以旅游及其相关活动为主要功能或主要功能之一的区域场所，能够满足游客参观游览、休闲度假、康乐健身等旅游需求，具备相应的旅游设施并提供相应的旅游服务的独立管理区。旅游景区是旅游业的核心要素，是旅游产品的主体成分，是旅游产业链中的中心环节，是旅游消费的吸引中心，是旅游产业面的辐射中心。旅游景区应有统一的经营管理机构和明确的地域范围，包括风景区、文博院馆、寺庙观堂、旅游度假区、自然保护区、主题公园、森林公园、地质公园、游乐园、动物园、植物园及工业、农业、经贸、科教、军事、体育、文化艺术、学习等各类旅游景区。根据目前规定，我国景区采用A级划分标准，从高到低依次为5A、4A、3A、2A和1A级。在4A级及以上景区中，规定要求在旅游交通、游览安全、旅游购物、景区卫生、邮电服务、经营管理、游客满意率等方面都有较高的水准。长三角41个城市拥有国家4A级及以上景区的具体数据见图4-14。其中，上海、杭州、苏州、宁波、无锡排在前五位，滁州、宿州、阜阳、蚌埠、淮北位于后五位。

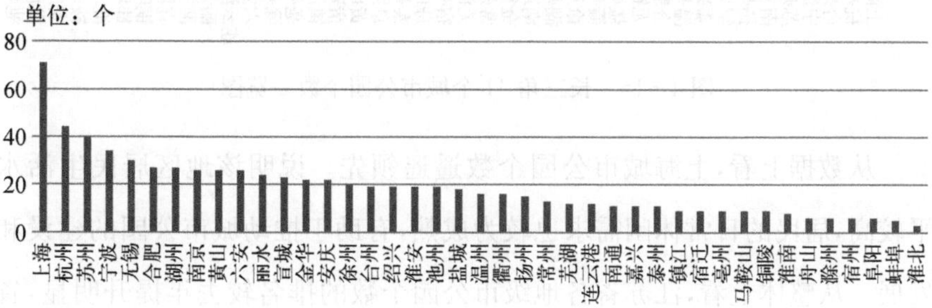

图4-14　长三角41个城市国家4A级及以上景区数量一览图

从数据来看,位列前五名的 5 个地级市拥有的 4A 级及以上景区数量均在 30 个以上,占总数的 28.89%,说明这五个地级市的旅游景区资源优势十分显著,也从侧面揭示了上海市、江苏省和浙江省是我国吸引游客的重要目的地。合肥、湖州、南京等 10 个城市国家 4A 级及以上景区个数有 20 余家,但是镇江、宿迁等 12 个城市仅有不到 10 个,这说明长三角地区旅游发展差距较大。

(三) 公园个数

公园一般是指政府修建并经营的作为自然观赏区和供公众休息游玩的公共区域,具有改善城市生态、防火、避难等作用,体现公共属性。在城市化休闲发展中,城市公园已经成为当地居民从事户外游憩的重要场所,同时为外来游客提供休闲观光等功能,是城市休闲资源的重要组成部分。根据长三角 41 个城市相关城市公园资料的统计,上海、杭州、台州、宁波和苏州名列前五,淮北、马鞍山、安庆、淮南和池州位于后五位,见图 4-15。

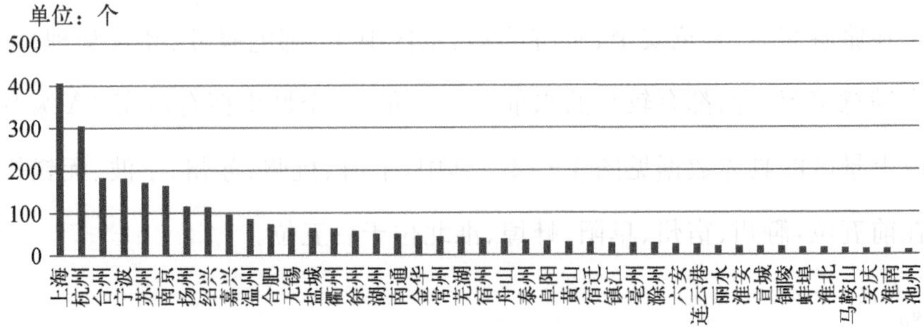

图 4-15　长三角 41 个城市公园个数一览图

从数据上看,上海城市公园个数遥遥领先。说明该地区居民生活水平较高,居民的日常休闲需求也较为成熟,有助于推动城市公园的建设和发展。从整体上看,江苏省各地级市公园个数的排名较去年提升明显,省会城市南京的排名由去年的第 8 名跃升至第 6 名,可见随着城市社会经济发展水平提高，江苏省各城市的城市公园建设进入了一个比较快速的发展时期。

三、游客接待规模

（一）国内旅游人数

国内旅游人数指我国大陆居民和在我国常住 1 年以上的外国人、华侨、港澳台同胞离开常住地，在境内其他地方的旅游设施内至少停留一夜，最长不超过 6 个月的人数。国内旅游人数通常是衡量一个地区接待国内旅游者的重要指标。长三角各城市国内旅游人数统计数据，见图 4 - 16。其中，上海、宁波、杭州、温州和金华位于前五位，而南通、铜陵、泰州、宿迁、淮北位于后五位。

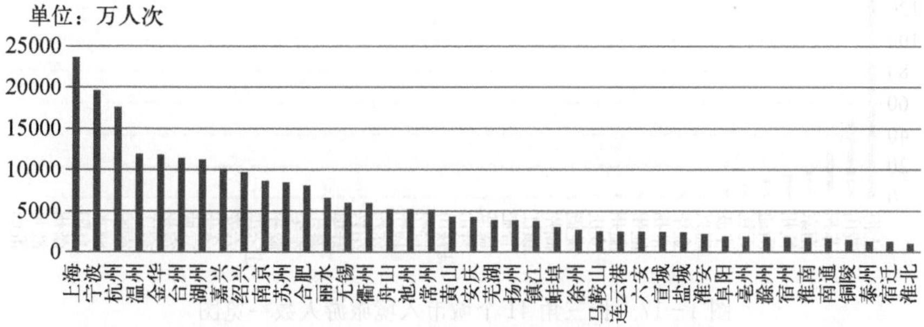

图 4 - 16　长三角 41 个城市国内旅游人数一览图

从各城市接待国内旅游人数的规模来看，可以分为以下几个层次：第一层次是上海，年接待国内旅游者人数在 2 亿人次以上，遥遥领先于长三角其他城市；第二层次是宁波、杭州、温州、金华、台州、湖州、嘉兴，年接待国内旅游者人数在 1 亿人次以上；第三层次是绍兴、南京、苏州、合肥、丽水、无锡、衢州、舟山、池州、常州，年接待国内旅游者人数在 5 000 万人次以上；其他 23 座城市为第四层次，年接待国内旅游者人数低于 5 000 万人次。

（二）入境旅游人数

入境旅游人数是指来中国（大陆）观光、度假、探亲访友、就医疗养、购物、参加会议或从事经济、文化、体育、宗教活动，且在中国（大陆）的旅游住宿设施内至少停留一夜的外国人、港澳台同胞等游客。旅游目的地国家或地区通常根据这一指标来了解旅游市场对其旅游产品的需求数量和变化情况。因此，入境旅游人数是衡量一个国家或地区旅游业发达水平的重要尺度之一。从城市休闲功能的外向型特征出发，入境旅游人数综合反映了城市休闲产业满足外来游客的观光及其他相关需求的能力。长三角 41 个城市入境旅游人数具体数据见图4-17。其中，上海、黄山、苏州、南京、杭州位列前五名，丽水、阜阳、衢州、淮北、淮南位居后五位。

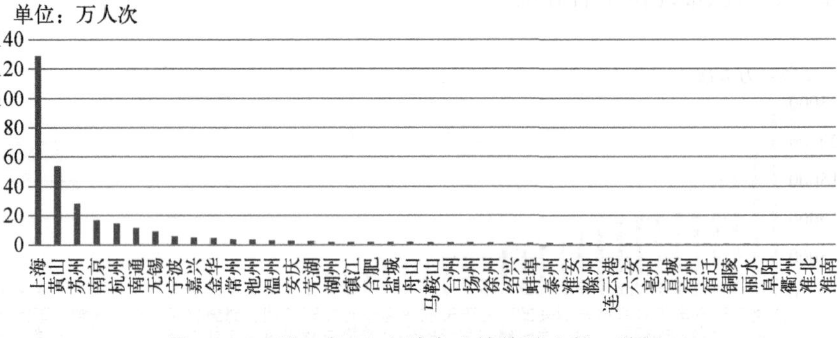

图 4-17　长三角 41 个城市入境旅游人数一览图

从整体上看，上海市以 128.62 万人次的入境旅游者接待人数遥遥领先，上海红色文化、海派文化、江南文化资源丰富，国际化程度高，交通便利、公共服务精细，城市智慧化水平日益提升，这是上海持续吸引国外游客来沪的重要原因。黄山凭借世界自然和文化双遗产、世界地质公园、中国十大名胜古迹之一和国家 5A 级旅游景区排名第二，苏州凭借自身独特的人文和自然资源优势排在第三位，浙江省省会城市杭州以 14.3 万人次排名第五。

第三节　休闲生活与消费

居民消费

（一）城镇居民家庭恩格尔系数

恩格尔系数是指食品支出总额占个人消费支出总额的比重。一个家庭收入越少，家庭收入中（或总支出中）用来购买食物的支出所占的比例就越大，反之则会下降，在其他条件（消费品价格比价、居民生活习惯、社会经济制度等）相同的情况下，恩格尔系数大小代表了这座城市的富裕程度。根据联合国粮农组织提出的标准，恩格尔系数在 60％以上为贫困，50％～60％为温饱，40％～50％为小康，30％～40％为富裕，20％～30％为富足，低于 20％为极其富裕。改革开放以来，我国城镇居民家庭恩格尔系数持续下降，一定程度上体现出我国城市居民生活质量不断提高，消费结构逐步升级。因此，对一个城市来说，居民家庭平均恩格尔系数是衡量其富裕程度的主要标准之一。在本报告中，恩格尔系数作为负项指标。长三角各城市的城镇居民家庭恩格尔系数的统计数据见图 4－18。其中，

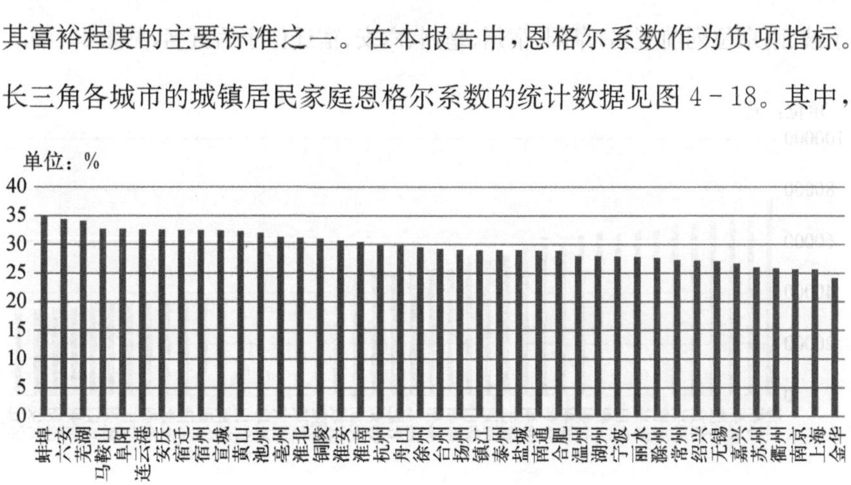

图 4－18　长三角 41 个城市的城镇居民家庭恩格尔系数一览图

蚌埠、六安、芜湖、马鞍山、阜阳为最高的五位，苏州、衢州、南京、上海、金华依次为最低的五位。

根据联合国的划分标准，在长三角 41 个城市中，蚌埠、六安、芜湖、马鞍山等 17 座城市的恩格尔系数在 30%～40%之间，处于富裕水平；其余 24 座城市的恩格尔系数均在 20%～30%，处于富足状态。从整体上看，经过 40 年来改革开放的发展，我国长三角地区居民生活水平有了很大的提高，也为居民休闲生活质量的提升奠定了物质基础。

（二）城市居民人均可支配收入

城市居民可支配收入是指居民可用于最终消费支出和储蓄的总和，即居民可用于自由支配的收入，既包括现金收入，也包括实物收入。按照收入的来源，可支配收入包括工资性收入、经营净收入、财产净收入和转移净收入。一般认为，人均可支配收入是影响居民休闲消费最重要的因素，常被用来衡量一个家庭的生活水平状况。一个城市的人均可支配收入往往可以反映这个城市居民的消费能力，从而对居民消费的购买倾向和消费喜好产生影响。从长三角各城市的城市居民人均可支配收入可以看出，上海、苏州、杭州、宁波、南京位列前五名，阜阳、宿州、亳州、六安、宿迁位于后五名，见图 4－19。

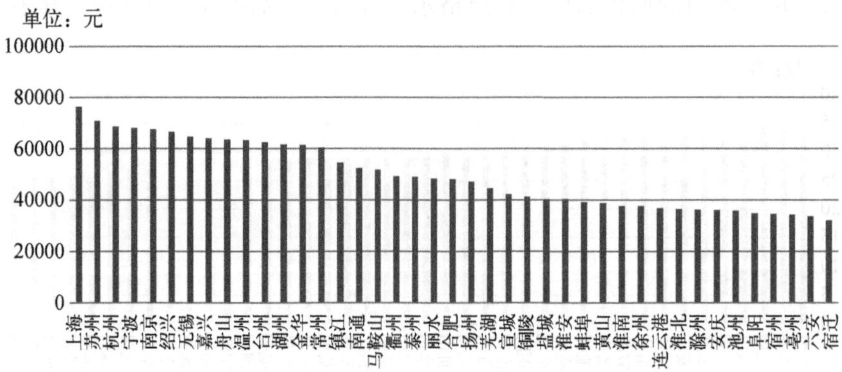

图 4－19　长三角 41 个城市的城市居民人均可支配收入一览图

从统计数据可以看出，长三角所有城市的人均可支配收入均在30 000元以上。其中上海高达 76 437 元排在首位，在 60 000 元以上的城市共有14 个：上海、苏州、杭州、宁波、南京、绍兴、无锡、嘉兴、舟山、温州、台州、湖州、金华、常州；处于 50 000～60 000 元的城市共有 3 个：镇江、南通、马鞍山；处于 40 000～50 000 元的城市共有 10 个：衢州、泰州、丽水等；处于30 000～40 000 元的共有 14 个：蚌埠、黄山、淮南、徐州等。长三角所有城市居民人均可支配收入较去年提升明显，说明长三角 41 个城市经济进一步增长，人们的生活水平不断提高。

（三）城市居民消费价格指数

城市居民消费价格指数（以上一年为 100）是反映城市居民家庭所购买的生活消费品价格和服务项目价格变动趋势和程度的相对数，可以观察和分析消费品的零售价格和服务项目价格变动对居民货币工资的影响，作为研究居民生活和确定工资政策的依据，一般可以用来反映通货膨胀（紧缩）程度。根据统计数据，长三角各城市的城市居民消费价格指数排名见图 4－20。其中，铜陵、淮北、泰州、马鞍山、徐州排在前五位，丽水、宁波、舟山、衢州、上海排在后五位。

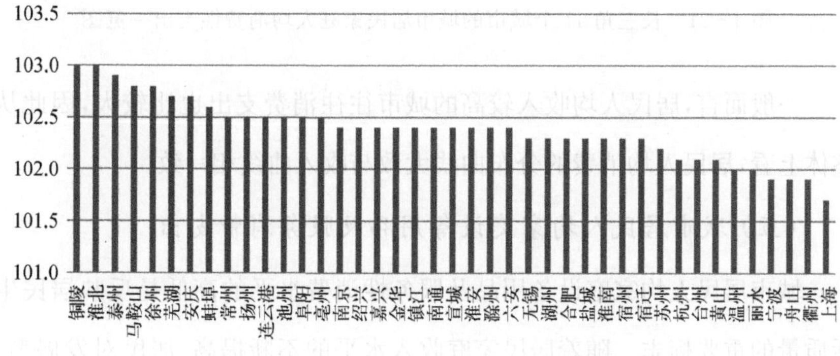

图 4－20　长三角 41 个城市的城市居民消费价格指数（以上一年为 100）一览图

由于消费价格指数反映了城市居民家庭所购买的生活消费品价格和服务项目价格变动趋势和程度的相对数。通过观察价格指数的变化，一定程度上可以表明价格波动对居民休闲生活的影响程度。

（四）城市居民家庭人均消费性支出

城市居民家庭人均消费性支出是居民家庭人均用于日常生活的全部支出，包括购买实物支出和各种服务性支出。人均消费支出既是衡量居民生活水平和生活质量的重要指标，也是推动城市经济增长的直接因素。城市居民家庭人均消费性支出中有一部分用于休闲消费支出，因此居民人均消费支出的高低与休闲生活水平质量高低有很大联系。从统计数据中可以看出，上海、杭州、温州、苏州、宁波家庭人均消费性支出排在前五位，六安、淮安、安庆、宿迁、宿州位于后五位。见图 4-21。

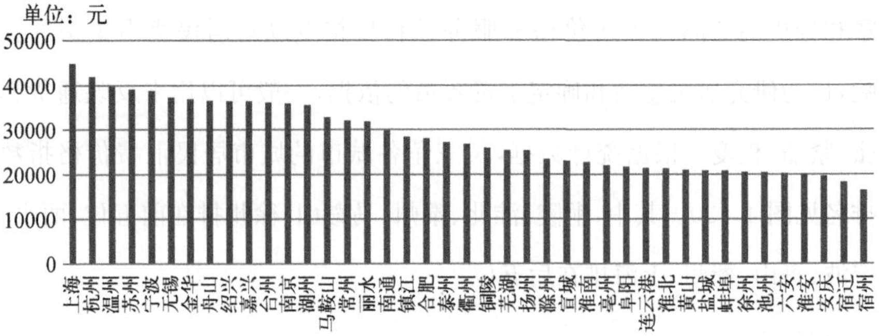

图 4-21　长三角 41 个城市的城市居民家庭人均消费性支出一览图

一般而言，居民人均收入较高的城市往往消费支出也比较大，因此从整体上看，居民人均消费的分布曲线大致与收入曲线相一致。

（五）城市居民人均家庭设备用品及服务消费支出

城市居民人均家庭设备用品及服务性消费水平的高低是反映居民生活质量的重要标志。随着居民家庭收入水平的不断提高，居民对发展型、享受型消费资料的需求也同步增加，而发展型与享受型消费在提高居民日常生活质量的同时，也极大地丰富了居民休闲生活。今天服务性消费已逐步成为居民生活领域的一个消费热点，也成为反映我国居民休闲消费需求逐步高涨的一个缩影。从统计数据看，宁波、温州、淮北、杭州、台州位于前五位，盐城、黄山、宿州、六安、亳州位于后五位。见图 4-22。

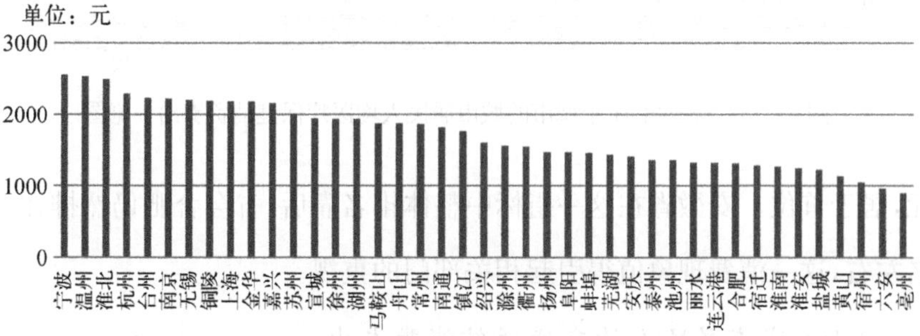

图 4-22　长三角 41 个城市的城市居民人均家庭设备用品及服务消费支出一览图

从数据可以看出，宁波以 2 557 元的人均家庭设备用品及服务消费支出排在首位，领先于长三角其他 40 个城市。这一现象反映了宁波市居民重视发展型、享受型消费，居民的日常生活质量提高，休闲方式丰富。

（六）城市居民人均医疗保健消费支出

从城市居民的生活角度出发，医疗保健消费支出相较于衣、食、住、行等基本生活消费而言，是一种弹性较小的消费品。随着生活条件的改善，居民对身体保健的观念发生了很大的转变，"预防为主"是医疗卫生工作的重要经验之一，保健和养生的生活方式逐渐被居民认同与接受，从而使保健消费成为当今时代居民家庭消费中的重要部分，支出比重也在不断提高。从统计数据来看，杭州、丽水、上海、金华、亳州排在前五位，宿迁、淮安、蚌埠、阜阳、六安排在后五位，见图 4-23。

从数据可以看出，长三角地区城市居民人均医疗保健消费支出主要在 2 000 元上下浮动，且消费区域性明显。超过 3 000 元的城市有杭州、丽水、上海 3 座城市，其中杭州城市居民人均医疗保健消费支出达到 3 651

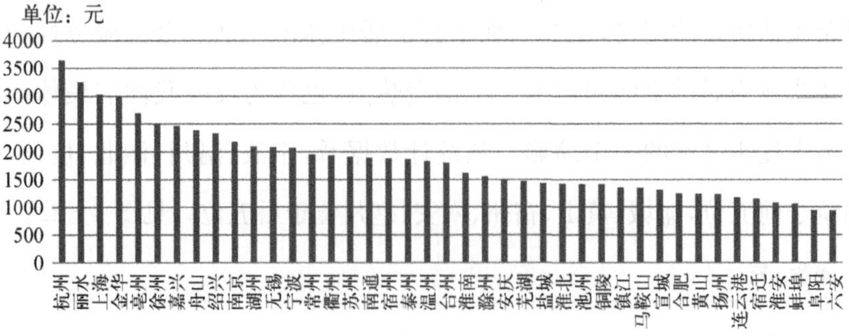

图 4-23　长三角41个城市的城市居民人均医疗保健消费支出一览图

元，居于首位。安徽省在这一指标中整体排名靠后，省会合肥仍然排在32名左右，这一消费现象值得引起相关部门的重视。

（七）城市居民人均交通通信消费支出

随着人们收入的增加，交通和通信产品不断的升级换代，使得交通和通信消费成为城镇居民家庭的消费热点。交通和通信是反映居民生活质量的重要指标，近年来居民消费需求逐渐向发展型、品质型转变，居民的消费能力明显增强，消费结构得到优化。网络的普及使得居民通信消费占比加大；随着城镇基础设施不断完善，公路交通快速发展，公交线路不断向外延伸，出行增多带动了交通费快速增长。从城市居民人均交通通信消费支出的数据来看，杭州、嘉兴、金华、苏州、宁波排在前五位，宿州、六安、淮北、宿迁、安庆排在后五位，见图 4-24。

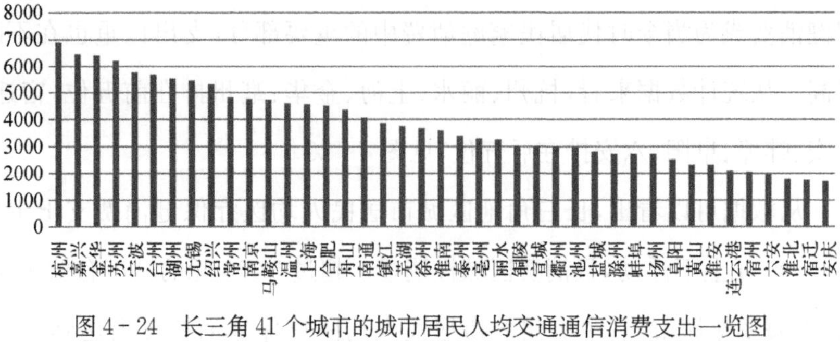

图 4-24　长三角41个城市的城市居民人均交通通信消费支出一览图

从数据可以看出，我国城市居民用于交通和通信消费支出的层次性比较清晰，大致可以分成三个层次：杭州、嘉兴、金华、苏州、宁波等 9 个城市的人均交通通信突破 5 000 元，其中杭州以 6 883 元排在第一位，属于第一层次，约占总数的 34.39%；常州、南京、马鞍山、温州等 17 个城市居民人均交通通信消费支出在 3 000～4 000 元，属于第二层次，约占总数的 43%；衢州、池州、盐城、滁州等 15 个城市低于 3 000 元，属于第三层次，约占总数的 22.61%。

（八）城市居民人均教育文化娱乐服务消费支出

教育文化娱乐服务消费支出，包括文化娱乐用品、文化娱乐服务、教育三类消费，是反映居民生活消费结构变化的一个重要指标，也是反映居民休闲生活质量甚至休闲生活方式变化的一个重要指标。近年来，随着“双减”政策的实施，一定程度上使教育支出费用比重有所降低，而与居民休闲生活高度相关的文化娱乐服务消费支出不断增加，比重不断提高。当然，各城市的经济发展程度不同，消费支出也有差异，见图 4－25。从统计数据看，马鞍山、南京、苏州、温州、无锡位居前 5 位，而黄山、淮北、安庆、六安、宿州排在后五位。

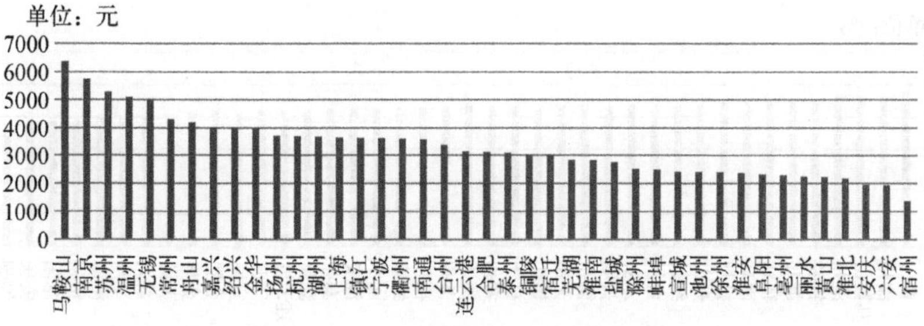

图 4－25　长三角 41 个城市的城市居民人均教育文化娱乐服务消费支出一览图

数据显示，马鞍山市城镇居民在教育文化娱乐服务消费方面的支出最高，这一现象也与马鞍山市娱乐文化设施完善、娱乐方式丰富，以及相关休闲产业成熟的环境息息相关。

第四节 休闲空间与环境

一、城市绿化

(一) 城市(建成区)绿化覆盖率

城市(建成区)绿化覆盖率,是指城市(建成区)内各类型绿地绿化垂直投影面积(包括公共绿地、居住区绿地、单位附属绿地、防护绿地、生产绿地、道路绿地、风景林地的绿化种植覆盖面积、屋顶绿化覆盖面积以及零散树木的覆盖面积)占城市总面积的比率。这是反映城市生态环境保护状况的重要指标,也是中国环境保护模范城市和创建文明城市考核的重要指标。城市休闲化水平的提升与休闲环境的改善和优化紧密相关,即一个城市绿化覆盖率的高低,在一定程度上代表了一座城市休闲环境质量发展水平。从数据可以看出,黄山、湖州、马鞍山、池州、铜陵在前五位,宿州、阜阳、安庆、温州、上海排在后五位,见图 4-26。

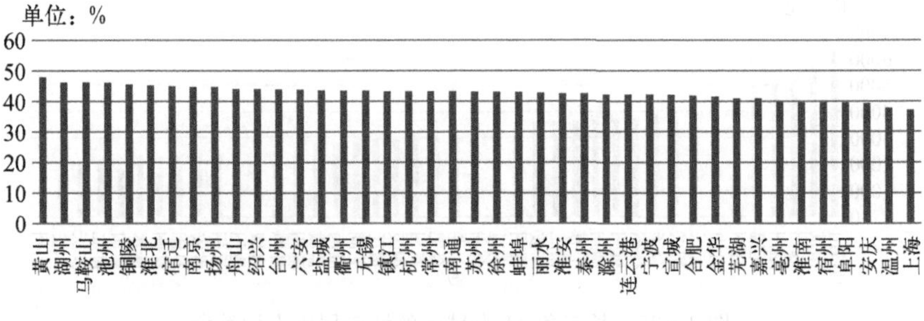

图 4-26 长三角 41 个城市的城市(建成区)绿化覆盖率一览图

从数据可以看出,长三角 41 个城市的城市(建成区)绿化覆盖率相差并不悬殊,主要集中在 39%～46%之间,居于首位的黄山与居于末位的宿迁仅相差 10.8%。可以看出长三角 41 个城市的城市绿化率建设工作成效较为明显。其中，绿化覆盖率在 40%～50%之间的城市有 34 座，在 30%～40%之间的城市 7 座。

（二）城市绿地面积

城市园林绿地面积指用作园林和绿化的各种绿地面积，包括公共绿地、居住区绿地、单位附属绿地、防护绿地、生产绿地、道路绿地和风景林地面积。它是反映一个城市的绿化数量和质量、一个时期内城市经济发展、城市居民生活福利保健水平的重要指标，也是评价城市环境质量的标准和城市精神文明的标志之一。从统计数据来看，长三角 41 个城市绿地面积拥有量差异悬殊，其中上海、南京、杭州、苏州、连云港排名前五，六安、宿州、衢州、池州、丽水排在后五位，见图 4－27。

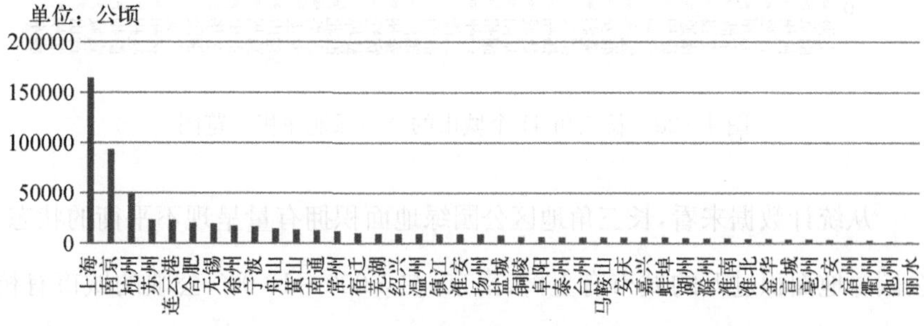

图 4－27　长三角 41 个城市的城市绿地面积一览图

首先，从整体上看，长三角各城市间的城市绿地面积差距较大，排在首位的上海拥有近 16 万公顷绿地面积，但排在末位的丽水却仅拥有约 1 700 公顷绿地面积，两者相差 95 倍。其次，长三角地区拥有 10 万公顷以上的城市仅有上海市，拥有 1 万～10 万公顷绿地面积的城市有 14 座，27 座城市的绿地面积在 1 万公顷以下。

（三）公园绿地面积

公园绿地是城市中向公众开放的、以游憩为主要功能，有一定的游憩设施和服务设施，同时兼有生态维护、环境美化、减灾避难等综合作用的绿化用地,是城市建设用地、城市绿地系统和城市市政公用设施的重要组成部分,也是展示城市整体环境水平和居民生活质量的一项重要指标,其规模可大可小。在城市发展过程中,通常会将公园绿地面积作为考核政府作为的一种尺度,考察政府对公共绿地资源进行再分配的能力。根据长三角各城市公园绿地面积的数据统计可以看出,上海、南京、杭州、合肥、苏州排在前五位,衢州、宣城、黄山、池州、丽水排在后五位,见图 4-28。

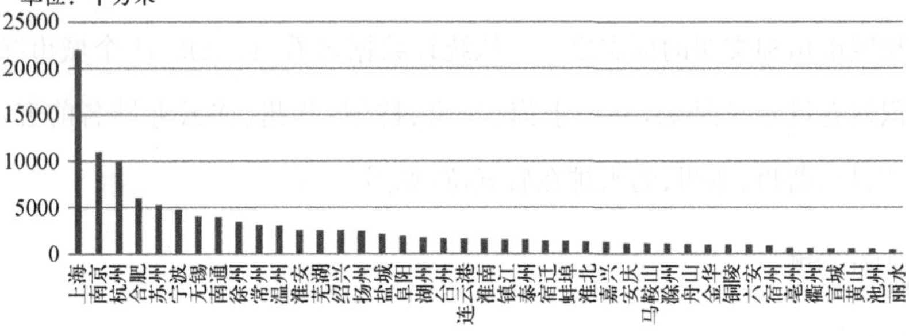

图 4-28　长三角 41 个城市的公园绿地面积一览图

从统计数据来看,长三角地区公园绿地面积拥有量呈现不平衡的状态。公园绿地面积过万的城市有上海、南京,在 5 000～10 000 公顷的城市有杭州、合肥、苏州,在 1 000～5 000 公顷之间的城市有宁波、无锡、南通等 27 座,在 1 000 公顷以下的城市有 9 座,长三角地区公园绿地面积拥有量主要集中在 1 000～5 000 公顷。其中上海作为拥有量最高的城市,公园绿地面积分摊在 2 488.36 万常住人口这一庞大群体的身上,数量就明显偏低,由此说明上海虽然公园绿地面积拥有量大,但人均面积这一指标仍然挑战严峻,任重道远。

二、环境荣誉

在城市"国家荣誉称号数"指标中,包含了国家历史文化名城、全国文明城市、国家文明城市、国家园林城市、国家环境保护模范城市以及中国优秀旅游城市等六个方面的内容。对城市而言，这些荣誉称号不仅是一个城市文化精神和形象特征的映射，也是城市休闲资源多面性的体现。

（一）国家历史文化名城

根据《中华人民共和国文物保护法》，历史文化名城是指保存文物特别丰富，具有重大历史文化价值和革命意义的城市。国家历史文化名城突出体现了中华民族文化多样性，集中反映了本地区文化特色、民族特色或见证多民族交流融合，是一种特殊的休闲旅游资源。

（二）全国文明城市

全国文明城市是指在全面建设小康社会中市民整体素质和城市文明程度较高的城市，在全国所有城市品牌中含金量最高、创建难度最大，是反映城市整体文明水平的综合性荣誉称号，也是目前国内城市综合类评比中的最高荣誉，是最具有价值的城市品牌。创建全国文明城市实质上是在更高层次、更高水平上推动城市发展，是贯彻落实科学发展观的具体实践；创建全国文明城市既是构建和谐社会的重要载体，也是构建和谐社会的重要推动力，文明城市已成为引导我国城市化、现代化建设的理想范式。城市休闲化是建立在较高城市文明水平基础之上的一个发展过程，城市的文明水平是城市综合发展条件的体现，在为本地居民提供良好的工作和生活文明环境的同时，也成为吸引外来旅游者的重要因素。

（三）国家卫生城市

国家卫生城市是指各项指标均已达到《国家卫生城市标准》要求，由各省、市、自治区爱卫会向全国爱卫会推荐，并经过中国全国爱国卫生运动委员会办公室考核组验收鉴定，而评选出的卫生优秀城市。申报的城市必须同时具备以下5个基本条件：① 城市生活垃圾无害化处理率≥80％；② 城市生活污水处理率≥30％；③ 建成区绿化覆盖率≥30％，人均绿地面积≥5平方米;④ 大气总悬浮微粒年日平均值(TSP):北方城市<0.350毫克立方米,南方城市≤0.250毫克/立方米;⑤ 城市除四害有三项达到全国爱卫会规定的标准。显然,国家卫生城市建设与城市休闲质量提升紧密相关,良好的卫生状况是构成城市名片和形象的主要内容,也是居民休闲品质的保障。因此,将国家卫生城市荣誉称号纳入休闲特色资源体系中,也是兼顾了当地居民与外来游客对于城市休闲卫生环境资源的特定需求。

（四）国家园林城市

国家园林城市是根据中华人民共和国住房和城乡建设部的《国家园林城市标准》,评选出分布均衡、结构合理、功能完善、景观优美,人居生态环境清新舒适、安全宜人的城市。创建园林城市(城区)是一项社会系统工程,符合当前社会进步和经济发展形势需要,有助于促进城市可持续发展。国家园林城市称号是综合判断一座城市园林休闲环境资源建设的一种方式,能够获得这一称号的城市,无论是在城市园林结构分布还是园林景观环境建设方面,都能为居民与游客提供较为理想的园林环境的休闲条件。

（五）国家环境保护模范城市

国家环境保护模范城市是遵循和实施可持续发展战略并取得成效的典型,它涵盖了社会、经济、环境、城建、卫生、园林等方面的内容,在已具备全国卫生城市、城市环境综合整治定量考核和环保投资达到一定标准的基础上才能有条件创建,涉及面广、起点高、难度大。“环保模范城市”是我国城市21世纪初期发展的方向和奋斗目标,同时也是我国环境保护的最高荣誉。国家环境保护模范城市的创建工作有利于城市遵循可持续发展原则,标志着生态良性循环、城市优美洁净,为居民提供舒适便捷的休闲环境。

（六）中国优秀旅游城市

中国优秀旅游城市评选工作自1998年开始，依据《创建中国优秀旅游城市工作管理暂行办法》和《中国优秀旅游城市检查标准》，由原国家旅游局（现为文化和旅游部）进行评选的城市称号。根据《中国优秀旅游城市检查标准》，包含了对于城市旅游发展水平、城市旅游定位与规模、旅游产业投入和支持、城市旅游业发展机制、城市旅游业管理体系、城市旅游业文明建设、城市的生态自然环境、城市的现代旅游功能、城市旅游交通、城市旅游开发管理、旅游促销与产品开发、城市旅游住宿设施等20个项目的综合评定情况，能够全面地反映城市旅游发展情况。旅游城市建设是城市休闲化过程的重要组成部分，在休闲特色资源评价中，优秀旅游城市荣誉称号能够在一定程度上反映出城市休闲资源特点与资源发展及保护的状况。

从统计数据可以看出，长三角41个城市的国家荣誉称号数量呈现阶梯状分布。上述6个相关荣誉称号中，上海、南京、杭州、苏州、南通等9座城市拥有6个荣誉称号，宁波、连云港等4座城市拥有5个荣誉称号，徐州、温州等7座城市拥有4个荣誉称号，合肥、无锡等10座城市拥有3个荣誉称号，盐城、宿迁、淮北等7座城市拥有2个荣誉称号，蚌埠、六安等2座城市仅有1个荣誉称号，而阜阳和滁州的荣誉称号为零，见图4-29。

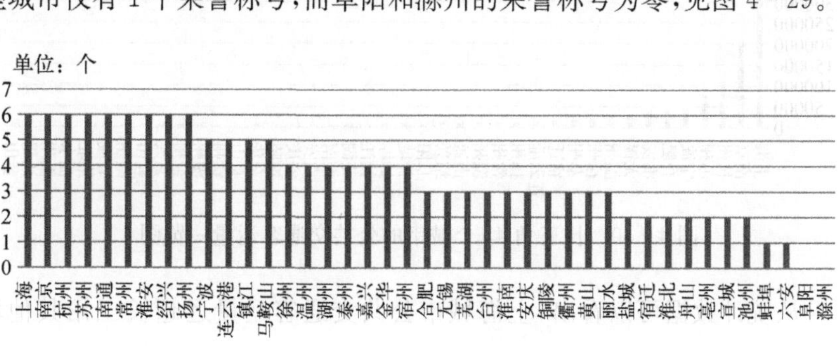

图4-29　长三角41个城市的国家荣誉称号数量一览图

第五节　交通设施与规模

一、城市交通

交通设施与规模指标主要反映城市内外交通的便捷程度和交通规模,包括城市公共交通客运量,公路运输完成客运量。这一类指标是城市居民和外来游客开展休闲活动的前提,是城市休闲化发展的基础条件。

(一) 城市公共交通客运量

公共汽车、电车、地铁等是城市公共交通的重要组成部分,为社会公众日常出行提供基础运输服务保障。一个城市公共汽车、电车、地铁网络布局的完整性与运载量的有效性,不仅是城市内部交通发达与否的典型体现,而且更是城市居民外出从事休闲活动能否在频度上递增、空间上延伸以及在时间上节约的综合展现。根据长三角各城市公共交通客运量数据统计可以看出,上海、南京、杭州、苏州、宁波排在前五位,淮北、丽水、衢州、池州、黄山排在后五位,见图 4－30。

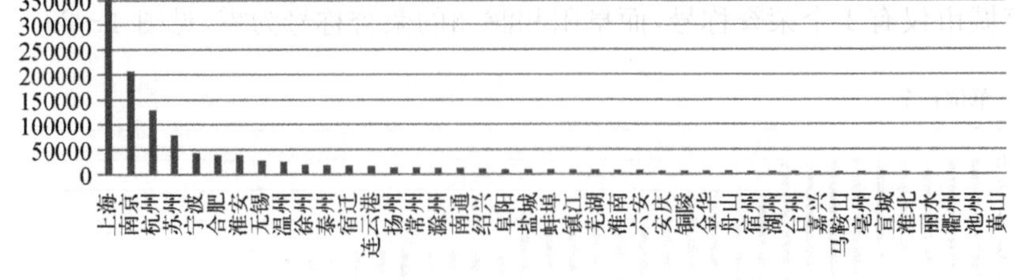

图 4－30　长三角 41 个城市的公共交通客运量一览图

从统计数据可以看出,上海城市公共交通客运量远超长三角其他城市,高达 42 亿人次,也反映了上海在交通运输方面承受的压力,在一定程度上也会降低人们的幸福指数。南京、杭州年客运量达到 10 亿人次以上，依次排名第二、第三。苏州的年客运量也都在 5 亿人次以上。公共汽车、电车客运量与城市经济发展的成熟度有很大的联系，同时也反映出城市内部公共交通运输任务十分繁重。可以预见，随着城市休闲化程度的加快，城市的公交调配面临了巨大的挑战。

（二）公路运输完成客运量

公路运输就是城市通向外界的一种渠道和方式，以适应性强、运输速度较快在中短途旅行中较为普遍。公路运输完成客运量体现的是开放空间条件下，同城化地区内部的城市乃至中远程以外地区的城市之间，旅客依靠交通大巴进行互相流通的状况。根据公路运输统计资料得出的指标，大致反映了长三角 41 个城市公路客运的基本情况。其中，苏州、温州、徐州、南京、台州位列前五，绍兴、马鞍山、池州、淮北、铜陵处于后五位，见图 4 - 31。

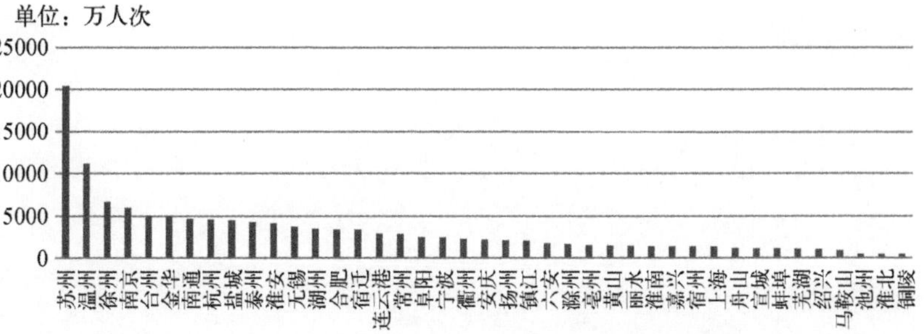

图 4 - 31　长三角 41 个城市的公路运输完成客运量一览图

从数据统计分析看，在公路交通运输完成客运量方面，各城市之间差别比较显著。苏州公路运输完成客运量约 2 亿人次，与长三角其他城市拉开差距，与末位铜陵相比，相差将近 43 倍。温州的公路运输完成客运量位居第二名，这与温州密集的公路网建设有关。此外，还可以看到，公路运输完成客运量较多的城市主要集中在江浙地区，这是因为城市公路客运量的增加有赖于城市周边公路系统的完善程度以及各种基础设施的配套与完备。从数据看到，作为全国超大城市的上海，在公路运输完成客运量方面排在第32名。这一情况与上海交通设施十分完善有关，尤其是以高铁为代表的交通工具成为近年来人们出行的首选，而对公路交通的依赖程度大幅度下降，以至于上海公路交通运输量连续出现不断下降的趋势。

第五章　各类城市休闲化指数分析

第一节　城市规模的划分标准及分类

改革开放以来，随着国民经济的大力发展和工业化进程的不断推进，我国的城镇化已经取得巨大成就，城市数量和规模都有了明显增长。2014 年 11 月 20 日，国务院发布了《关于调整城市规模划分标准的通知》，对我国原有的城市规模划分标准进行了调整，明确了新的城市规模划分标准以城区常住人口为统计口径[①]，将城市划分为五类七档。第一类，城区常住人口 50 万以下的城市为小城市。其中 20 万以上 50 万以下的城市为Ⅰ型小城市，20 万以下的城市为Ⅱ型小城市。第二类，城区常住人口 50 万以上 100 万以下的城市为中等城市。第三类，城区常住人口 100 万以上 500 万以下的城市为大城市，其中 300 万以上 500 万以下的城市为Ⅰ型大城市，100 万以上 300 万以下的城市为Ⅱ型大城市。第四类，城区常住人口 500 万以上 1 000 万以下的城市为特大城市。第五类，城区常住人口 1 000 万以上的城市为超大城市。依据这一划分标准，可以将本研究对象涵盖的 41 个城市划分为以下五类城市，超大城市 1 个，特大城市 3 个，

① 常住人口：指全年经常在家或在家居住 6 个月以上，也包括流动人口所在的城市居住。

Ⅰ型大城市2个,Ⅱ型大城市15个,中等城市14个,Ⅰ型小城市6个,见表5-1。

表5-1　41个城市人口规模类型

城　市	城区人口(万人)	类　型
上　海	2 489.43	超大城市
杭　州	993.18	特大城市
南　京	692.78	特大城市
合　肥	641.77	特大城市
苏　州	483.92	Ⅰ型大城市
宁　波	367.27	Ⅰ型大城市
无　锡	283.82	Ⅱ型大城市
温　州	249.88	Ⅱ型大城市
常　州	214.38	Ⅱ型大城市
南　通	208.99	Ⅱ型大城市
徐　州	207.54	Ⅱ型大城市
芜　湖	189.72	Ⅱ型大城市
绍　兴	173.90	Ⅱ型大城市
淮　安	170.32	Ⅱ型大城市
盐　城	143.51	Ⅱ型大城市
台　州	132.72	Ⅱ型大城市
扬　州	123.14	Ⅱ型大城市
淮　南	120.17	Ⅱ型大城市
阜　阳	107.91	Ⅱ型大城市

续　表

城　市	城区人口(万人)	类　型
连云港	105.55	Ⅱ型大城市
金　华	102.22	Ⅱ型大城市
湖　州	99.98	中等城市
泰　州	99.27	中等城市
蚌　埠	98.90	中等城市
嘉　兴	98.47	中等城市
宿　迁	89.77	中等城市
镇　江	89.00	中等城市
马鞍山	77.52	中等城市
安　庆	75.53	中等城市
淮　北	74.10	中等城市
舟　山	66.57	中等城市
滁　州	64.62	中等城市
铜　陵	64.17	中等城市
六　安	60.70	中等城市
宿　州	59.82	中等城市
衢　州	41.42	Ⅰ型小城市
丽　水	40.37	Ⅰ型小城市
亳　州	40.25	Ⅰ型小城市
宣　城	36.56	Ⅰ型小城市
黄　山	32.47	Ⅰ型小城市
池　州	31.10	Ⅰ型小城市

第二节　超大城市休闲化指数分析

超大城市的常住人口规模在 1 000 万以上,长江三角洲 41 个城市中符合这一标准的城市只有上海市。这与上海市的城市行政级别有一定关联。一般来说,城市人口规模与城市活力和生活品质高度相关,人口规模越大,城市的休闲娱乐设施的供给度越高,相关休闲娱乐资源和业态的丰富度也更高。城市社会经济发展的一个核心诉求就是为居民营造健康良好的休闲环境。进入 21 世纪以来,无论在国外或在国内,休闲逐渐成为推动城市社会经济发展的重要源泉,这在长三角各城市发展过程中也得到了充分的体现。本部分接下来将分析上海这一超大型城市在 31 个休闲化指标属性方面呈现出来的特征。

上海是我国经济、金融、贸易、航运和科技创新中心,是首批沿海开放城市、长江经济带的龙头城市,也是世界上规模和面积最大的都会区之一。从城市现代化角度来讲,城市现代化共有六个维度,其中一个便是生活的休闲化,目前上海正在朝着城市休闲化趋势发展。上海城市休闲功能的转变经历了多个阶段:从最初的封闭型,到后来的外向型,逐渐发展到内外兼顾型,直至当前的全域全面型,为市民和游客提供了丰富多彩的休闲消费方式。从数据分析看,上海 31 个指标水平值区间在 0～10 之间,均值水平是 3.034。高于均值水平的指标有 13 个,占指标总数的 41.94%,主要有地区生产总值,社会消费品零售总额,限额以上批发、零售、住宿和餐饮业企业个数,住宿和餐饮业零售总额,批发、零售、住宿和餐饮业从业人数,城市公共交通客运量,剧场、影剧院个数,国内旅游人数,入境旅游人数,星级饭店数量,城市绿地面积,公园绿地面积,公园个数。其中,指标水平值最高的是入境旅游人数(9.941),除此之外,指标大于 9 的有住宿和餐饮业零售总额(9.039)。从中可以看出,上海的住宿和餐饮业、公共服务设施等方面指标较高,这说明上海住宿餐饮业业态丰富、服务设施齐备,对城市休闲化进程的推动作用显著。此外,上海的交通网络通达性、游憩设施多样性以及绿化环境,对上海休闲功能的提升、休闲空间的融合和休闲活力的激发起到助推作用。

低于均值水平的指标有 18 个,占总数的 58.06%。主要是每百人公共图书馆藏书、国家 4A 级及以上景区数量、国家重点文物保护单位数量、国家荣誉称号数、人均生产总值、城市居民人均教育文化娱乐服务消费支出、城市居民人均医疗保健消费支出、城市居民人均交通通信消费支出、城市居民家庭人均消费性支出、城市居民人均家庭设备用品及服务消费支出、城市居民人均可支配收入、第三产业就业人数占全部就业人数的比重、城市化率、第三产业占地区生产总值比重、公路运输完成客运量、城镇居民家庭恩格尔系数、城市(建成区)绿化覆盖率和城市居民消费价格指数。其中,指标水平值最低的是城市居民消费价格指数(0.010),其次是城市(建成区)绿化覆盖率(0.146)。从中可以发现,上海低于均值水平的指标主要集中在人均类型的指标中,这一现象与上海的人口规模直接相关。

从横向指标来看,上海各个指标在 41 个城市中的排名主要集中在中等水平以上。排名在前十位的指标共有 26 个,其中位居第 1 名的指标有 22 个,分别是地区人均生产总值、城市化率、第三产业占地区生产总值比重、第三产业就业人数占全部就业人数的比重、社会消费品零售总额、住宿和餐饮业零售总额、批发和零售及住宿和餐饮业从业人数、限额以上批发和零售及住宿和餐饮业企业个数、城市公共交通客运量、每百人公共图书馆藏书、剧场和影剧院个数、星级饭店数量、国家 4A 级及以上景区数量、公园个数、国内旅游人数、入境旅游人数、城市绿地面积、公园绿地面积、国家荣誉称号数、城市居民人均可支配收入、城市居民家庭人均消费性支出和城市居民消费价格指数。其他位于中等水平以上的指标为城市居民人均医疗保健消费支出(第 3 名),人均生产总值(第 4 名),国家重点文物保护单位数量(第 5 名),城市居民人均家庭设备用品及服务消费支出(第 9 名)。处于中等水平的指标有城市居民人均教育文化娱乐服务消费支出(第 14 名)和城市居民人均交通通信消费支出(第 14 名)。排名处于后十位,位于中等指标以下的有公路运输完成客运量(第 32 名)、城市(建成区)绿化覆盖率(第 41 名)和城镇居民家庭恩格尔系数(第 41 名)。

综合以上数据可以得出,上海在城市绿化覆盖率、公路交通规模、国家重点文物保护单位数量、居民消费等方面均存在很大的改进空间,尚无法与上海这座城市在全球的地位完全匹配,表明上海在城市休闲品质和休闲文化建设水平方面有待提升,见图 5-1。

第三节　特大城市休闲化指数分析

特大城市的常住人口规模在 500 万以上 1 000 万以下,符合这一标准的有杭州、南京和合肥 3 个城市。从上述城市所属地区看,分别属于浙江省、江苏省和安徽省。从城市行政级别看,杭州、南京和合肥都属于省会城市。3 个特大型城市在 31 个休闲化指标属性方面呈现出来的特征分析如下。

一、杭州

杭州地处长三角区域,是国务院批复确定的中国浙江省省会和全省经济、文化、科教中心,也是环杭州湾大湾区核心城市、沪嘉杭 G60 科创走

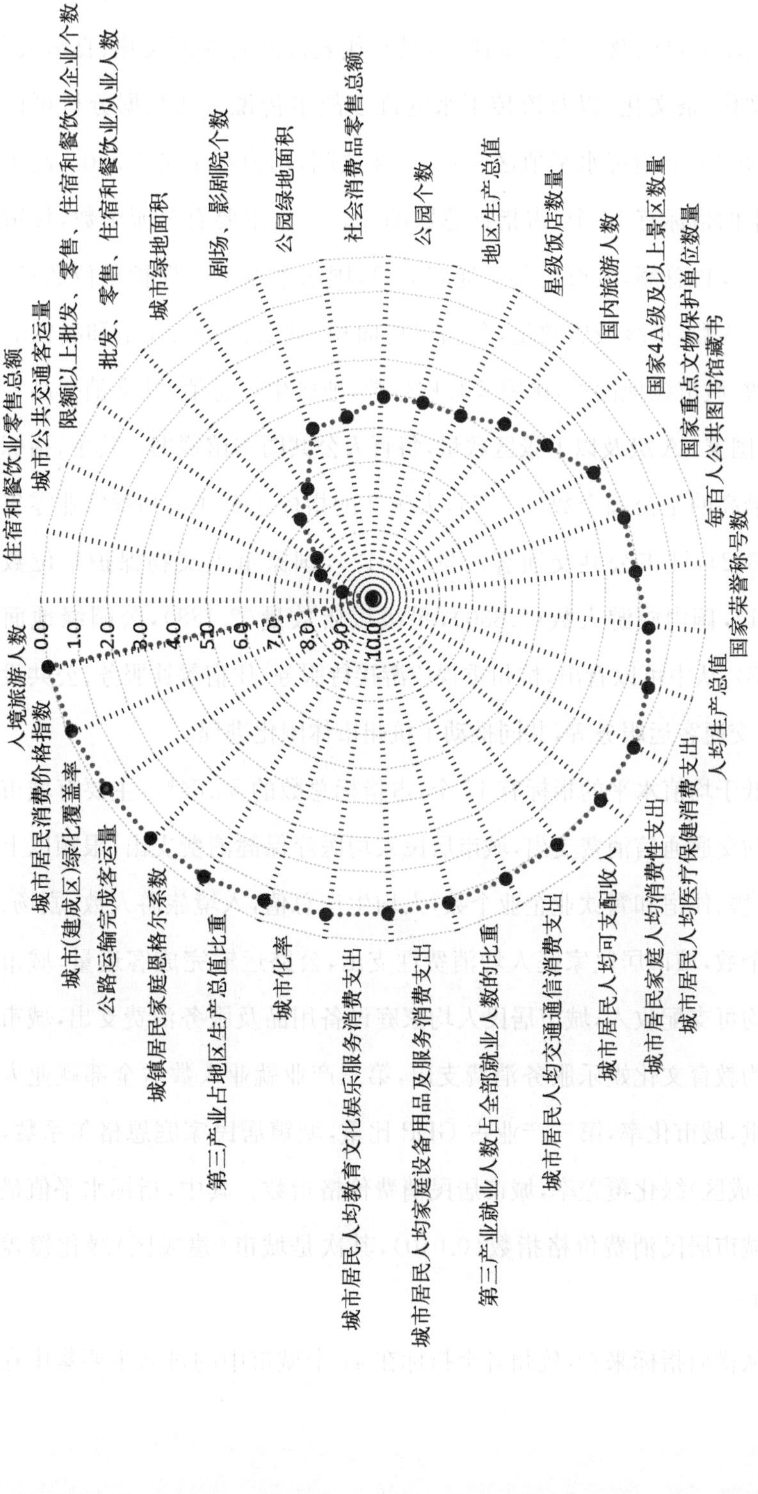

图 5-1 上海各指标水平排列图

廊中心城市、国际重要的电子商务中心。杭州人文古迹众多,西湖及其周边有大量的自然及人文景观遗迹,具有代表性的有西湖文化、良渚文化、丝绸文化、茶文化,以及流传下来的许多故事传说。从数据分析可以看出,杭州 31 个指标水平值区间在 0～4 之间,均值水平是 1.370。高于均值水平的指标有 14 个,占指标总数的 45.16%,主要有公园个数,住宿和餐饮业零售总额,城市公共交通客运量,国家重点文物保护单位数量,国内旅游人数,星级饭店数量,公园绿地面积,批发、零售、住宿和餐饮业从业人数,城市绿地面积,国家荣誉称号数,地区生产总值,社会消费品零售总额,国家 4A 级及以上景区数量,每百人公共图书馆藏书。其中,指标水平值最高的是公园个数(3.073),大于 2 的指标还有住宿和餐饮业零售总额(2.682),城市公共交通客运量(2.512),国家重点文物保护单位数量(2.421),国内旅游人数(2.330),星级饭店数量(2.188),公园绿地面积(2.098)。从中可以看出,杭州重视旅游接待服务、住宿餐饮服务、公共设施服务、交通客运服务等,共同推动了杭州市休闲化进程。

低于均值水平的指标有 17 个,占指标总数的 54.84%,主要有城市居民人均交通通信消费支出,城市居民人均医疗保健消费支出,限额以上批发、零售、住宿和餐饮业企业个数,人均生产总值,入境旅游人数,剧场、影剧院个数,城市居民家庭人均消费性支出,公路运输完成客运量,城市居民人均可支配收入,城市居民人均家庭设备用品及服务消费支出,城市居民人均教育文化娱乐服务消费支出,第三产业就业人数占全部就业人数的比重,城市化率,第三产业占 GDP 比重,城镇居民家庭恩格尔系数,城市(建成区)绿化覆盖率,城市居民消费价格指数。其中,指标水平值最低的是城市居民消费价格指数(0.010),其次是城市(建成区)绿化覆盖率(0.170)。

从横向指标来看,杭州各个指标在 41 个城市中的排名主要集中在中等水平以上。其中，在 41 个城市中排名前十的有城市居民人均交通通信消费支出（第 1 名），城市居民人均医疗保健消费支出（第 1 名），住宿和餐饮业零售总额（第 2 名），星级饭店数量（第 2 名），公园个数（第 2 名），国家 4A 级及以上景区数量（第 2 名），城市居民家庭人均消费性支出（第 2 名），限额以上批发、零售、住宿和餐饮业企业个数（第 3 名），城市公共交通客运量（第 3 名），国内旅游人数（第 3 名），国家荣誉称号数（第 3 名），地区生产总值（第 3 名），城市居民人均可支配收入（第 3 名），城市化率（第 3 名），城市绿地面积（第 3 名），公园绿地面积（第 3 名），每百人公共图书馆藏书（第 3 名），第三产业占地区生产总值比重（第 4 名），社会消费品零售总额（第 4 名），批发、零售、住宿和餐饮业从业人数（第 4 名），城市居民人均家庭设备用品及服务消费支出（第 4 名），国家重点文物保护单位数量（第 4 名），第三产业就业人数占全部就业人数的比重（第 4 名），入境旅游人数（第 5 名），人均生产总值（第 6 名），公路运输完成客运量（第 8 名），剧场、影剧院个数（第 8 名）等 28 个指标。位于中等水平的指标是城市居民人均教育文化娱乐服务消费支出（第 12 名），城镇居民家庭恩格尔系数（第 18 名）和城市（建成区）绿化覆盖率（第 18 名）。

综合以上数据可以得出，杭州城市休闲化进程中发展较弱的指标有城市生态环境建设、人均休闲消费水平、第三产业发展水平等方面。这说明杭州在城市生态文明建设方面和经济发展程度方面需要一定程度地加强，见图 5－2。

二、南京

南京是中国四大古都之一，是我国首批国家历史文化名城，拥有6 000 多年的文明史、近 2 500 年的建城史和近 500 年的建都史，享有“六朝古

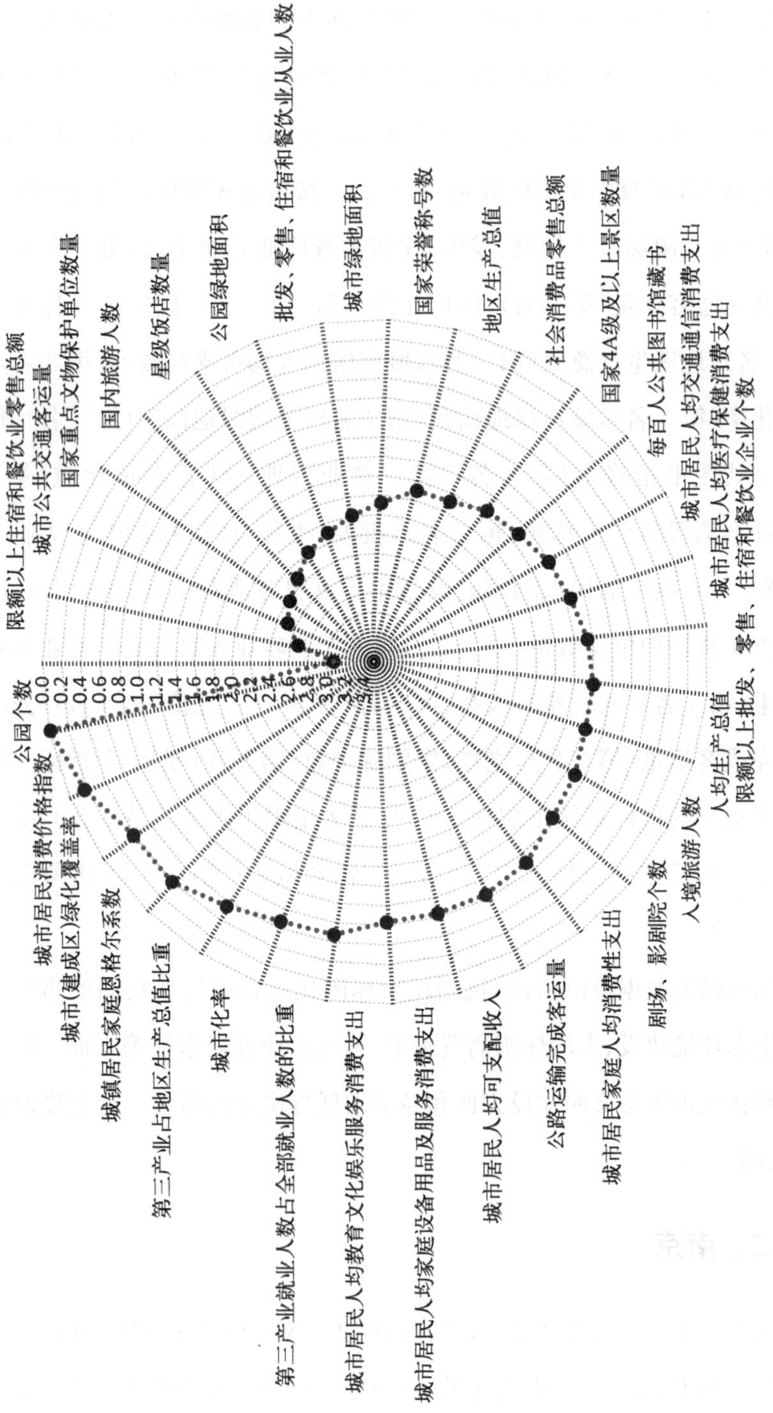

图 5-2　杭州各指标水平排列图

都”美誉，长期是中国南方的政治、经济和文化中心，历史文化资源丰厚。随着经济迅速发展，南京已成为长三角辐射带动中西部地区发展的国家重要门户城市。从数据分析可以看出，南京31个指标水平值区间在0～5之间，均值水平是1.330。高于均值水平的指标有13个，占指标总数的41.94%，主要有城市公共交通客运量，城市绿地面积，国家重点文物保护单位数量，公园绿地面积，住宿和餐饮业零售总额，社会消费品零售总额，国家荣誉称号数，剧场、影剧院个数，公园个数，批发、零售、住宿和餐饮业从业人数，地区生产总值，每百人公共图书馆藏书，人均生产总值。其中指标水平值最高的是城市公共交通客运量(4.047)，指标大于2的有城市绿地面积(3.540)，国家重点文物保护单位数量(2.774)，公园绿地面积(2.316)。从中可以看出，南京城市休闲化进程中的交通客运规模、城市绿化、文化设施规模等发展态势较好，表明南京休闲生活服务业整体发展状况良好。

低于均值水平的指标有18个，占指标总数的58.06%，主要有入境旅游人数，国内旅游人数，星级饭店数量，公路运输完成客运量，城市居民人均教育文化娱乐服务消费支出，城市居民人均交通通信消费支出，限额以上批发、零售、住宿和餐饮业企业个数，国家4A级及以上景区数量，城市居民人均可支配收入，城市居民人均家庭设备用品及服务消费支出，城市居民家庭人均消费性支出，城市居民人均医疗保健消费支出，第三产业就业人数占全部就业人数的比重，城市化率，第三产业占地区生产总值比重，城镇居民家庭恩格尔系数，城市(建成区)绿化覆盖率，城市居民消费价格指数。其中，指标水平值最低的是城市居民消费价格指数(0.010)，其次是城市(建成区)绿化覆盖率(0.176)。

从横向指标来看，南京各个指标在41个城市中的排名主要集中在中等水平以上。其中，在41个城市中排名前十的有城市居民人均教育文化娱乐服务消费支出(第2名),城市化率(第2名),城市绿地面积(第2名),公园绿地面积(第2名),国家重点文物保护单位数量(第2名),城市公共交通客运量(第2名),每百人公共图书馆藏书(第2名),人均生产总值(第2名),第三产业就业人数占全部就业人数的比重(第3名),住宿和餐饮业零售总额(第3名),第三产业占地区生产总值比重(第3名),剧场、影剧院个数(第3名),社会消费品零售总额(第3名),地区生产总值(第4名),国家荣誉称号数(第4名),入境旅游人数(第4名),公路运输完成客运量(第4名),批发、零售、住宿和餐饮业从业人数(第5名),城市居民人均可支配收入(第5名),星级饭店数量(第5名),公园个数(第6名),限额以上批发、零售、住宿和餐饮业企业个数(第6名),城市居民人均家庭设备用品及服务消费支出(第6名),国家4A级及以上景区数量(第8名),城市(建成区)绿化覆盖率(第8名),国内旅游人数(第10名),城市居民人均医疗保健消费支出(第10名)等28个指标。位于中等水平的有城市居民人均交通通信消费支出(第11名),城市居民家庭人均消费性支出(第12名)等2个指标。位于中等水平以下的指标是城镇居民家庭恩格尔系数(第39名)。

综合以上数据可以得出,南京市较弱的指标主要体现在各项人均指标。这表明南京在城市休闲产业发展的综合能力方面还存在发展短板,使得城市对外吸引力较弱,见图5-3。

三、合肥

合肥是安徽省省会,长三角城市群副中心,综合性国家科学中心,"一带一路"倡议和长江经济带战略双节点城市,同时也是世界科技城市联盟会员城市、中国最爱阅读城市、中国集成电路产业中心城市、国家科技创新型试点城市、中国四大科教基地之一,有"江淮首郡、吴楚要冲"的美誉。

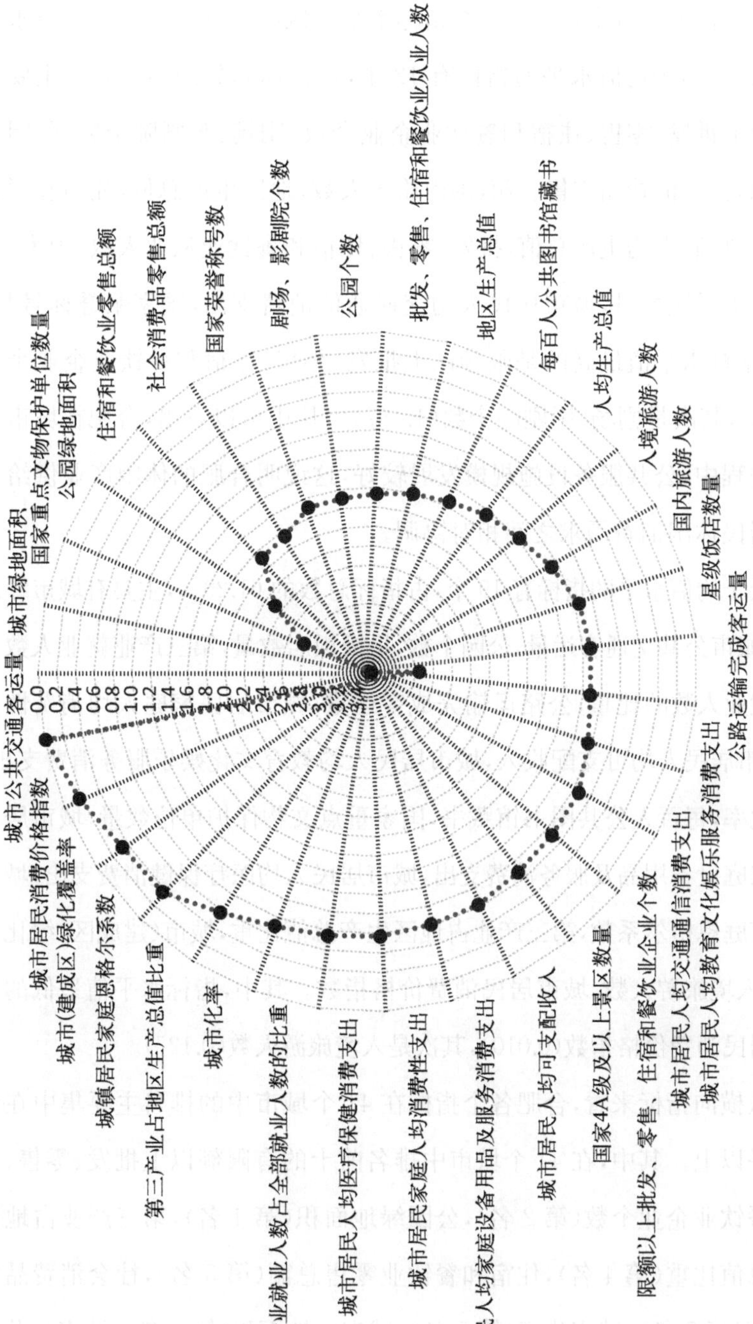

图 5－3　南京各指标水平排列图

从数据分析可以看出，合肥31个指标水平值区间在0～4之间，均值水平是0.811。高于均值水平的指标有12个，占指标总数的38.71%，主要有限额以上批发、零售、住宿和餐饮业企业个数，剧场、影剧院个数，公园绿地面积，社会消费品零售总额，国内旅游人数，地区生产总值，住宿和餐饮业零售总额，人均生产总值，批发、零售、住宿和餐饮业从业人数，国家4A级及以上景区数量，城市居民人均交通通信消费支出，国家荣誉称号数。其中，指标水平值最高的是限额以上批发、零售、住宿和餐饮业企业个数(3.983)，其次是剧场、影剧院个数(1.487)。从中可以看出，合肥在城市休闲化进程中，公共服务设施规模发展较好，这说明合肥的休闲产业供给和本地居民休闲消费需求之间相对协调。

低于均值水平的指标有19个，占指标总数的61.29%，主要有城市绿地面积，城市公共交通客运量，公园个数，星级饭店数量，第三产业就业人数占全部就业人数的比重，公路运输完成客运量，城市居民家庭人均消费性支出，城市居民人均可支配收入，城市居民人均教育文化娱乐服务消费支出，城市化率，每百人公共图书馆藏书，国家重点文物保护单位数量，城市居民人均家庭设备用品及服务消费支出，城市居民人均医疗保健消费支出，城镇居民家庭恩格尔系数，第三产业占地区生产总值比重，城市(建成区)绿化覆盖率，入境旅游人数，城市居民消费价格指数。其中，指标水平值最低的是城市居民消费价格指数(0.010)，其次是入境旅游人数(0.127)。

从横向指标来看，合肥各个指标在41个城市中的排名主要集中在中等水平以上。其中，在41个城市中排名前十的有限额以上批发、零售、住宿和餐饮业企业个数(第2名)，公园绿地面积(第4名)，第三产业占地区生产总值比重(第4名)，住宿和餐饮业零售总额(第5名)，社会消费品零售总额(第5名)，城市化率(第5名)，城市绿地面积(第6名)，城市公共交通客运量(第6名)，第三产业就业人数占全部就业人数的比重(第5名)，国家 4A 级及以上景区数量(第 6 名),剧场、影剧院个数(第 6 名),地区生产总值(第 7 名),批发、零售、住宿和餐饮业从业人数(第 8 名),星级饭店数量(第 9 名)等 15 个指标。位于中等水平的指标有公园个数(第 11 名),国内旅游人数(第 12 名),人均生产总值(第 14 名),公路运输完成客运量(第 14 名),城市居民人均交通通信消费支出(第 15 名),入境旅游人数(第 18 名),城市居民家庭人均消费性支出(第 19 名),城市居民人均教育文化娱乐服务消费支出(第 21 名),城市居民人均可支配收入(第 21 名),国家荣誉称号数(第 22 名),国家重点文物保护单位数量(第 22 名),每百人公共图书馆藏书(第 25 名),城镇居民家庭恩格尔系数(第 27 名),城市(建成区)绿化覆盖率(第 31 名)等 14 个。城市居民人均医疗保健消费支出(第 33 名)和城市居民人均家庭设备用品及服务消费支出(第 33 名)排名位于后十位,低于中等水平。

综合以上数据可以得出,合肥在城市休闲化进程中表现较弱的方面主要在各项人均休闲消费水平、第三产业发展状况、入境旅游接待规模等方面。说明合肥在对外吸引力、第三产业服务业供给方面还有很大的发展潜力和空间。此外,各项人均消费水平指标也较薄弱,见图 5-4。

第四节　Ⅰ型大城市休闲化指数分析

常住人口规模在 300 万以上 500 万以下的城市为Ⅰ型大城市,符合这一标准的城市有苏州和宁波 2 个城市。分别属于江苏省和浙江省。对长三角 2 个Ⅰ型大城市 31 个指标属性的特征分析如下。

一、苏州

苏州是首批国家历史文化名城之一,全球首个“世界遗产典范城

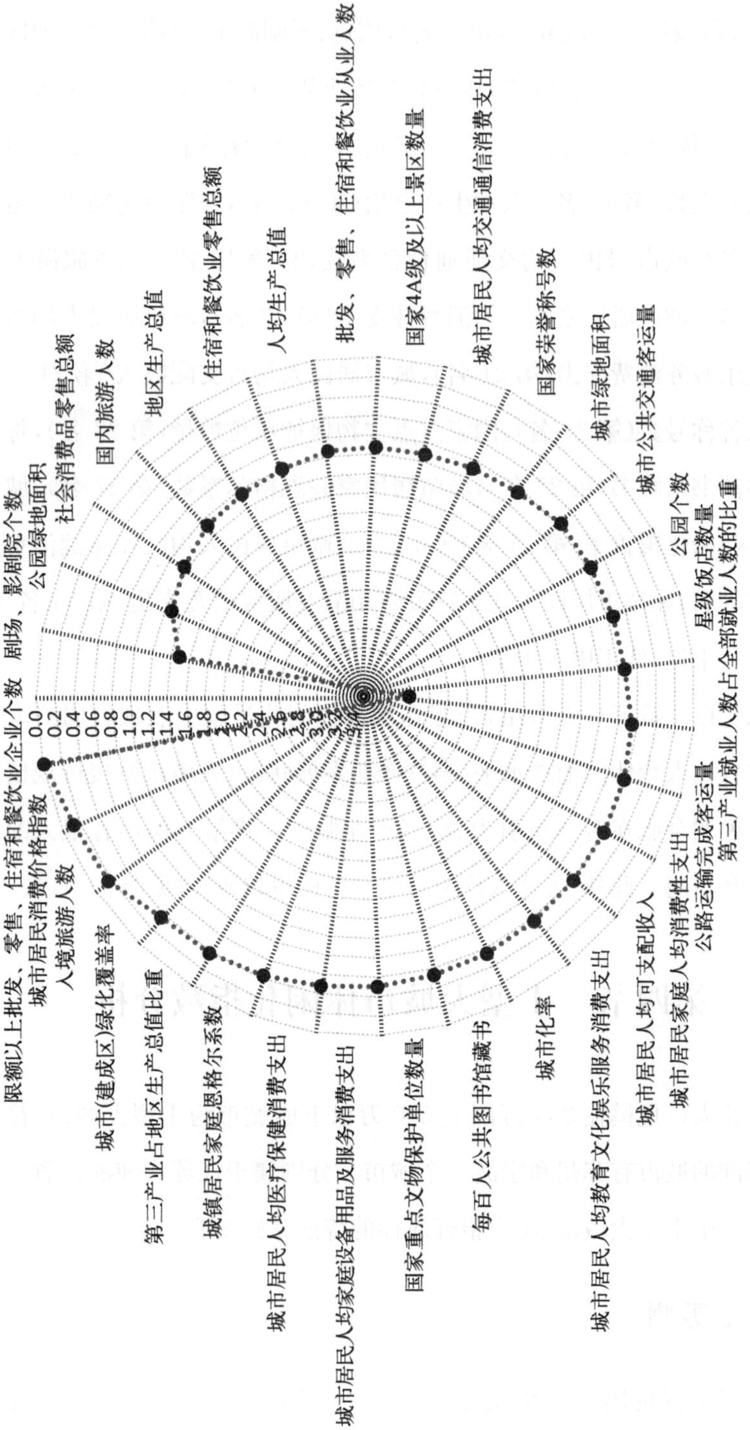

图 5-4　合肥各指标水平排列图

市”，有近 2 500 年历史，是江苏长江经济带重要组成部分。苏州园林是中国私家园林的代表，被联合国教科文组织列为世界文化遗产，中国大运河苏州段入选世界遗产名录，2017 年苏州被评为首批“中国旅游休闲示范城市”之一。从数据分析可以看出，苏州 31 个指标水平值区间在 0～4 之间，均值水平是 1.279。高于均值水平的指标有 13 个，占指标总数的 41.94%，主要有公路运输完成客运量，国家重点文物保护单位数量，剧场、影剧院个数，入境旅游人数，地区生产总值，社会消费品零售总额，公园个数，国家荣誉称号数，城市公共交通客运量，批发、零售、住宿和餐饮业从业人数，人均生产总值，国家 4A 级及以上景区数量，每百人公共图书馆藏书。其中，指标水平值最高的是公路运输完成客运量(3.814)，其次是国家重点文物保护单位数量(3.077)。从中可以看出，苏州在休闲化进程中，城际交通客运规模、文化设施规模、住宿餐饮业规模、入境旅游接待规模等指标发展较好，表明苏州市发达的交通网络也为居民休闲化的生活方式提供了便利。同时，苏州文化和旅游资源丰富，城市休闲功能突出。

低于均值水平的指标有 18 个，占指标总数的 58.06%，主要有星级饭店数量，住宿和餐饮业零售总额，城市居民人均交通通信消费支出，国内旅游人数，公园绿地面积，限额以上批发、零售、住宿和餐饮业企业个数，城市居民人均教育文化娱乐服务消费支出，城市绿地面积，城市居民人均可支配收入，城市居民家庭人均消费性支出，城市居民人均家庭设备用品及服务消费支出，城市居民人均医疗保健消费支出，第三产业就业人数占全部就业人数的比重，城市化率，城镇居民家庭恩格尔系数，第三产业占地区生产总值比重，城市(建成区)绿化覆盖率，城市居民消费价格指数。其中，指标水平值最低的是城市居民消费价格指数(0.010)，其次是城市(建成区)绿化覆盖率(0.169)。

从横向指标来看，苏州各个指标在41个城市中的排名主要集中在中等水平以上。其中，在41个城市中排名前十的有国家重点文物保护单位数量(第1名)，公路运输完成客运量(第1名)，地区生产总值(第2名)，社会消费品零售总额(第2名)，剧场、影剧院个数(第2名)，城市居民人均可支配收入(第2名)，国家荣誉称号数(第2名)，人均生产总值(第3名)，入境旅游人数(第3名)，国家4A级及以上景区数量(第3名)，城市居民人均教育文化娱乐服务消费支出(第3名)，城市居民人均交通通信消费支出(第4名)，城市居民家庭人均消费性支出(第4名)，住宿和餐饮业零售总额(第4名)，城市绿地面积(第4名)，城市公共交通客运量(第4名)，星级饭店数量(第4名)，限额以上批发、零售、住宿和餐饮业企业个数(第5名)，公园个数(第5名)，每百人公共图书馆藏书(第5名)，公园绿地面积(第5名)，批发、零售、住宿和餐饮业从业人数(第6名)，第三产业占地区生产总值比重(第10名)等24个指标。位于中等水平的指标有国内旅游人数(第11名)，城市化率(第12名)，城市居民人均家庭设备用品及服务消费支出(第12名)，城市居民人均医疗保健消费支出(第16名)，第三产业就业人数占全部就业人数的比重(第16名)，城市(建成区)绿化覆盖率(第21名)等6个指标。城镇居民家庭恩格尔系数(第37名)这一指标排名后十位，位于中等水平以下。

综合以上数据可以得出，苏州在第三产业就业人数、城市绿化环境、人均休闲消费水平等方面处于较低发展状态，此外，苏州的人均休闲供给产品和居民消费需求之间匹配度有待加强，见图5-5。

二、宁波

宁波是中国五大计划单列市之一，“海上丝绸之路”东方始发港，是首

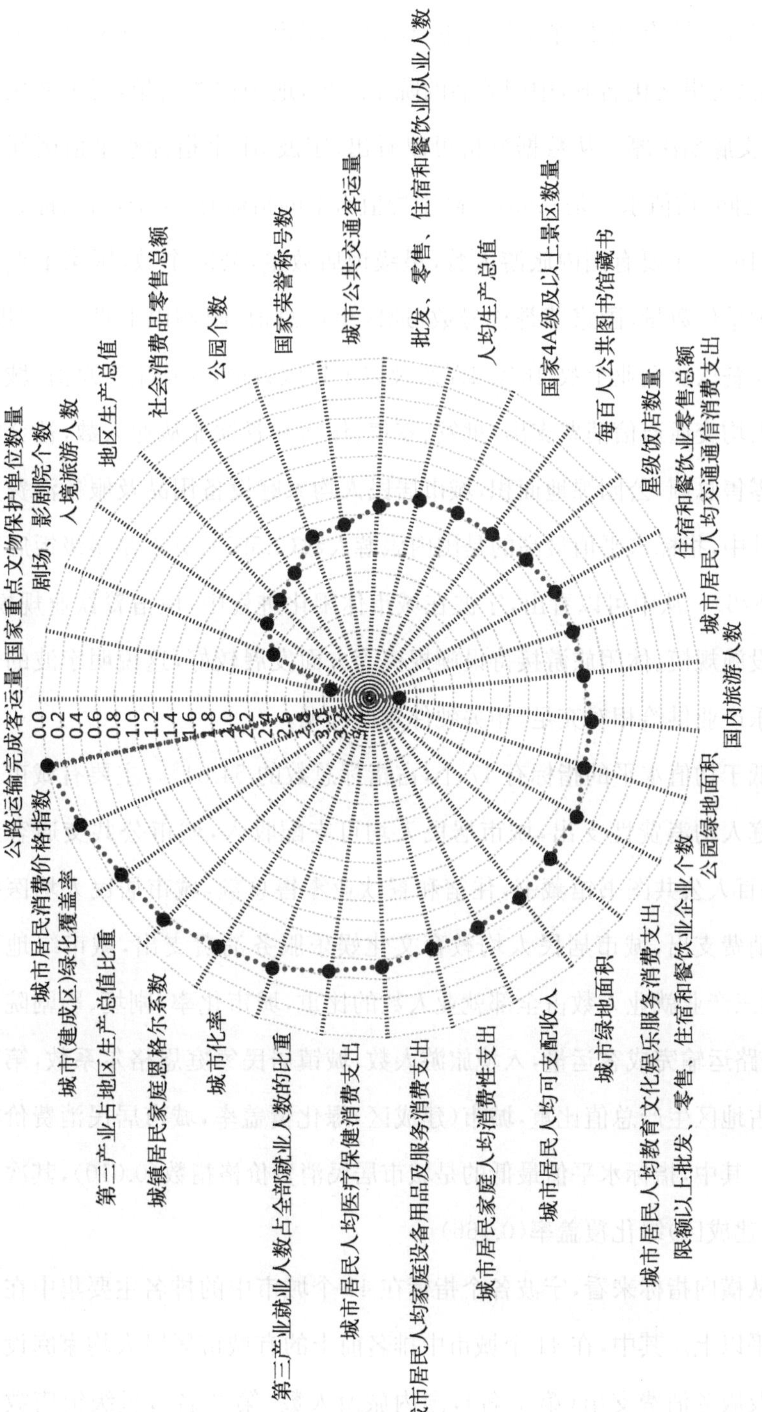

图 5－5　苏州各指标水平排列图

批沿海开放城市、中国东南沿海重要的港口城市、长江三角洲南翼经济中心,国家历史文化名城,中国著名的院士之乡,地理位置优越,历史文化悠久,人文底蕴深厚。从数据分析可以看出,宁波31个指标水平值区间在0~3之间,均值水平是0.931。高于均值水平的指标有14个,占指标总数的45.16%,主要有国内旅游人数,星级饭店数量,公园个数,国家重点文物保护单位数量,国家荣誉称号数,地区生产总值,限额以上批发、零售、住宿和餐饮业企业个数,国家4A级及以上景区数量,人均生产总值,城市居民人均交通通信消费支出,批发、零售、住宿和餐饮业从业人数,社会消费品零售总额,公园绿地面积,城市居民人均家庭设备用品及服务消费支出。其中,指标水平值最高的是国内旅游人数(2.595),其次是星级饭店数量(1.876)。从中可以看出,宁波在城市休闲化进程中,住宿餐饮业规模、公共设施规模、休闲旅游接待设施规模等方面发展较好,这说明宁波的休闲娱乐产业供给相对充足,相关硬件建设可观。

低于均值水平的指标有17个,占指标总数的54.84%,主要有城市居民家庭人均消费性支出,城市居民人均可支配收入,城市公共交通客运量,每百人公共图书馆藏书,住宿和餐饮业零售总额,城市居民人均医疗保健消费支出,城市居民人均教育文化娱乐服务消费支出,城市绿地面积,第三产业就业人数占全部就业人数的比重,城市化率,剧场、影剧院个数,公路运输完成客运量,入境旅游人数,城镇居民家庭恩格尔系数,第三产业占地区生产总值比重,城市(建成区)绿化覆盖率,城市居民消费价格指数。其中,指标水平值最低的是城市居民消费价格指数(0.010),其次是城市(建成区)绿化覆盖率(0.166)。

从横向指标来看,宁波各个指标在41个城市中的排名主要集中在中等水平以上。其中,在41个城市中排名前十的有城市居民人均家庭设备用品及服务消费支出(第1名),国内旅游人数(第2名),星级饭店数量

(第 3 名),国家 4A 级及以上景区数量(第 4 名),公园个数(第 4 名),限额以上批发、零售、住宿和餐饮业企业个数(第 4 名),城市居民人均可支配收入(第 4 名),城市居民家庭人均消费性支出(第 5 名),城市公共交通客运量(第 5 名),地区生产总值(第 5 名),城市居民人均交通通信消费支出(第 5 名),公园绿地面积(第 6 名),社会消费品零售总额(第 6 名),住宿和餐饮业零售总额(第 6 名),批发、零售、住宿和餐饮业从业人数(第 7 名),第三产业就业人数占全部就业人数的比重(第 7 名),国家重点文物保护单位数量(第 7 名),入境旅游人数(第 8 名),人均生产总值(第 8 名),城市化率(第 7 名),城市绿地面积(第 9 名),国家荣誉称号数(第 10 名)等 23 个指标。位于中等水平的指标有第三产业占地区生产总值比重(第 13 名),城市居民人均医疗保健消费支出(第 13 名),城市居民人均教育文化娱乐服务消费支出(第 16 名),每百人公共图书馆藏书(第 16 名),剧场、影剧院个数(第 17 名),公路运输完成客运量(第 19 名),城市(建成区)绿化覆盖率(第 29 名),城镇居民家庭恩格尔系数(第 30 名)等 8 个。没有位于中等水平以下的指标。

综合以上数据可以得出,宁波在城市休闲化发展进程中表现较弱的指标有第三产业发展规模、旅游接待规模、城市生态环境建设、各项休闲消费水平等方面。这说明宁波对外吸引力有待提升,在第三产业和旅游业方面还有很大的发展空间,见图 5 - 6。

第五节　Ⅱ型大城市休闲化指数分析

城市的城区常住人口规模在 100 万以上 300 万以下的城市为Ⅱ型大城市,符合这一标准的有无锡、温州、常州、南通、徐州、芜湖、绍兴、淮安、盐城、台州、扬州、淮南、阜阳、连云港和金华 15 个城市。从行政区域划分

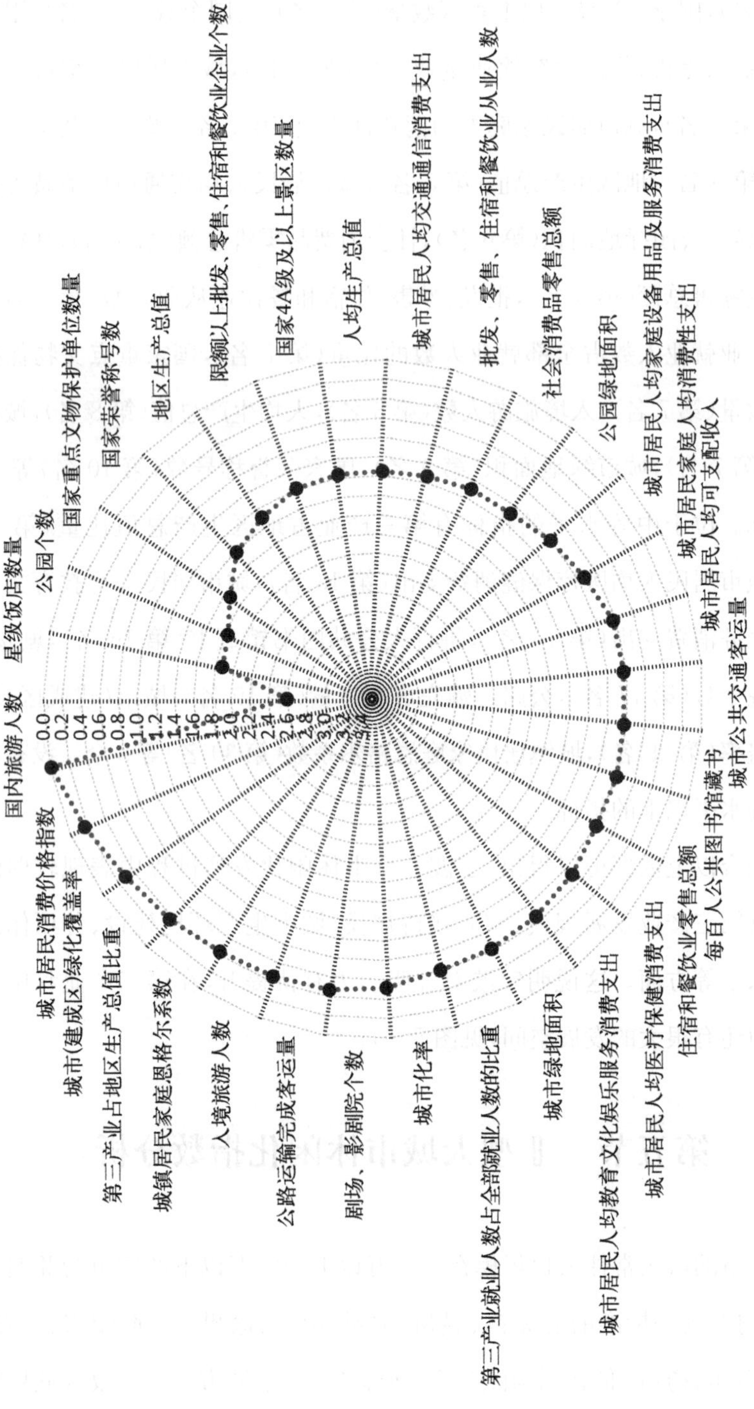

图 5-6 宁波各指标水平排列图

看，属于浙江省的有温州、绍兴、台州、金华 4 个城市，属于江苏省的有无锡、常州、南通、徐州、淮安、盐城、扬州和连云港 8 个城市，属于安徽省的有芜湖、淮南和阜阳 3 个城市。由此可见，长三角Ⅱ型大城市主要分布在江苏省，这与地区的经济发展密切相关，对长三角 14 个Ⅱ型大城市 31 个指标属性的特征分析如下。

一、无锡

无锡北倚长江、南滨太湖，被誉为“太湖明珠”，是国家历史文化名城，自古就是鱼米之乡，素有布码头、钱码头、窑码头、丝都、米市之称。无锡有鼋头渚、灵山大佛、无锡中视影视基地等景点，是我国优秀旅游城市，休闲旅游资源丰富。从数据分析可以看出，无锡 31 个指标水平值区间在 0～2 之间，均值水平是 0.749。高于均值水平的指标有 17 个，占指标总数的 54.84%，主要有剧场、影剧院个数，人均生产总值，地区生产总值，城市居民人均交通通信消费支出，国家 4A 级及以上景区数量，城市居民人均教育文化娱乐服务消费支出，批发、零售、住宿和餐饮业从业人数，限额以上批发、零售、住宿和餐饮业企业个数，公园绿地面积，国家荣誉称号数，每百人公共图书馆藏书，城市居民人均家庭设备用品及服务消费支出，城市居民家庭人均消费性支出，国内旅游人数，城市居民人均可支配收入，社会消费品零售总额，城市绿地面积。其中，指标水平值最高的是剧场、影剧院个数(1.598)，其次是人均生产总值(1.443)。从中可以看出，无锡在城市休闲化发展进程中指标较好的有文化设施规模、旅游休闲设施等，反映出无锡的休闲娱乐产业供给和居民消费需求相对较好，同时也彰显了无锡市历史文化名城和优秀旅游城市的气质和魅力。

低于指标水平值的有 14 个，占指标总数的 45.16%，主要有城市居民人均医疗保健消费支出，住宿和餐饮业零售总额，入境旅游人数，公路运输完成客运量，公园个数，城市化率，第三产业就业人数占全部就业人数的比重，城市公共交通客运量，星级饭店数量，城镇居民家庭恩格尔系数，第三产业占地区生产总值比重，国家重点文物保护单位数量，城市(建成区)绿化覆盖率，城市居民消费价格指数。其中，指标水平值最低的是城市居民消费价格指数(0.010)，其次是城市(建成区)绿化覆盖率(0.171)。

从横向指标来看，无锡各个指标在 41 个城市中的排名主要集中在中等水平以上。其中，在 41 个城市中排名前十的有人均生产总值(第 1 名)，城市化率(第 4 名)，剧场、影剧院个数(第 4 名)，国家 4A 级及以上景区数量(第 5 名)，城市居民人均教育文化娱乐服务消费支出(第 5 名)，地区生产总值(第 6 名)，城市居民家庭人均消费性支出(第 6 名)，城市居民人均可支配收入(第 7 名)，城市绿地面积(第 7 名)，公园绿地面积(第 7 名)，入境旅游人数(第 7 名)，住宿和餐饮业零售总额(第 7 名)，限额以上批发、零售、住宿和餐饮业企业个数(第 7 名)，城市居民人均家庭设备用品及服务消费支出(第 7 名)，城市公共交通客运量(第 8 名)，城市居民人均交通通信消费支出(第 8 名)，批发、零售、住宿和餐饮业从业人数(第 9 名)，第三产业就业人数占全部就业人数的比重(第 10 名)，社会消费品零售总额(第 10 名)等 20 个指标。中等水平的指标有第三产业占地区生产总值比重(第 11 名)，公路运输完成客运量(第 12 名)，公园个数(第 12 名)，城市居民人均医疗保健消费支出(第 12 名)，每百人公共图书馆藏书(第 13 名)，国内旅游人数(第 14 名)，城市(建成区)绿化覆盖率(第 16 名)，星级饭店数量(第 20 名)，国家荣誉称号数(第 21 名)等 9 个。位于中等水平以下的指标有国家重点文物保护单位数量(第 33 名)，城镇居民家庭恩格尔系数(第 35 名)。

综合以上数据可以得出，无锡在城市化发展进程中，表现较弱的指标有各项人均休闲消费水平、城市绿化建设、交通客运规模、第三产业发展状况等方面。说明无锡在第三产业服务业供给方面处于弱势，此外生态环境建设和交通通达性也有待加强。根据我国首套休闲城市评价标准体系，无锡休闲结构体系中的环境休闲力、基础休闲力、核心休闲力均存在一定的发展空间，见图 5-7。

二、温州

温州是东南沿海重要的商贸城市和区域中心城市，是国家历史文化名城，拥有丰厚的文化底蕴和独特的自然资源，非物质文化遗产资源十分丰富，素有“东南山水甲天下”之美誉。从数据分析可以看出，温州 31 个指标水平值区间在 0～3 之间，均值水平是 0.749。高于均值水平的指标有 14 个，占指标总数的 45.16%，主要有公路运输完成客运量，国家重点文物保护单位数量，国内旅游人数，剧场、影剧院个数，国家荣誉称号数，星级饭店数量，每百人公共图书馆藏书，城市居民人均教育文化娱乐服务消费支出，城市居民人均家庭设备用品及服务消费支出，城市居民人均交通通信消费支出，社会消费品零售总额，公园个数，城市居民家庭人均消费性支出，城市居民人均可支配收入。其中，指标水平值最高的是公路运输完成客运量(2.077)，其次是国家重点文物保护单位数量(1.665)。从中可以看出，交通客运规模、旅游接待规模等方面在温州城市休闲化进程中占有重要地位，表明温州的城市居民休闲消费需求较高，生活相对舒适，休闲需求与休闲供给较为匹配。

低于均值水平的指标有 17 个，占指标总数的 54.84%，主要有地区生产总值，公园绿地面积，城市居民人均医疗保健消费支出，人均生产总值，住宿和餐饮业零售总额，限额以上批发、零售、住宿和餐饮业企业个数，国家 4A 级及以上景区数量，城市公共交通客运量，城市化率，第三产业就业人数占全部就业人数的比重，城镇居民家庭恩格尔系数，城市绿地面积，第三产业占地区生产

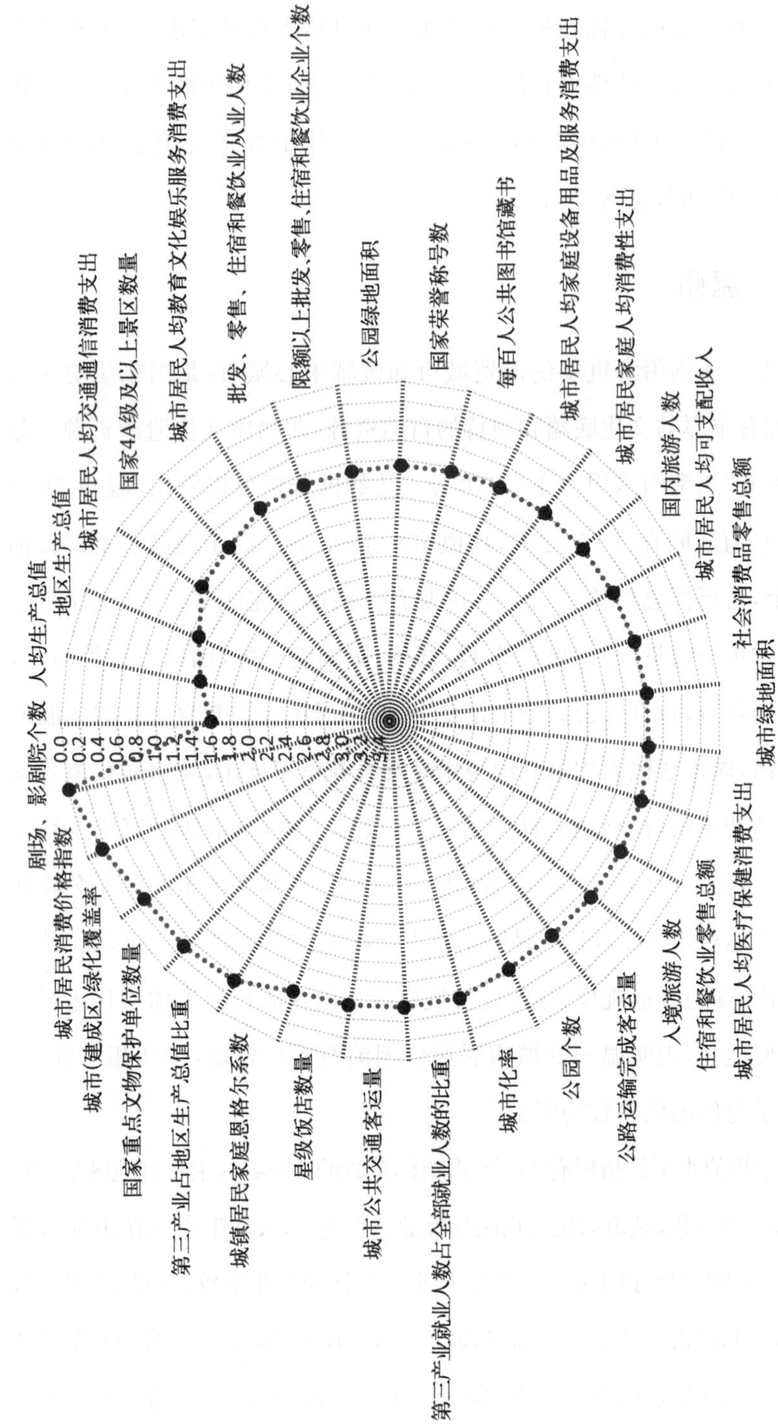

图 5-7　无锡各指标水平排列图

总值比重，入境旅游人数，城市（建成区）绿化覆盖率，批发、零售、住宿和餐饮业从业人数，城市居民消费价格指数。其中，指标水平值最低的是城市居民消费价格指数（0.010），其次是批发、零售、住宿和餐饮业从业人数（0.113）。

从横向指标来看，温州各个指标在41个城市中的排名主要集中在中等水平以上。其中，在41个城市中排名前十的有公路运输完成客运量（第2名），城市居民人均家庭设备用品及服务消费支出（第2名），城市居民家庭人均消费性支出（第3名），城市居民人均教育文化娱乐服务消费支出（第4名），国内旅游人数（第4名），星级饭店数量（第6名），剧场、影剧院个数（第7名），国家重点文物保护单位数量（第8名），第三产业占地区生产总值比重（第8名），社会消费品零售总额（第7名），住宿和餐饮业零售总额（第8名），城市公共交通客运量（第9名），每百人公共图书馆藏书（第9名），限额以上批发、零售、住宿和餐饮业企业个数（第10名），公园个数（第10名），城市化率（第10名），城市居民人均可支配收入（第10名）等18个指标。位于中等水平的有地区生产总值（第11名），公园绿地面积（第11名），城市居民人均交通通信消费支出（第13名），入境旅游人数（第13名），国家荣誉称号数（第15名），城市绿地面积（第17名），城市居民人均医疗保健消费支出（第20名），国家4A级及以上景区数量（第21名），人均生产总值（第26名），城镇居民家庭恩格尔系数（第28名），批发、零售、住宿和餐饮业从业人数（第28名）等11个指标。中等水平以下的指标有第三产业就业人数占全部就业人数的比重（第38名），城市（建成区）绿化覆盖率（第40名）。

综合以上数据可以得出，温州在城市休闲化发展进程中表现较弱的指标有城市生态环境建设、各项休闲消费水平、文化设施规模等方面。这说明温州的生态文明建设还有很大的发展空间，休闲产业结构单一，发展较为滞后，这些在一定程度上制约了城市的吸引力和竞争力，见图5-8。

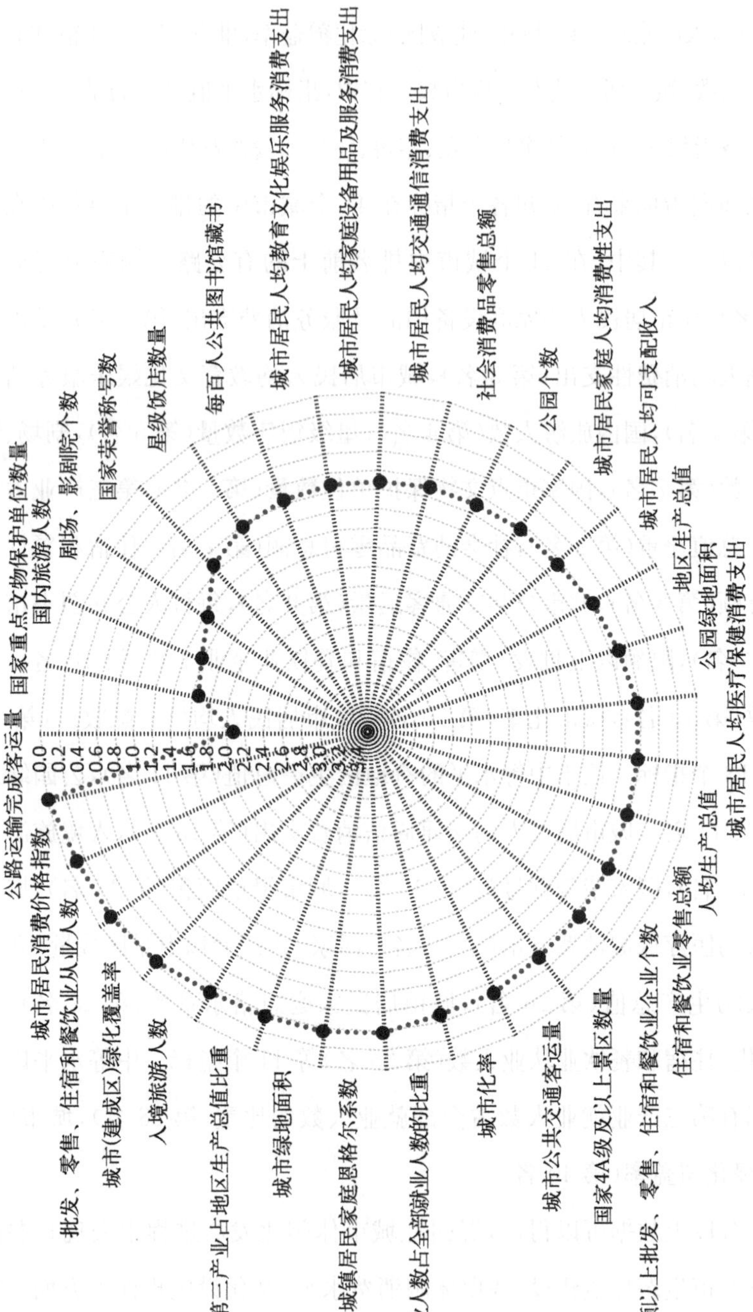

图 5-8　温州各指标水平排列图

三、常州

常州是长江三角洲中心城市之一、先进制造业基地和文化旅游名城，与苏州、无锡构成苏锡常都市圈，是一座有着3 200多年历史的文化名城，也是长江文明和吴文化的发源地之一，境内风景名胜、历史古迹众多，历史文化名人荟萃。从数据分析可以看出，常州31个指标水平值区间在0～2之间，均值水平是0.608。高于均值水平的指标有14个，占指标总数的45.16%，主要有国家荣誉称号数，人均生产总值，城市居民人均交通通信消费支出，剧场、影剧院个数，地区生产总值，城市居民人均教育文化娱乐服务消费支出，城市居民人均可支配收入，城市居民家庭人均消费性支出，国内旅游人数，城市居民人均家庭设备用品及服务消费支出，城市居民人均医疗保健消费支出，每百人公共图书馆藏书，公园绿地面积，社会消费品零售总额。其中，指标水平值最高的是国家荣誉称号数(1.698)，其次是人均生产总值(1.287)。从中可以看出，常州市在城市休闲化发展过程中，住宿餐饮业规模、教育文化娱乐规模、文化设施规模等发展良好，表明常州本地居民休闲消费需求较为旺盛，且消费水平相对较高。

低于均值水平的指标有17个，占指标总数的54.84%，主要有星级饭店数量，限额以上批发、零售、住宿和餐饮业企业个数，第三产业就业人数占全部就业人数的比重，公路运输完成客运量，批发、零售、住宿和餐饮业从业人数，城市化率，国家重点文物保护单位数量，住宿和餐饮业零售总额，城市绿地面积，国家4A级及以上景区数量，公园个数，城镇居民家庭恩格尔系数，第三产业占地区生产总值比重，入境旅游人数，城市公共交通客运量，城市(建成区)绿化覆盖率，城市居民消费价格指数。其中，指标水平值最低的是城市居民消费价格指数(0.010)，其次是城市(建成区)

绿化覆盖率(0.170)。

从横向指标来看,常州各个指标在41个城市中的排名主要集中在中等水平。其中,在41个城市中排名前十的有城市居民消费价格指数(第9名),人均生产总值(第5名),国家荣誉称号数(第6名),城市居民人均教育文化娱乐服务消费支出(第6名),城市化率(第8名),限额以上批发、零售、住宿和餐饮业企业个数(第8名),地区生产总值(第9名),住宿和餐饮业零售总额(第9名),批发、零售、住宿和餐饮业从业人数(第10名),公园绿地面积(第10名),城市居民人均交通通信消费支出(第10名)等11个指标。位于中等水平的指标有剧场、影剧院个数(第11名),入境旅游人数(第11名),第三产业占地区生产总值比重(第12名),社会消费品零售总额(第12名),城市绿地面积(第13名),第三产业就业人数占全部就业人数的比重(第14名),城市居民人均可支配收入(第14名),城市居民人均医疗保健消费支出(第14名),城市居民家庭人均消费性支出(第15名),城市公共交通客运量(第15名),星级饭店数量(第15名),公路运输完成客运量(第17名),国内旅游人数(第18名),城市居民人均家庭设备用品及服务消费支出(第18名),公园个数(第19名),城市(建成区)绿化覆盖率(第20名),每百人公共图书馆藏书(第20名),国家重点文物保护单位数量(第23名),国家4A级及以上景区数量(第24名)等19个。处于中等水平以下的指标只有城镇居民家庭恩格尔系数(第33名)。

综合以上数据可以得出,常州在城市休闲化发展进程中表现较弱的指标有旅游接待规模、城市生态环境建设、各项休闲消费水平等方面。这说明常州在旅游吸引力和城市居民休闲消费等方面存在一定劣势,见图5-9。

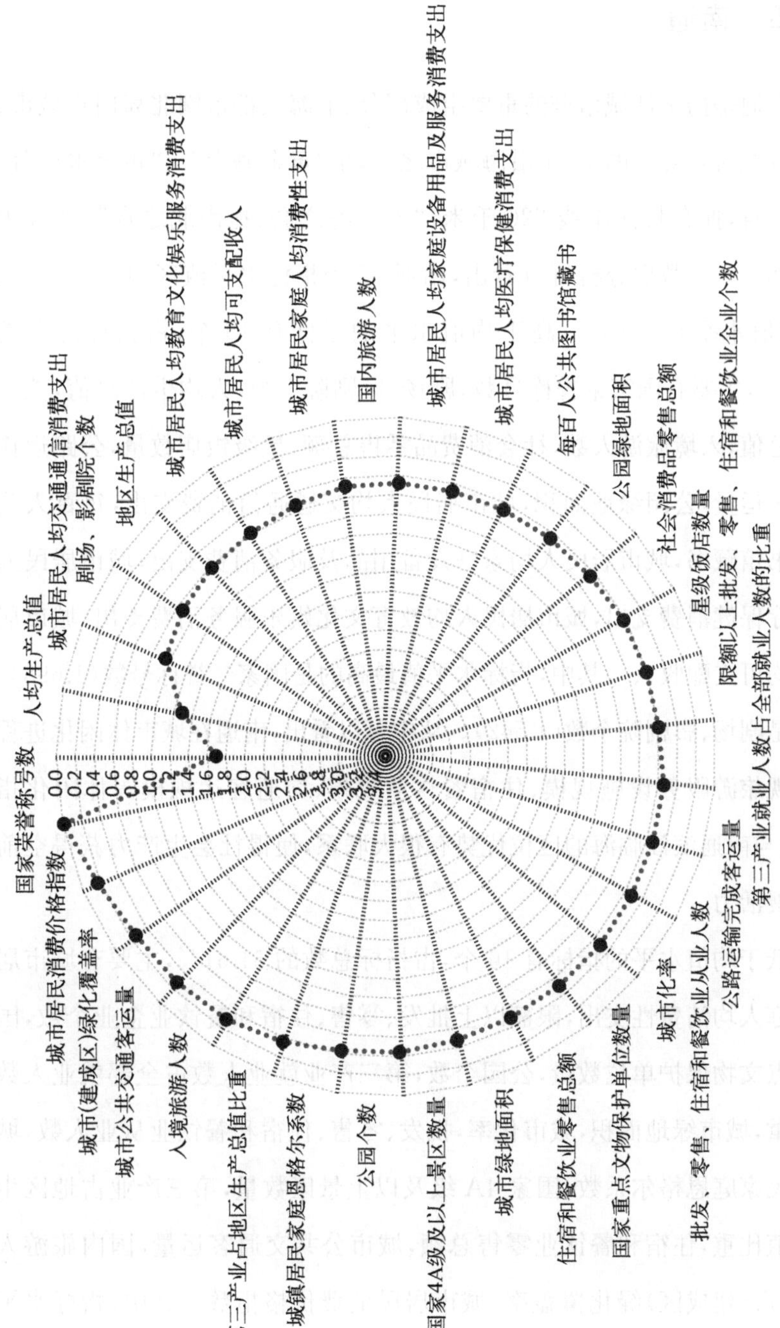

图 5-9　常州各指标水平排列图

四、南通

南通是扬子江城市群的重要组成部分、上海大都市圈北翼门户城市、中国首批对外开放的14个沿海城市之一,集“黄金海岸”与“黄金水道”优势于一身,拥有长江岸线226千米,“据江海之会、扼南北之喉”,被誉为“北上海”。从数据分析可以看出,南通31个指标水平值区间在0～2之间,均值水平是0.641。高于均值水平的指标有15个,占指标总数的48.39%,主要有国家荣誉称号数,剧场、影剧院个数,人均生产总值,地区生产总值,入境旅游人数,社会消费品零售总额,星级饭店数量,公路运输完成客运量,公园绿地面积,城市居民人均交通通信消费支出,每百人公共图书馆藏书,城市居民人均家庭设备用品及服务消费支出,城市居民人均医疗保健消费支出,城市居民人均教育文化娱乐服务消费支出,城市居民人均可支配收入。其中,指标水平值最高的是国家荣誉称号数(1.698),其次是剧场、影剧院个数(1.542)。从中可以看出,南通在城市休闲化进程中重视旅游服务设施规模、住宿餐饮业规模、交通客运规模等休闲化指标,这与南通滨江临海的区位优势有很大联系,使得社会生产力获得空前的发展活力。

低于均值水平的指标有16个,占指标总数的51.61%,主要有城市居民家庭人均消费性支出,限额以上批发、零售、住宿和餐饮业企业个数,国家重点文物保护单位数量,公园个数,第三产业就业人数占全部就业人数的比重,城市绿地面积,城市化率,批发、零售、住宿和餐饮业从业人数,城镇居民家庭恩格尔系数,国家4A级及以上景区数量,第三产业占地区生产总值比重,住宿和餐饮业零售总额,城市公共交通客运量,国内旅游人数,城市(建成区)绿化覆盖率,城市居民消费价格指数。其中,指标水平值最低的是城市居民消费价格指数(0.010),其次是城市(建成区)绿化覆盖率(0.170)。

从横向指标来看,南通各个指标在41个城市中的排名主要集中在中等水平。其中,在41个城市中排名前十的有国家荣誉称号数(第5名),剧场、影剧院个数(第5名),入境旅游人数(第6名),公路运输完成客运量(第7名),星级饭店数量(第7名),地区生产总值(第8名),公园绿地面积(第8名),社会消费品零售总额(第8名),限额以上批发、零售、住宿和餐饮业企业个数(第9名)等10个指标。位于中等水平的指标有人均生产总值(第11名),批发、零售、住宿和餐饮业从业人数(第11名),城市绿地面积(第12名),住宿和餐饮业零售总额(第13名),城市居民人均可支配收入(第16名),公园个数(第16名),城市居民家庭人均消费性支出(第17名),城市化率(第17名),城市居民人均医疗保健消费支出(第17名),城市居民人均交通通信消费支出(第17名),城市公共交通客运量(第17名),城市居民人均教育文化娱乐服务消费支出(第18名),城市(建成区)绿化覆盖率(第19名),城市居民人均家庭设备用品及服务消费支出(第19名),每百人公共图书馆藏书(第19名),国家重点文物保护单位数量(第21名),第三产业就业人数占全部就业人数的比重(第23名),城镇居民家庭恩格尔系数(第26名),国家4A级及以上景区数量(第27名),第三产业占地区生产总值比重(第30名)等20个。排名在后十位的指标只有国内旅游人数(第37名)。

综合以上数据可以得出,南通在城市休闲化发展进程中表现较弱的指标有城市生态环境建设、各项休闲消费水平、第三产业发展状况和入境旅游接待规模等方面。值得注意的是,第三产业就业人数占全部就业人数的比重这一指标在41个城市中位居末位,这说明南通在第三产业就业方面存在一定的短板,同时,在生态环境建设、休闲娱乐相关产业发展等方面具有很大的发展空间,见图5-10。

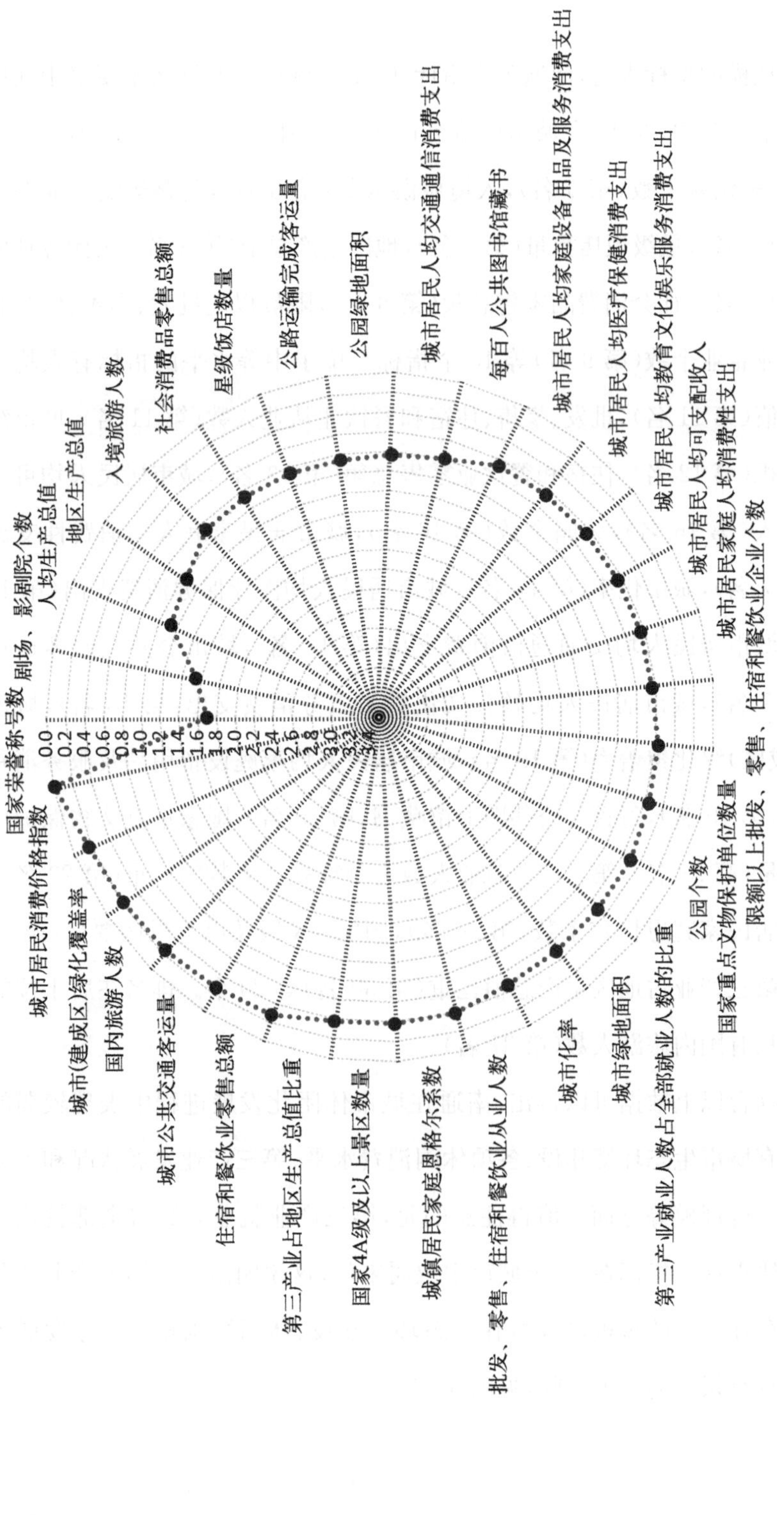

图 5-10　南通各指标水平排列图

五、徐州

徐州是华东地区重要的经济、科教、文化、金融、医疗和对外贸易中心，也是国家“一带一路”重要节点城市、长三角北翼重要中心城市，有“中国工程机械之都”和“五省通衢”的美誉，也被称作“东方雅典”。从数据分析可以看出，徐州 31 个指标水平值区间在 0～2 之间，均值水平是0.506。高于均值水平的指标有 13 个，占指标总数的 41.94%，主要有公路运输完成客运量，国家荣誉称号数，城市居民人均医疗保健消费支出，社会消费品零售总额，地区生产总值，公园绿地面积，城市居民人均交通通信消费支出，城市居民人均家庭设备用品及服务消费支出，人均生产总值，国家 4A 级及以上景区数量，城市绿地面积，公园个数，第三产业就业人数占全部就业人数的比重。其中，指数水平值最高的是公路运输完成客运量(1.243)，其次是国家荣誉称号数(1.132)。从中可以看出，徐州市重视公共设施服务、交通客运服务等城市休闲化指标，这说明徐州的第三产业相对发达，休闲娱乐产业供给和居民消费需求之间匹配度较好。

低于均值水平的指标有 18 个，占指标总数的 58.06%，主要有限额以上批发、零售、住宿和餐饮业企业个数，城市居民人均可支配收入，国家重点文物保护单位数量，城市居民人均教育文化娱乐服务消费支出，城市居民家庭人均消费性支出，城市化率，城镇居民家庭恩格尔系数，城市公共交通客运量，国内旅游人数，批发、零售、住宿和餐饮业从业人数，星级饭店数量，每百人公共图书馆藏书，第三产业占地区生产总值比重，城市(建成区)绿化覆盖率，住宿和餐饮业零售总额，入境旅游人数，剧场、影剧院个数，城市居民消费价格指数。其中，指标水平值最低的是城市居民消费价格指数(0.101)，其次是剧场、影剧院个数(0.014)。

从横向指标来看，徐州各个指标在 41 个城市中的排名主要集中在中等水平。其中,在41个城市中排名前十的有城市居民消费价格指数(第5名),城市居民人均交通通信消费支出(第6名),城市绿地面积(第8名),公园绿地面积(第9名),社会消费品零售总额(第9名),城市居民家庭人均消费性支出(第10名),地区生产总值(第10名),城市公共交通客运量(第10名)等8个指标。位于中等水平的指标有批发、零售、住宿和餐饮业从业人数(第12名),限额以上批发、零售、住宿和餐饮业企业个数(第12名),公路运输完成客运量(第13名),城市居民人均医疗保健消费支出(第14名),国家荣誉称号数(第14名),国家4A级及以上景区数量(第15名),公园个数(第15名),第三产业就业人数占全部就业人数的比重(第17名),第三产业占地区生产总值比重(第19名),城市居民人均教育文化娱乐服务消费支出(第20名),城镇居民家庭恩格尔系数(第20名),人均生产总值(第21名),住宿和餐饮业零售总额(第22名),城市(建成区)绿化覆盖率(第22名),城市化率(第23名),入境旅游人数(第24名),国家重点文物保护单位数量(第25名),国内旅游人数(第25名),星级饭店数量(第27名),城市居民人均可支配收入(第31名)等20个。排名后十位的指标有城市居民人均家庭设备用品及服务消费支出(第35名),每百人公共图书馆藏书(第36名),剧场、影剧院个数(第40名)等3个。

综合以上数据可以得出,徐州在城市休闲化进程中表现较弱的方面主要是各项人均休闲消费水平、文化设施规模、入境旅游接待规模、城市绿化建设等。说明徐州在文化设施的投入、生态环境建设、城市吸引力打造等方面存在不足,见图5-11。

六、芜湖

芜湖是华东重要的科研教育基地和工业基地、G60科创走廊中心城

市、全国综合交通枢纽、合芜蚌国家自主创新示范区，素有“江东名邑”“吴楚名区”美誉，是国家历史文化名城。从数据分析可以看出，芜湖 31 个指标水平值区间在 0～1 之间，均值水平是 0.427。高于均值水平的指标有 16 个，占指标总数的 51.61%，主要有人均生产总值，国家荣誉称号数，城市居民人均交通通信消费支出，国家重点文物保护单位数量，城市居民家庭人均消费性支出，第三产业就业人数占全部就业人数的比重，城市居民人均可支配收入，剧场、影剧院个数，公园绿地面积，城市居民人均家庭设备用品及服务消费支出，城市居民人均教育文化娱乐服务消费支出，国内旅游人数，城市居民人均医疗保健消费支出，城市化率，星级饭店数量，城镇居民家庭恩格尔系数。其中，指标水平值最高的是人均生产总值(0.896)，其次是国家荣誉称号数(0.849)。从中可以看出，芜湖在城市休闲化进程中表现较好的指标有城市绿化规模、教育文化娱乐规模、住宿餐饮业规模等，这说明芜湖的城市居民休闲消费需求较高，娱乐需求较为旺盛。

低于均值水平的指标有 15 个，占指标总数的 48.39%，主要有公园个数，国家 4A 级及以上景区数量，社会消费品零售总额，每百人公共图书馆藏书，地区生产总值，城市绿地面积，第三产业占地区生产总值比重，批发、零售、住宿和餐饮业从业人数，公路运输完成客运量，入境旅游人数，限额以上批发、零售、住宿和餐饮业企业个数，城市公共交通客运量，城市(建成区)绿化覆盖率，住宿和餐饮业零售总额，城市居民消费价格指数。其中，指标水平值最低的是城市居民消费价格指数(0.010)，其次是住宿和餐饮业零售总额(0.117)。

从横向指标来看，芜湖各个指标在 41 个城市中的排名主要集中在中等水平。其中，在 41 个城市中排名前十的有城市居民消费价格指数(第 6 名)，城镇居民家庭恩格尔系数(第 3 名)，城市化率(第 9 名)等 3 个指标。

位于中等水平的指标有第三产业就业人数占全部就业人数的比重(第 11 名),公园绿地面积(第 13 名),城市绿地面积(第 15 名),人均生产总值(第 15 名),社会消费品零售总额(第 19 名),剧场、影剧院个数(第 15 名),入境旅游人数(第 15 名),国家重点文物保护单位数量(第 19 名),批发、零售、住宿和餐饮业从业人数(第 19 名),城市居民人均交通通信消费支出(第 19 名),公园个数(第 20 名),国内旅游人数(第 21 名),限额以上批发、零售、住宿和餐饮业企业个数(第 21 名),地区生产总值(第 21 名),星级饭店数量(第 22 名),城市居民人均可支配收入(第 23 名),城市居民家庭人均消费性支出(第 23 名),城市公共交通客运量(第 23 名),国家荣誉称号数(第 24 名),住宿和餐饮业零售总额(第 24 名),城市居民人均医疗保健消费支出(第 25 名),城市居民人均教育文化娱乐服务消费支出(第 25 名),国家 4A 级及以上景区数量(第 25 名),城市居民人均家庭设备用品及服务消费支出(第 27 名),第三产业占地区生产总值比重(第 29 名),每百人公共图书馆藏书(第 30 名)等 26 个。排名在后十位的指标有城市(建成区)绿化覆盖率(第 33 名)和公路运输完成客运量(第 36 名)。

综合以上数据可以得出,芜湖在城市休闲化发展进程中表现较弱的指标有交通客运规模、城市生态环境建设、文化设施规模等方面。这说明芜湖在交通通达性和生态环境建设方面存在不足,此外休闲产业结构单一,发展较为滞后,见图 5-12。

七、绍兴

绍兴 2 500 多年建城史造就了其深厚的历史底蕴,是首批国家历史文化名城、联合国人居奖城市、东亚文化之都、中国优秀旅游城市、国家森林城市、中国民营经济最具活力城市,也是著名的水乡、桥乡、酒乡、书法之乡、名士之乡。绍兴素称“文物之邦、鱼米之乡”,名人荟萃,古迹众多。从

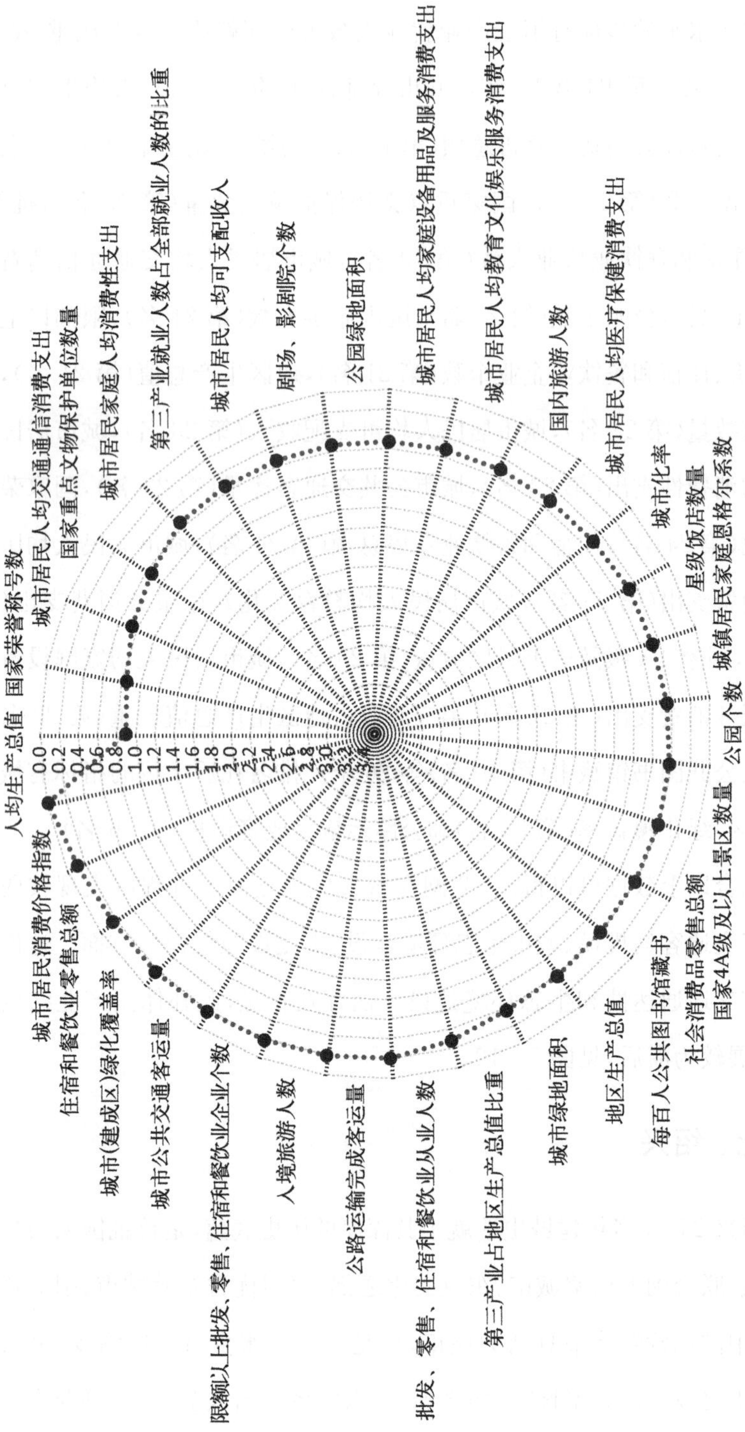

图 5 - 12　芜湖各个指标水平排列图

数据分析可以看出，绍兴 31 个指标水平值区间在 0～4 之间，均值水平是 0.736。高于均值水平的指标有 11 个，占指标总数的 35.48%，主要有批发、零售、住宿和餐饮业从业人数，国家荣誉称号数，国家重点文物保护单位数量，国内旅游人数，公园个数，城市居民人均交通通信消费支出，人均生产总值，每百人公共图书馆藏书，城市居民人均可支配收入，城市居民人均医疗保健消费支出，城市居民家庭人均消费性支出。其中，指标水平值最高的是批发、零售、住宿和餐饮业从业人数(3.538)，其次是国家荣誉称号数(1.698)。从中可以看出，绍兴市在城市休闲化发展过程中，教育文化娱乐规模、住宿餐饮业规模、旅游接待及服务设施规模等发展良好，表明绍兴本地居民休闲消费需求较为旺盛，且消费水平相对较高，这与绍兴悠久的历史文化与丰富的人文资源直接相关。

低于均值水平的指标有 20 个，占指标总数的 64.52%，主要有城市居民人均教育文化娱乐服务消费支出，国家 4A 级及以上景区数量，星级饭店数量，地区生产总值，社会消费品零售总额，城市居民人均家庭设备用品及服务消费支出，限额以上批发、零售、住宿和餐饮业企业个数，第三产业就业人数占全部就业人数的比重，公园绿地面积，城市化率，住宿和餐饮业零售总额，城市绿地面积，城镇居民家庭恩格尔系数，第三产业占地区生产总值比重，城市公共交通客运量，公路运输完成客运量，城市(建成区)绿化覆盖率，剧场、影剧院个数，入境旅游人数，城市居民消费价格指数。其中，指标水平值最低的是城市居民消费价格指数(0.010)，其次是入境旅游人数(0.080)。

从横向指标来看，绍兴各个指标在 41 个城市中的排名主要集中在中等水平。其中，在 41 个城市中排名前十的有批发、零售、住宿和餐饮业从业人数(第 2 名)，城市居民人均可支配收入(第 6 名)，公园个数(第 8 名)，国家荣誉称号数(第 8 名)，国内旅游人数(第 9 名)，城市居民家庭人均消费性支出(第9名),城市居民人均医疗保健消费支出(第9名),城市居民人均交通通信消费支出(第9名),国家重点文物保护单位数量(第9名),城市居民人均教育文化娱乐服务消费支出(第9名),住宿和餐饮业零售总额(第10名),每百人公共图书馆藏书(第10名)等12个指标。位于中等水平指标的有城市居民消费价格指数(第16名),限额以上批发、零售、住宿和餐饮业企业个数(第11名),城市(建成区)绿化覆盖率(第11名),地区生产总值(第13名),星级饭店数量(第13名),人均生产总值(第13名),第三产业占地区生产总值比重(第14名),公园绿地面积(第14名),社会消费品零售总额(第14名),第三产业就业人数占全部就业人数的比重(第15名),城市化率(第16名),国家4A级及以上景区数量(第16名),城市绿地面积(第16名),城市公共交通客运量(第18名),城市居民人均家庭设备用品及服务消费支出(第21名),入境旅游人数(第25名),剧场、影剧院个数(第29名)等17个。排名在后十位的指标有城镇居民家庭恩格尔系数(第34名),公路运输完成客运量(第37名)。

综合以上数据可以得出,绍兴在城市休闲化发展进程中表现较弱的指标有城市生态环境建设、第三产业发展状况、交通运输规模等方面。这说明绍兴较高的休闲消费需求与相关产业供给之间不相匹配,产业结构单一,此外城市生态环境建设和交通通达性具有很大的发展空间,见图5-13。

八、淮安

淮安拥有中国第四大淡水湖洪泽湖,是全国文明城市、国家历史文化名城、国家卫生城市、国家园林城市、国家环境保护模范城市、国家低碳试点城市、中国优秀旅游城市,是淮扬菜的主要发源地之一,同时也是江淮流域古文化发源地之一。从数据分析可以看出,淮安31个指标水平值区

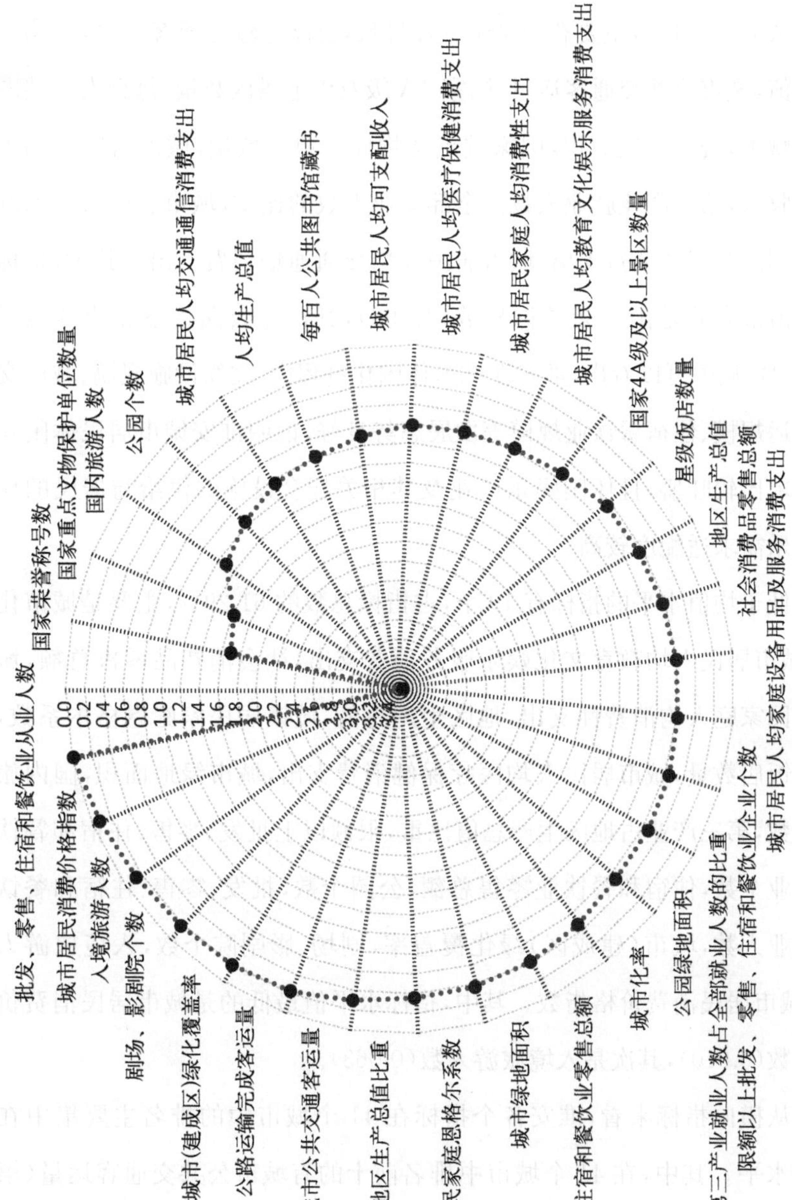

图 5－13　绍兴各指标水平排列图

间在 0～2 之间，均值水平是 0.439。高于均值水平的指标有 12 个，占指标总数的 38.71%，主要有国家荣誉称号数，公路运输完成客运量，人均生产总值，城市公共交通客运量，国家 4A 级及以上景区数量，每百人公共图书馆藏书，公园绿地面积，国家重点文物保护单位数量，城市居民人均可支配收入，第三产业就业人数占全部就业人数的比重，城市居民人均家庭设备用品及服务消费支出，城市居民人均交通通信消费支出。其中，指标水平值最高的是国家荣誉称号数(1.698)，其次是公路运输完成客运量(0.773)。从中可以看出，淮安在城市休闲化进程中，文娱设施规模、城市交通客运规模、住宿餐饮业规模等发展态势良好，说明淮安城市居民休闲娱乐需求比较旺盛，且休闲娱乐产业及其相关配套设施的供给与居民的休闲娱乐需求适配度较高。

低于均值水平的指标有 19 个，占指标总数的 61.29%，主要是城市化率，城市居民人均教育文化娱乐服务消费支出，社会消费品零售总额，城市居民家庭人均消费性支出，地区生产总值，城镇居民家庭恩格尔系数，星级饭店数量，城市居民人均医疗保健消费支出，城市绿地面积，国内旅游人数，第三产业占地区生产总值比重，限额以上批发、零售、住宿和餐饮业企业个数，住宿和餐饮业零售总额，公园个数，批发、零售、住宿和餐饮业从业人数，城市(建成区)绿化覆盖率，剧场、影剧院个数，入境旅游人数，城市居民消费价格指数。其中，指标水平值最低的是城市居民消费价格指数(0.010)，其次是入境旅游人数(0.063)。

从横向指标来看，淮安各个指标在 41 个城市中的排名主要集中在中等水平。其中，在 41 个城市中排名前十的有城市公共交通客运量(第 7 名)，国家荣誉称号数(第 9 名)等 3 个指标。处于中等水平的指标有公路运输完成客运量(第 11 名)，公园绿地面积(第 12 名)，城镇居民家庭恩格尔系数(第 16 名)，住宿和餐饮业零售总额(第 17 名)，国家 4A

级及以上景区数量(第 18 名),社会消费品零售总额(第 18 名),城市绿地面积(第 19 名),限额以上批发、零售、住宿和餐饮业企业个数(第 19 名),地区生产总值(第 20 名),批发、零售、住宿和餐饮业从业人数(第 20 名),人均生产总值(第 20 名),每百人公共图书馆藏书(第 21 名),城市化率(第 21 名),第三产业占地区生产总值比重(第 24 名),国家重点文物保护单位数量(第 24 名),第三产业就业人数占全部就业人数的比重(第 25 名),城市(建成区)绿化覆盖率(第 25 名),星级饭店数量(第 26 名),城市居民人均可支配收入(第 27 名),入境旅游人数(第 28 名),国内旅游人数(第 31 名)等 21 个。排名在后十位的指标有公园个数(第 32 名),城市居民人均教育文化娱乐服务消费支出(第 33 名),剧场、影剧院个数(第 34 名),城市居民人均交通通信消费支出(第 35 名),城市居民人均家庭设备用品及服务消费支出(第 36 名),城市居民家庭人均消费性支出(第 38 名),城市居民人均医疗保健消费支出(第 38 名)等 7 个。

综合以上数据可以得出,淮安在城市休闲化发展进程中表现较弱的指标有零售业规模及其运营状况、文化设施规模、城市生态环境建设、入境旅游接待规模、人均消费支出等方面。这说明淮安的对外吸引力较弱,第三产业相关业态不够丰富,与居民消费需求不适配,见图 5 - 14。

九、盐城

盐城海陆空交通便捷,基本形成高速公路、铁路、航空、海运、内河航运五位一体的立体化交通运输网络。南洋国际机场、盐城港大丰港区、滨海港区、射阳港区、响水港区成为国家一类开放口岸,盐城市成为同时拥有空港、海港两个一类开放口岸的地级市,是国家沿海发展和长三角一体化两大战略的交汇点。盐城拥有最大的沿海滩涂,也是丹顶鹤、麋鹿的故

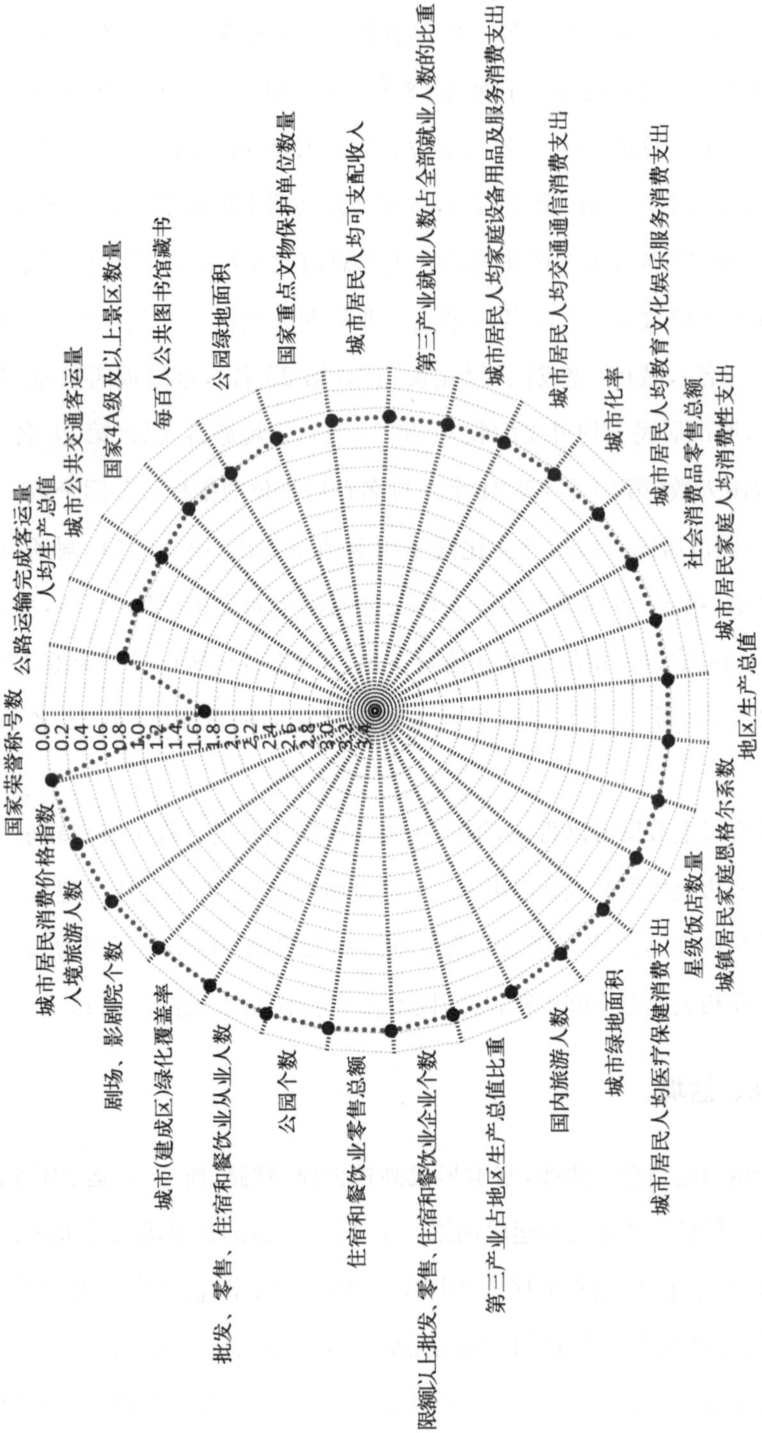

图 5－14　淮安各指标水平排列图

乡，被誉为“东方湿地之都，仙鹤神鹿世界”，旅游品牌的影响力在不断增强。从数据分析可以看出，盐城31个指标水平值区间在0～1之间，均值水平是0.429。高于均值水平的指标有18个，占指标总数的58.06%，主要有公路运输完成客运量，人均生产总值，剧场、影剧院个数，公园个数，地区生产总值，国家4A级及以上景区数量，每百人公共图书馆藏书，社会消费品零售总额，国家荣誉称号数，城市居民人均交通通信消费支出，城市居民人均教育文化娱乐服务消费支出，城市居民人均医疗保健消费支出，星级饭店数量，第三产业就业人数占全部就业人数的比重，城市居民人均可支配收入，公园绿地面积，城市居民家庭人均消费性支出，城市居民人均家庭设备用品及服务消费支出。其中，指标水平值最高的是公路运输完成客运量(0.829)，其次是人均生产总值(0.772)。从中可以看出，盐城在城市休闲化进程中表现较好的指标是城际交通客运规模、教育文化服务规模、旅游服务规模、住宿餐饮业规模，说明盐城的城市居民休闲消费需求较高，娱乐需求较为旺盛。

低于均值水平的指标有13个，占指标总数的41.94%，主要有城市化率，城镇居民家庭恩格尔系数，国内旅游人数，城市绿地面积，限额以上批发、零售、住宿和餐饮业企业个数，第三产业占地区生产总值比重，批发、零售、住宿和餐饮业从业人数，住宿和餐饮业零售总额，城市公共交通客运量，城市(建成区)绿化覆盖率，入境旅游人数，国家重点文物保护单位数量，城市居民消费价格指数。其中，指标水平值最低的是城市居民消费价格指数(0.010)，其次是国家重点文物保护单位数量(0.050)。

从横向指标来看，盐城各个指标在41个城市中的排名主要集中在中等水平。其中，在41个城市中排名前十的指标为公路运输完成客运量(第9名)2个指标。位于中等水平的有剧场、影剧院个数(第12名)，公园个数(第13名)，城市(建成区)绿化覆盖率(第14名)，地区生产总值(第

14名),社会消费品零售总额(第15名),批发、零售、住宿和餐饮业从业人数(第16名),公园绿地面积(第16名),限额以上批发、零售、住宿和餐饮业企业个数(第16名),住宿和餐饮业零售总额(第19名),入境旅游人数(第19名),人均生产总值(第19名),城市公共交通客运量(第20名),国家4A级及以上景区数量(第20名),星级饭店数量(第21名),城市绿地面积(第21名),每百人公共图书馆藏书(第23名),城镇居民家庭恩格尔系数(第23名),第三产业就业人数占全部就业人数的比重(第24名),城市化率(第25名),城市居民人均可支配收入(第26名),城市居民人均医疗保健消费支出(第26名),城市居民人均教育文化娱乐服务消费支出(第27名),第三产业占地区生产总值比重(第28名),城市居民人均交通通信消费支出(第29名),国内旅游人数(第30名),国家荣誉称号数(第31名)等26个指标。排名后十位的有城市居民家庭人均消费性支出(第33名),城市居民人均家庭设备用品及服务消费支出(第37名),国家重点文物保护单位数量(第39名)3个指标。

综合以上数据可以得出,盐城在城市休闲化发展进程中表现较弱的指标有休闲旅游接待规模、城市第三产业发展状况、各项人均休闲消费水平等方面。尽管盐城的娱乐需求较为旺盛,但是相应的休闲娱乐产业供给相对单一,这说明盐城文化休闲娱乐建设还有很大的发展空间,见图5-15。

十、台州

台州是江南水乡,水穿城过。历史上台州“河网密布、港汊交纵”,水乡风韵不亚于苏杭,有“走遍苏杭、不如温黄”之说。台州是浙江“七山一水两分田”的缩影,是山、海、水和谐的生态福地,素以佛宗道源享誉海内外,天台山以其深邃的文化内涵孕育出了博大精深的“和合文化”,是佛教

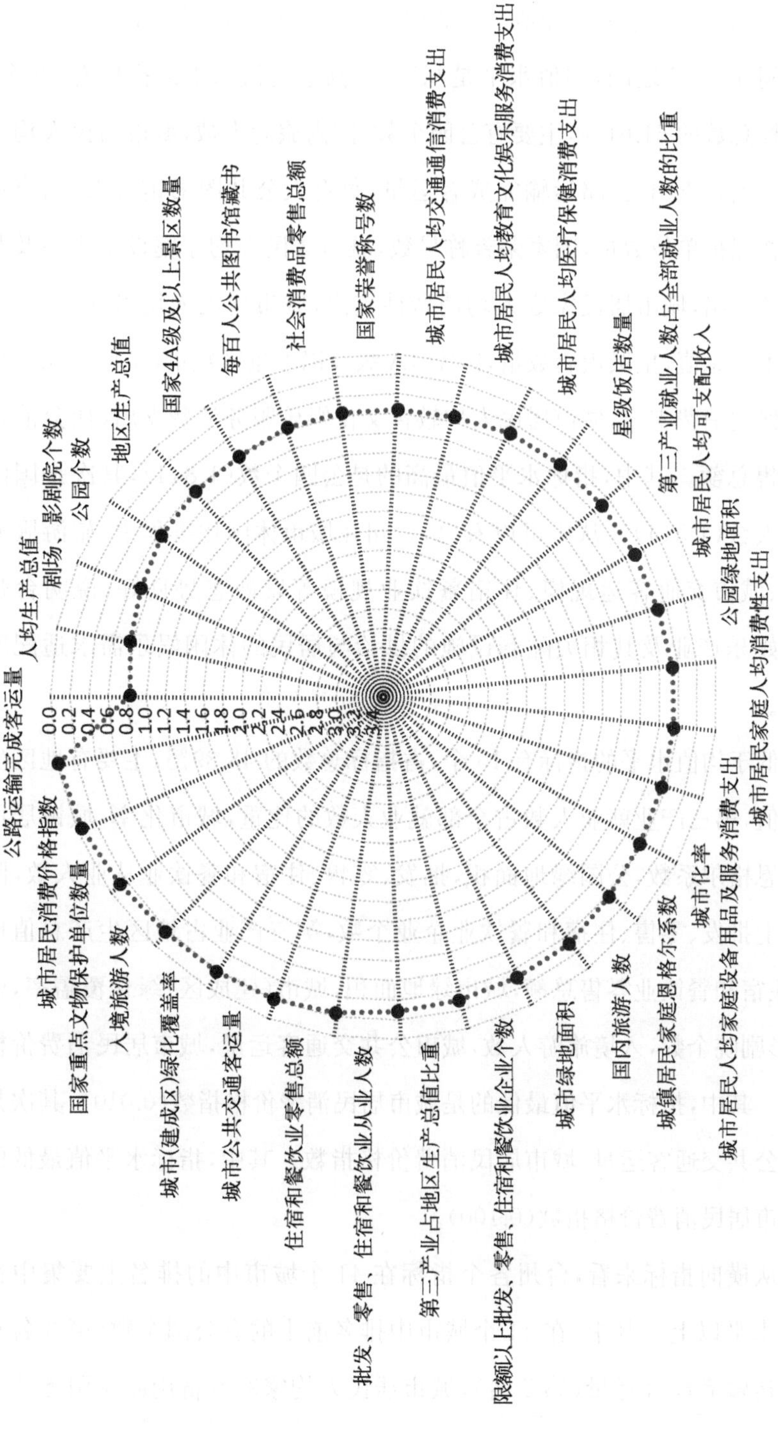

图 5-15　盐城各指标水平排列图

天台宗和道教南宗的发祥地。从数据分析可以看出,台州31个指标水平值区间在0~2之间,均值水平是0.593。高于均值水平的指标有16个,占指标总数的51.61%,主要有公园个数,国内旅游人数,城市居民人均交通通信消费支出,公路运输完成客运量,每百人公共图书馆藏书,国家重点文物保护单位数量,国家荣誉称号数,城市居民人均家庭设备用品及服务消费支出,城市居民家庭人均消费性支出,城市居民人均可支配收入,人均生产总值,星级饭店数量,国家4A级及以上景区数量,城市居民人均医疗保健消费支出,城市居民人均教育文化娱乐服务消费支出,社会消费品零售总额。其中,指标水平值最高的是公园个数(1.844),其次是国内旅游人数(1.514)。从中可以看出,台州在城市休闲化进程中,旅游服务规模、城市交通客运规模、住宿餐饮业规模等发展态势良好,说明台州休闲娱乐产业及其相关配套设施的供给与居民的休闲娱乐需求适配度较高。

低于均值水平的指标有15个,占指标总数的48.39%,主要有地区生产总值,第三产业就业人数占全部就业人数的比重,城市化率,城镇居民家庭恩格尔系数,公园绿地面积,批发、零售、住宿和餐饮业从业人数,限额以上批发、零售、住宿和餐饮业企业个数,第三产业占地区生产总值比重,住宿和餐饮业零售总额,城市绿地面积,城市(建成区)绿化覆盖率,剧场、影剧院个数,入境旅游人数,城市公共交通客运量,城市居民消费价格指数。其中,指标水平值最低的是城市居民消费价格指数(0.010),其次是城市公共交通客运量,城市居民消费价格指数。其中,指标水平值最低的是城市居民消费价格指数(0.100)。

从横向指标来看,台州各个指标在41个城市中的排名主要集中在中等水平以上。其中,在41个城市中排名前十的有公园个数(第3名),公路运输完成客运量(第5名),城市居民人均家庭设备用品及服务消费支出(第 5 名),国内旅游人数(第 6 名),城市居民人均交通通信消费支出(第 6 名)等 6 个指标。位于中等水平的指标有城市居民人均可支配收入(第 11 名),城市居民家庭人均消费性支出(第 11 名),每百人公共图书馆藏书(第 11 名),城市(建成区)绿化覆盖率(第 12 名),星级饭店数量(第 12 名),社会消费品零售总额(第 13 名),批发、零售、住宿和餐饮业从业人数(第 13 名),住宿和餐饮业零售总额(第 14 名),国家重点文物保护单位数量(第 14 名),地区生产总值(第 17 名),国家 4A 级及以上景区数量(第 17 名),限额以上批发、零售、住宿和餐饮业企业个数(第 17 名),第三产业占地区生产总值比重(第 18 名),公园绿地面积(第 19 名),城市居民人均教育文化娱乐服务消费支出(第 19 名),城镇居民家庭恩格尔系数(第 21 名),城市居民人均医疗保健消费支出(第 21 名),人均生产总值(第 22 名),入境旅游人数(第 22 名),国家荣誉称号数(第 23 名),城市绿地面积(第 25 名),城市化率(第 27 名),剧场、影剧院个数(第 27 名)等 23 个。处于中等水平以下的有城市公共交通客运量(第 32 名)和第三产业就业人数占全部就业人数的比重(第 33 名)2 个指标。

综合以上数据可以得出,台州城市休闲化进程中表现较弱的指标有城市绿化规模、商业零售规模、入境旅游接待规模、文化设施规模等方面。这说明台州休闲化发展并不突出,城市整体环境的优化与提升,城市休闲配套体系的完善、城市休闲功能的全面发展均是台州城市休闲化发展的重要着力点,见图 5 - 16。

十一、扬州

扬州历史悠久,文化璀璨,是世界遗产城市、世界美食之都、世界运河之都、东亚文化之都、首批国家历史文化名城和具有传统特色的风景旅游

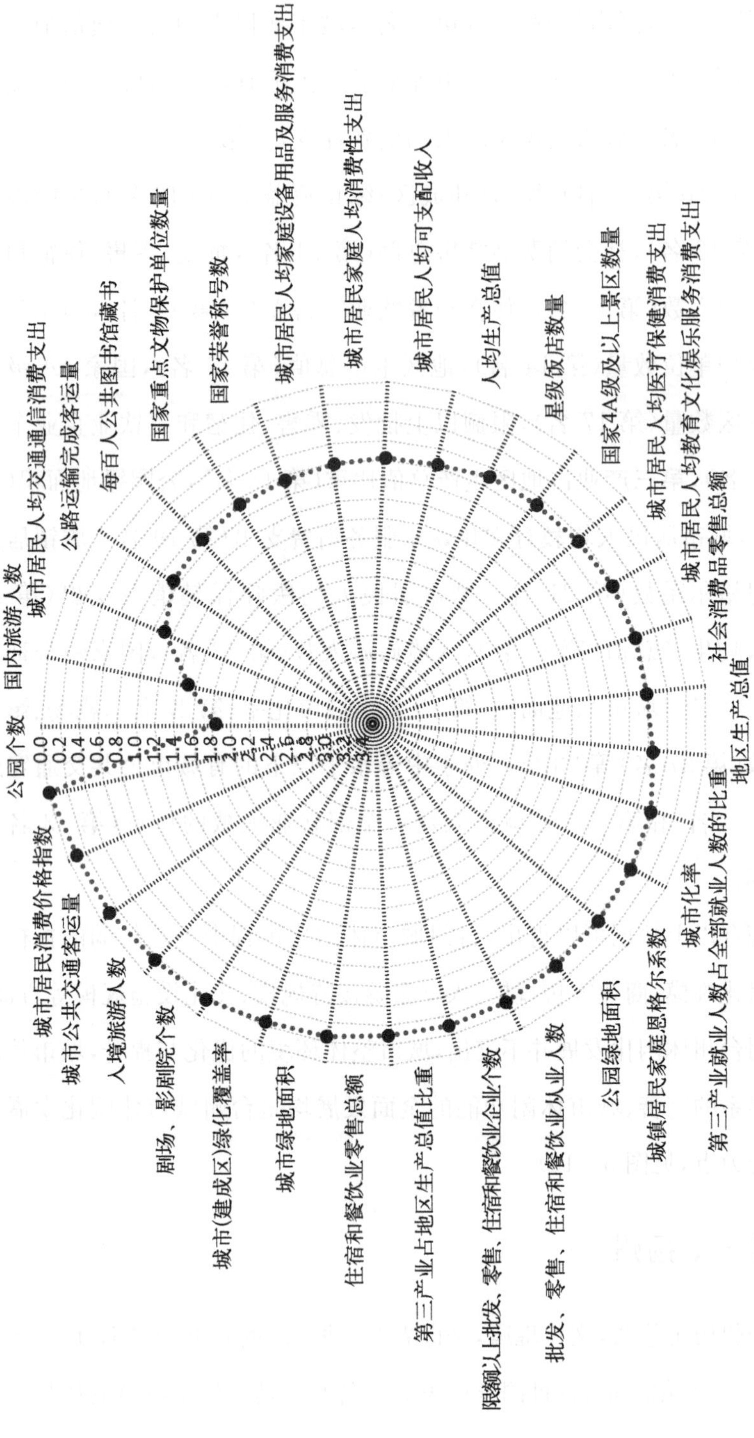

图 5－16　台州各指标水平排列图

城市，其独特的地理位置使得扬州在中国古代几乎经历了通史式的繁荣，并伴随着文化的兴盛，有江苏省陆域地理几何中心(扬州高邮市)之称，又有着“中国运河第一城”的美誉。从数据分析可以看出，扬州31个指标水平值区间在0～2之间，均值水平是0.516。高于均值水平的指标有13个，占指标总数的41.94%，主要有国家荣誉称号数，公园个数，人均生产总值，国家重点文物保护单位数量，每百人公共图书馆藏书，城市居民人均教育文化娱乐服务消费支出，地区生产总值，城市居民人均可支配收入，城市居民家庭人均消费性支出，第三产业就业人数占全部就业人数的比重，城市居民人均家庭设备用品及服务消费支出，城市居民人均交通通信消费支出，公园绿地面积。其中，指标水平值最高的是国家荣誉称号数(1.698)，其次是公园个数(1.169)。从中可以看出，扬州在城市休闲化进程中表现较好的指标有住宿餐饮业规模、教育文化娱乐规模等，这说明扬州的城市居民休闲消费需求较高，娱乐需求较为旺盛。

低于均值水平的指标有18个，占指标总数的58.06%，主要有国家4A级及以上景区数量，国内旅游人数，城市化率，星级饭店数量，城市居民人均医疗保健消费支出，公路运输完成客运量，城镇居民家庭恩格尔系数，社会消费品零售总额，城市绿地面积，第三产业占地区生产总值比重，限额以上批发、零售、住宿和餐饮业企业个数，城市公共交通客运量，批发、零售、住宿和餐饮业从业人数，住宿和餐饮业零售总额，城市(建成区)绿化覆盖率，剧场、影剧院个数，入境旅游人数，城市居民消费价格指数。其中，指标水平值最低的是城市居民消费价格指数(0.010)，其次是入境旅游人数(0.104)。

从横向指标来看，扬州各个指标在41个城市中的排名主要集中在中等水平。其中，在41个城市中排名前十的指标有城市居民消费价格指数(第10名)，人均生产总值(第7名)，国家荣誉称号数(第7名)，公园个数

(第 7 名),城市(建成区)绿化覆盖率(第 9 名)等 5 个。位于中等水平的指标有城市居民人均教育文化娱乐服务消费支出(第 11 名),国家重点文物保护单位数量(第 11 名),地区生产总值(第 12 名),第三产业就业人数占全部就业人数的比重(第 12 名),城市公共交通客运量(第 14 名),每百人公共图书馆藏书(第 14 名),公园绿地面积(第 15 名),城市化率(第 15 名),批发、零售、住宿和餐饮业从业人数(第 17 名),住宿和餐饮业零售总额(第 18 名),限额以上批发、零售、住宿和餐饮业企业个数(第 18 名),城市绿地面积(第 20 名),社会消费品零售总额(第 21 名),公路运输完成客运量(第 22 名),城镇居民家庭恩格尔系数(第 22 名),城市居民人均可支配收入(第 22 名),国内旅游人数(第 22 名),入境旅游人数(第 23 名),国家 4A 级及以上景区数量(第 23 名),星级饭店数量(第 24 名),城市居民家庭人均消费性支出(第 24 名),城市居民人均家庭设备用品及服务消费支出(第 24 名),第三产业占地区生产总值比重(第 27 名),剧场、影剧院个数(第 30 名)等 24 个。排名在后十位的指标有城市居民人均交通通信消费支出(第 32 名)和城市居民人均医疗保健消费支出(第 35 名)2 个指标。

综合以上数据可以得出,扬州在城市休闲化发展进程中旅游接待规模、交通客运规模、各项休闲消费水平、生态环境建设等方面存在较大的短板,在一定程度上制约了城市的吸引力和竞争力,导致其休闲旅游接待规模劣势明显,见图 5 - 17。

十二、淮南

淮南位于长江三角洲腹地,淮河之滨,素有“中州咽喉,江南屏障”“五彩淮南”之称,是沿淮城市群的重要节点,合肥都市圈核心城市。淮南凭借其深厚的文化底蕴获得中国优秀旅游城市、全国百个宜居城市、全国绿化模范城市、国家园林城市、国家首批试点智慧城市、中国最佳投资城市、

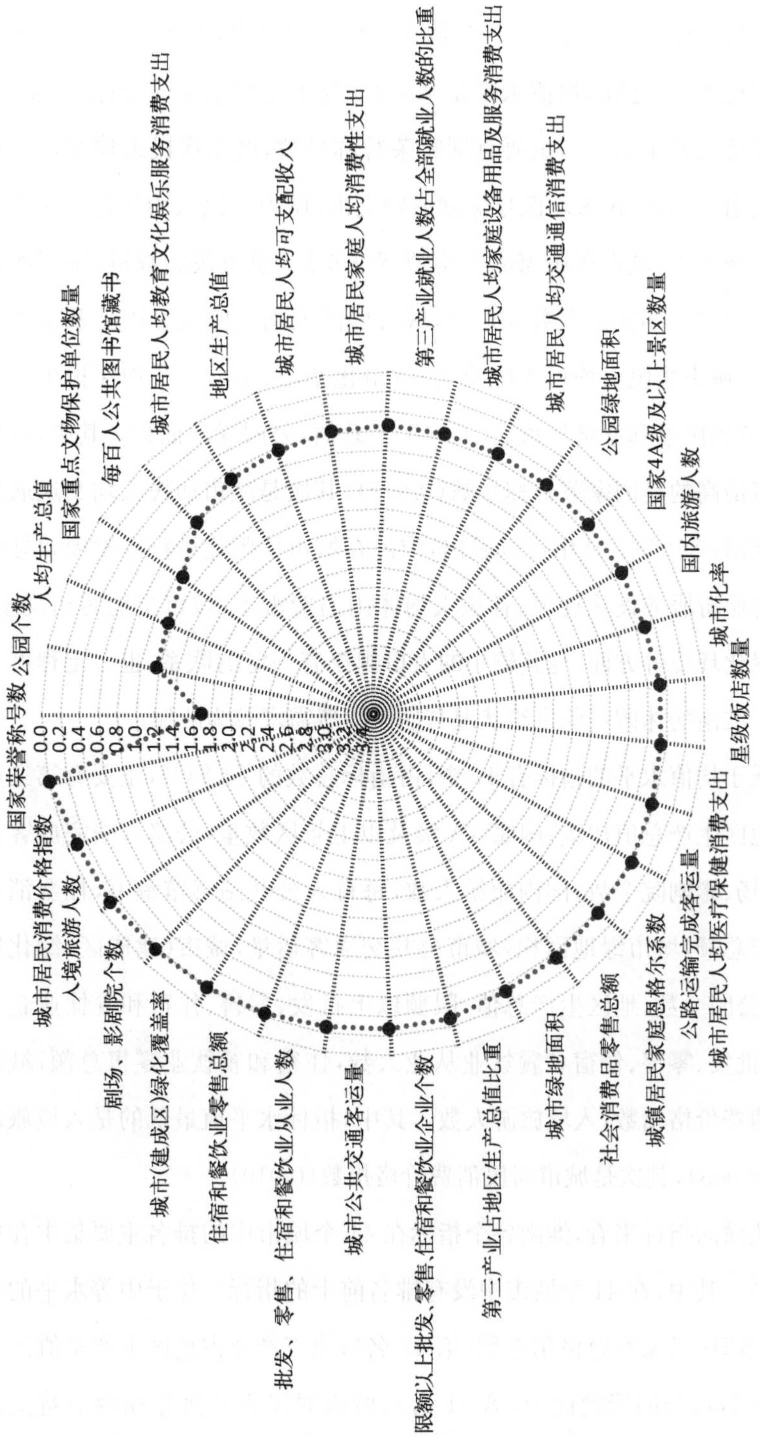

图 5－17　扬州各指标水平排列图

中国最具幸福感城市等荣誉。从数据分析可以看出,淮南31个指标水平值区间在0～1之间,均值水平是0.311。高于均值水平的指标有14个,占指标总数的45.16%,主要有国家荣誉称号数,城市居民人均交通通信消费支出,城市居民人均医疗保健消费支出,城市居民人均教育文化娱乐服务消费支出,城市居民家庭人均消费性支出,星级饭店数量,第三产业就业人数占全部就业人数的比重,城市居民人均家庭设备用品及服务消费支出,城市居民人均可支配收入,城市化率,国家重点文物保护单位数量,城镇居民家庭恩格尔系数,人均生产总值,公园绿地面积。其中,指标水平值最高的是国家荣誉称号数(0.849),其次是城市居民人均交通通信消费支出(0.705)。从中可以看出,淮南在城市休闲化进程中发展较好的指标有旅游服务设施规模、各项人均休闲消费水平、城市交通客运规模、城市绿化环境等方面,与其较小的人口规模有一定的联系,也一定程度上表明了淮南的休闲产业供给状况与居民消费需求较为匹配。

低于均值水平的指标有17个,占指标总数的54.84%,主要有第三产业占地区生产总值比重,国家4A级及以上景区数量,公路运输完成客运量,剧场、影剧院个数,国内旅游人数,每百人公共图书馆藏书,社会消费品零售总额,城市绿地面积,城市公共交通客运量,城市(建成区)绿化覆盖率,公园个数,地区生产总值,限额以上批发、零售、住宿和餐饮业企业个数,批发、零售、住宿和餐饮业从业人数,住宿和餐饮业零售总额,城市居民消费价格指数,入境旅游人数。其中,指标水平值最低的是入境旅游人数(0.003),其次是城市居民消费价格指数(0.010)。

从横向指标来看,淮南各个指标在41个城市中的排名主要集中在中等水平。其中,在41个城市中没有排名前十的指标。位于中等水平的指标有城镇居民家庭恩格尔系数(第17名),第三产业占地区生产总值比重(第20名),公园绿地面积(第21名),城市居民人均医疗保健消费支出

（第 22 名），城市居民人均交通通信消费支出（第 21 名），星级饭店数量（第 23 名），城市公共交通客运量（第 24 名），城市居民人均教育文化娱乐服务消费支出（第 26 名），剧场、影剧院个数（第 26 名），城市居民家庭人均消费性支出（第 27 名），国家荣誉称号数（第 28 名），公路运输完成客运量（第 29 名），第三产业就业人数占全部就业人数的比重（第 30 名），城市居民人均可支配收入（第 30 名），城市化率（第 31 名），国家重点文物保护单位数量（第 31 名）等 16 个。排名在后十位，处于中等水平以下的有城市绿地面积（第 32 名），社会消费品零售总额（第 33 名），城市居民人均家庭设备用品及服务消费支出（第 35 名），批发、零售、住宿和餐饮业从业人数（第 35 名），限额以上批发、零售、住宿和餐饮业企业个数（第 35 名），国家 4A 级及以上景区数量（第 35 名），国内旅游人数（第 36 名），市（建成区）绿化覆盖率（第 36 名），地区生产总值（第 37 名），人均生产总值（第 37 名），住宿和餐饮业零售总额（第 38 名），每百人公共图书馆藏书（第 38 名），公园个数（第 40 名），入境旅游人数（第 41 名）等 14 个。

综合以上数据可以得出，淮南在城市休闲化发展进程中表现较弱的指标有市内交通规模、城市生态环境建设、住宿餐饮业等零售规模、文化设施规模等方面。这充分说明淮南的休闲产业结构单一，文化设施建设和生态文明建设还有很大的发展空间，见图 5－18。

十三、阜阳

阜阳位居大京九经济协作带，是东部地区产业转移过渡带、中原经济区东部门户城市，也是安徽三大枢纽之一。其代表文化是淮河文化，有阜阳剪纸、颍上花鼓灯、界首彩陶等列入国家非物质文化遗产名录，阜南县出土的商代青铜器龙虎尊被列为中国十大国宝青铜器之一。从数据分析

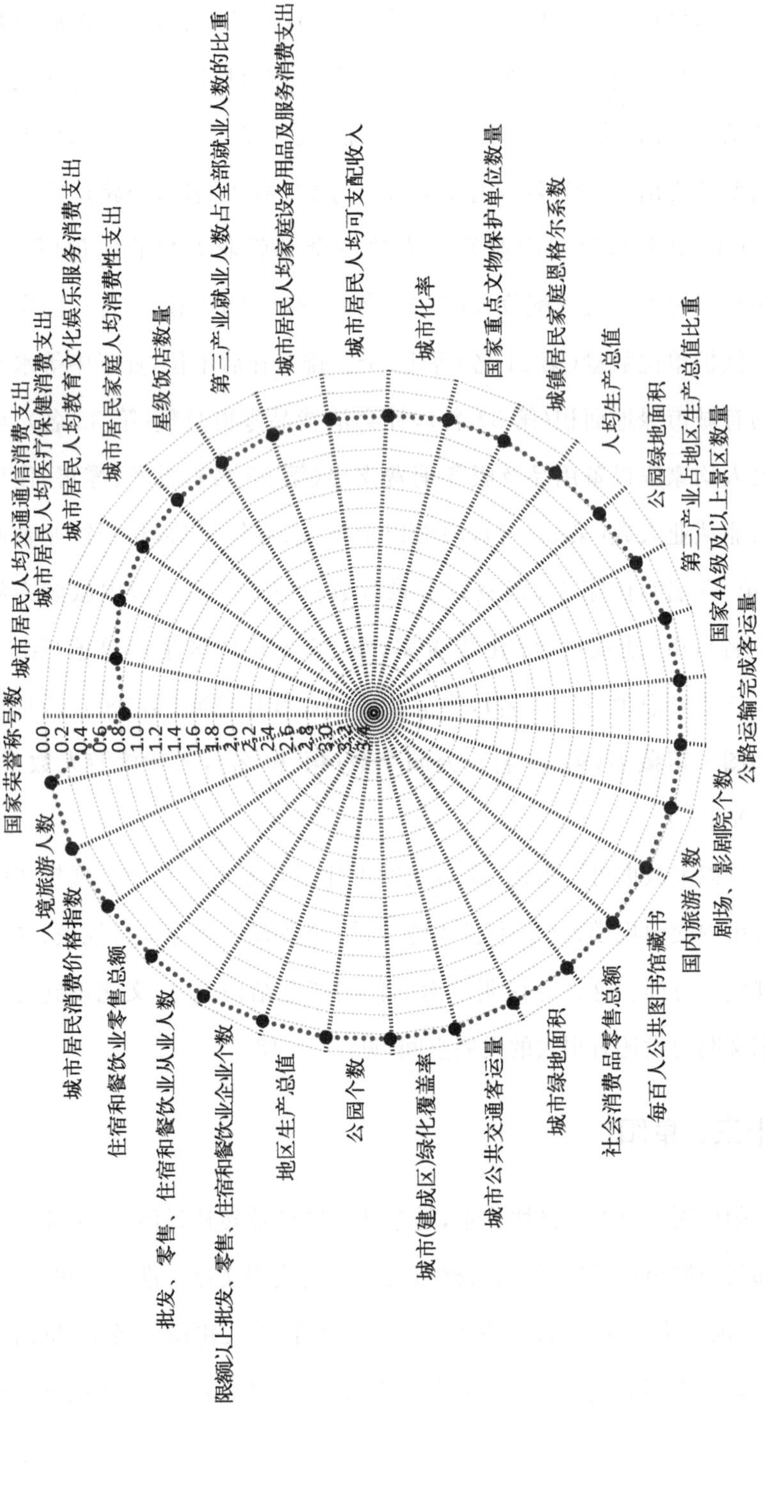

图5-18 淮南各指标水平排列图

可以看出，阜阳 31 个指标水平值区间在 0～1 之间，均值水平是 0.267。高于均值水平的指标有 16 个，占指标总数的 51.61%，主要有城市居民人均家庭设备用品及服务消费支出，城市居民人均交通通信消费支出，社会消费品零售总额，城市居民家庭人均消费性支出，公路运输完成客运量，第三产业就业人数占全部就业人数的比重，城镇居民家庭恩格尔系数，城市居民人均教育文化娱乐服务消费支出，城市居民人均可支配收入，公园绿地面积，城市居民人均医疗保健消费支出，公园个数，人均生产总值，地区生产总值，第三产业占地区生产总值比重，城市化率。其中，指标指数最高的是城市居民人均家庭设备用品及服务消费支出(0.536)，城市居民人均交通通信消费支出(0.490)。从中可以看出，阜阳在城市休闲化进程中重视人均休闲消费水平、住宿餐饮业规模和交通客运规模的发展。阜阳是全国重要的综合交通枢纽，铁路、公路、航空、水运相互衔接的立体交通网已经形成，是该市交通网络通达的主要原因。

低于均值水平的指标有 15 个，占指标总数的 48.39%，主要有城市绿地面积，国内旅游人数，国家 4A 级及以上景区数量，城市公共交通客运量，批发、零售、住宿和餐饮业从业人数，剧场、影剧院个数，城市(建成区)绿化覆盖率，限额以上批发、零售、住宿和餐饮业企业个数，每百人公共图书馆藏书，住宿和餐饮业零售总额，星级饭店数量，国家重点文物保护单位数量，入境旅游人数，城市居民消费价格指数，国家荣誉称号数。其中，指标水平值最低的是国家荣誉称号数(0.000)，其次是城市居民消费价格指数(0.010)。

从横向指标来看，阜阳各个指标在 41 个城市中的排名主要集中在中等及中等以下水平。其中，排名在前十位的指标有城镇居民家庭恩格尔系数(第 5 名)。位于中等水平的指标有社会消费品零售总额(第 17 名)，公园绿地面积(第 17 名)，公路运输完成客运量(第 18 名)，城市公共交通客运量(第19名),批发、零售、住宿和餐饮业从业人数(第22名),城市绿地面积(第23名),公园个数(第24名),限额以上批发、零售、住宿和餐饮业企业个数(第25名),城市居民人均家庭设备用品及服务消费支出(第25名),地区生产总值(第26名),第三产业占地区生产总值比重(第26名),住宿和餐饮业零售总额(第27名),剧场、影剧院个数(第28名),城市居民家庭人均消费性支出(第29名)等14个。排名在后十位的指标有国内旅游人数(第32名),城市居民人均交通通信消费支出(第33名),城市居民人均教育文化娱乐服务消费支出(第34名),第三产业就业人数占全部就业人数的比重(第35名),国家4A级及以上景区数量(第37名),城市居民人均可支配收入(第37名),入境旅游人数(第38名),城市(建成区)绿化覆盖率(第38名),星级饭店数量(第38名),城市居民人均医疗保健消费支出(第40名),每百人公共图书馆藏书(第41名),国家重点文物保护单位数量(第41名),国家荣誉称号数(第41名),人均生产总值(第41名),城市化率(第41名)等15个。其中,人均生产总值远低于地区生产总值的排名,与阜阳市人口规模有一定关系。

综合以上数据可以得出,阜阳城市休闲化进程中表现较弱的指标有商业零售规模、文化设施规模、生态环境建设等方面。这说明阜阳休闲文化产品及设施发展不足,与居民旺盛的休闲消费需求适配度不高,此外在生态环境建设方面也需进一步改善,见图5-19。

十四、连云港

连云港位于中国大陆东部沿海,长江三角洲北翼,是新亚欧大陆桥东方桥头堡、全国性综合交通枢纽城市,具有海运、陆运相结合的优势,还是江苏省历史文化名城、海上丝绸之路申遗城市,有2 200多年建城史。连

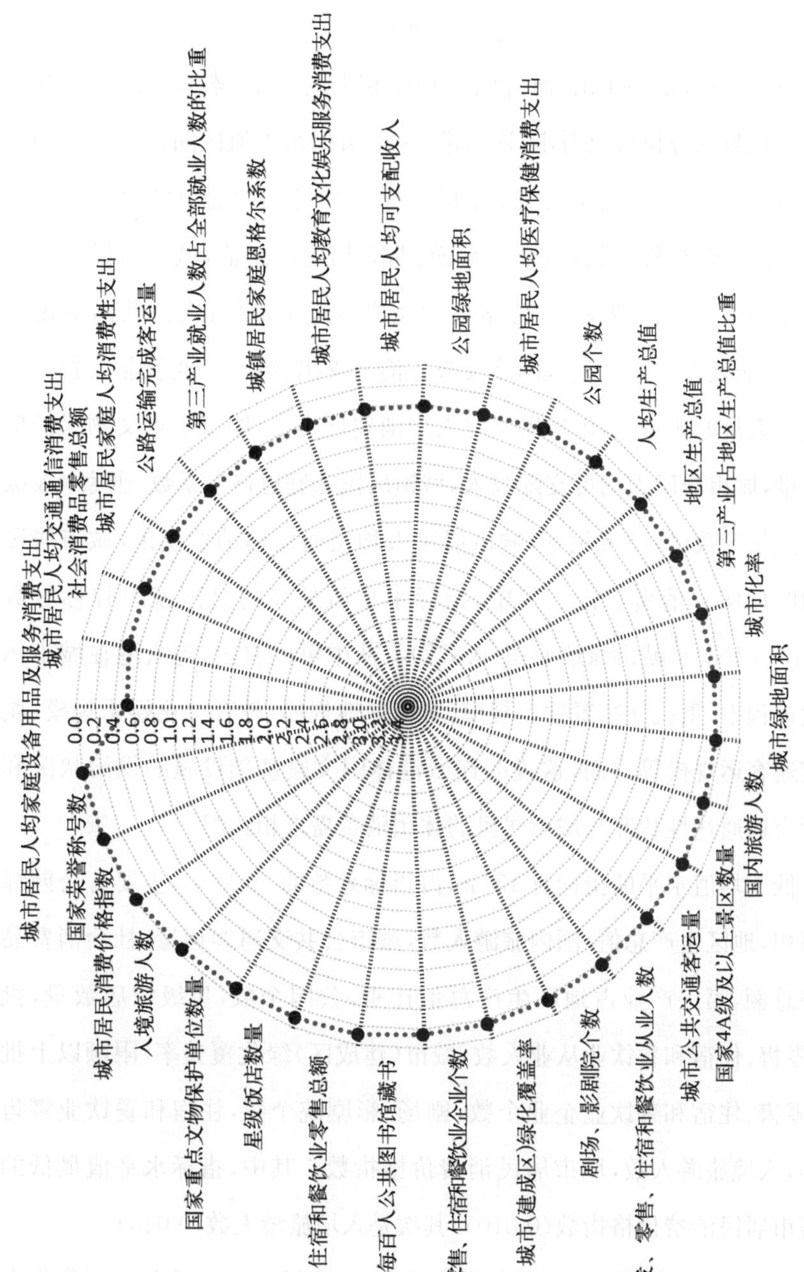

图 5-19　阜阳各指标水平排列图

云港是中国优秀旅游城市、国家园林城市，有花果山、孔望山、桃花涧、连岛等旅游景点，是一座山、海、港、城相依相拥的城市，素有东海第一胜境之称。从数据分析可以看出，连云港31个指标水平值区间在0～2之间，均值水平是0.388。高于均值水平的指标有16个，占指标总数的51.61%，主要有国家荣誉称号数，城市绿地面积，人均生产总值，城市居民人均教育文化娱乐服务消费支出，公路运输完成客运量，每百人公共图书馆藏书，城市居民人均家庭设备用品及服务消费支出，第三产业就业人数占全部就业人数的比重，城市居民家庭人均消费性支出，国家重点文物保护单位数量，城市居民人均可支配收入，城镇居民家庭恩格尔系数，国家4A级及以上景区数量，城市化率，城市居民人均交通通信消费支出，城市居民人均医疗保健消费支出。其中，指标水平值最高的是国家荣誉称号数(1.415)，其次是城市绿地面积(0.877)。从中可以看出，连云港在城市休闲化进程中，重视住宿餐饮业规模、城市绿地规模、教育文化娱乐规模、城市交通客运规模等方面，这说明连云港休闲文娱基础设施的供给状况和城际交通通达性状况与城市居民的休闲消费需求相匹配。

低于均值水平的指标有15个，占指标总数的48.39%，主要有公园绿地面积，地区生产总值，国内旅游人数，城市公共交通客运量，社会消费品零售总额，第三产业占地区生产总值比重，公园个数，星级饭店数量，批发、零售、住宿和餐饮业从业人数，城市(建成区)绿化覆盖率，限额以上批发、零售、住宿和餐饮业企业个数，剧场、影剧院个数，住宿和餐饮业零售总额，入境旅游人数，城市居民消费价格指数。其中，指标水平值最低的是城市居民消费价格指数(0.010)，其次是入境旅游人数(0.045)。

从横向指标来看，连云港各个指标在41个城市中的排名主要集中在中等水平。排名在前十位的指标有城市绿地面积(第5名)和城镇居民家庭恩格尔系数(第6名)。处于中等水平的指标有，国家荣誉称号数(第12

名)，城市公共交通客运量(第 13 名)，公路运输完成客运量(第 16 名)，公园绿地面积(第 20 名)，城市居民人均教育文化娱乐服务消费支出(第 20 名)，批发、零售、住宿和餐饮业从业人数(第 21 名)，限额以上批发、零售、住宿和餐饮业企业个数(第 22 名)，地区生产总值(第 22 名)，国家 4A 级及以上景区数量(第 26 名)，人均生产总值(第 27 名)，国家重点文物保护单位数量(第 27 名)，国内旅游人数(第 27 名)，第三产业就业人数占全部就业人数的比重(第 27 名)，社会消费品零售总额(第 28 名)，城市(建成区)绿化覆盖率(第 28 名)，每百人公共图书馆藏书(第 29 名)，城市化率(第 30 名)，入境旅游人数(第 30 名)，城市居民家庭人均消费性支出(第 30 名)，公园个数(第 31 名)等 20 个。排名在后十位的指标有城市居民人均可支配收入(第 32 名)，城市居民人均家庭设备用品及服务消费支出(第 32 名)，住宿和餐饮业零售总额(第 33 名)，星级饭店数量(第 33 名)，剧场、影剧院个数(第 35 名)，城市居民人均医疗保健消费支出(第 36 名)，城市居民人均交通通信消费支出(第 36 名)，第三产业占地区生产总值比重(第 36 名)等 8 个。

综合以上数据可以得出，连云港城市休闲化进程中表现较弱的指标有第三产业发展状况、商业零售规模、文化设施规模、人均消费水平等方面。这说明连云港业态不够丰富，城市对外吸引力有待提高，此外城市交通通达性和生态环境建设有待进一步提升，见图 5-20。

十五、金华

金华，浙江省辖地级市，是国家级历史文化名城、中国十佳宜居城市之一、G60 科创走廊中心城市等。2011 年金华—义乌都市区被确定为浙江省的第四个大都市区。从数据分析可以看出，金华 31 个指标水平值区间在 0～2 之间，均值水平是 0.619。高于均值水平的指标有 14 个，占指

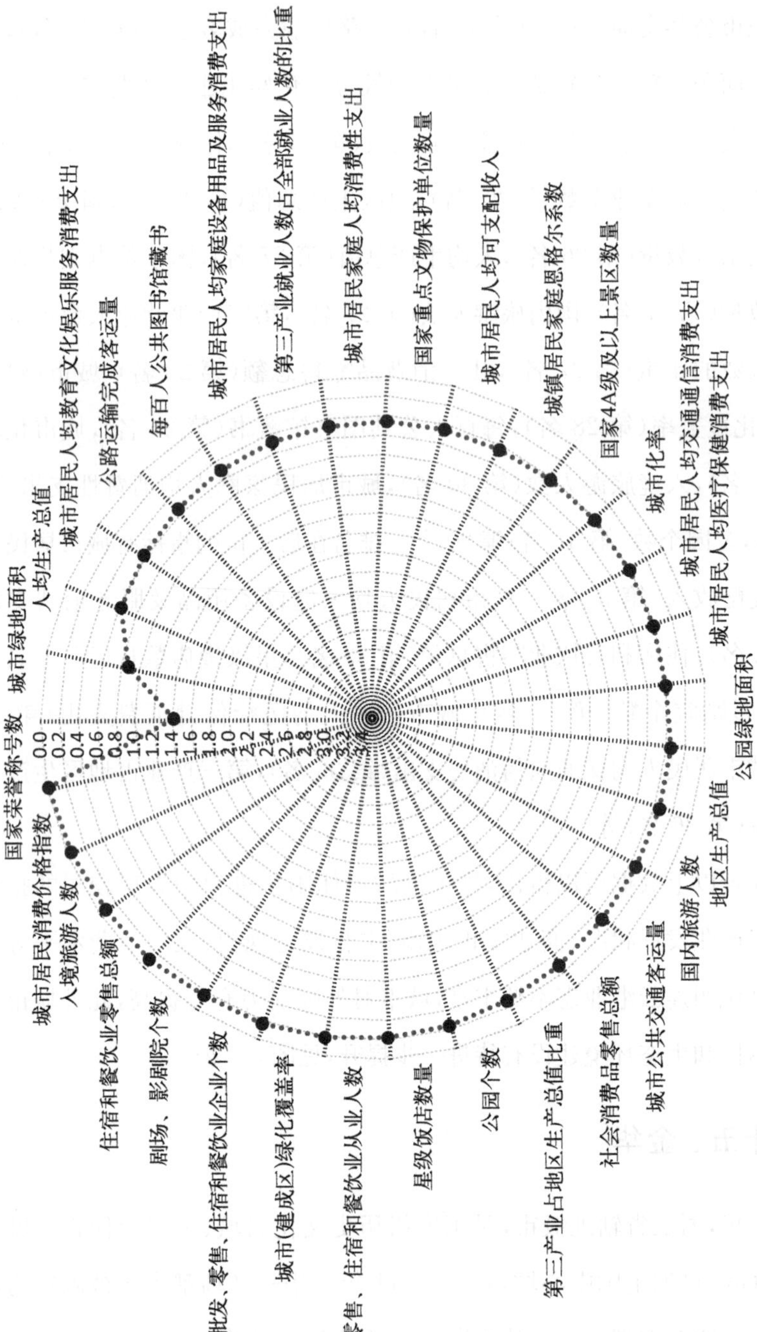

图 5-20 连云港各指标水平排列图

标总数的45.16%，主要有国家重点文物保护单位数量，国内旅游人数，城市居民人均交通通信消费支出，国家荣誉称号数，城市居民人均医疗保健消费支出，剧场、影剧院个数，公路运输完成客运量，城市居民人均家庭设备用品及服务消费支出，城市居民家庭人均消费性支出，国家4A级及以上景区数量，城市居民人均可支配收入，城市居民人均教育文化娱乐服务消费支出，星级饭店数量，社会消费品零售总额。其中，指标水平值最高的是国家重点文物保护单位数量(1.917)，其次是国内旅游人数(1.567)。从中可以看出，金华在城市休闲化进程中，人均休闲消费水平、交通客运服务、住宿餐饮业规模等发展态势良好，说明金华休闲娱乐产业及其相关配套设施的供给与居民的休闲娱乐需求适配度较高。

低于均值水平的指标有17个，占指标总数的54.84%，主要有人均生产总值，每百人公共图书馆藏书，地区生产总值，公园个数，城市化率，入境旅游人数，限额以上批发，零售、住宿和餐饮业企业个数，第三产业占地区生产总值比重，城镇居民家庭恩格尔系数，批发、零售、住宿和餐饮业从业人数，住宿和餐饮业零售总额，公园绿地面积，城市绿地面积，城市(建成区)绿化覆盖率，第三产业就业人数占全部就业人数的比重，城市公共交通客运量，城市居民消费价格指数。其中，指标水平值最低的是城市居民消费价格指数(0.010)，其次是城市公共交通客运量(0.113)。

从横向指标来看，金华各个指标在41个城市中的排名主要集中在中等水平。其中，在41个城市中排名前十的有城市居民消费价格指数(第1名)、城市居民人均交通通信消费支出(第3名)，城市居民人均医疗保健消费支出(第4名)，国内旅游人数(第5名)，第三产业占地区生产总值比重(第5名)，国家重点文物保护单位数量(第6名)，公路运输完成客运量(第6名)，城市居民家庭人均消费性支出(第7名)，剧场、影剧院个数(第9名)，城市居民人均教育文化娱乐服务消费支出(第10名)，城市居民人均家庭设备用品及服务消费支出(第10名),入境旅游人数(第10名)等12个指标。位于中等水平的指标有社会消费品零售总额(第11名),星级饭店数量(第11名),城市居民人均可支配收入(第13名),国家4A级及以上景区数量(第13名),住宿和餐饮业零售总额(第15名),批发、零售、住宿和餐饮业从业人数(第15名),限额以上批发、零售、住宿和餐饮业企业个数(第15名),地区生产总值(第18名),国家荣誉称号数(第18名),城市化率(第18名),公园个数(第18名),每百人公共图书馆藏书(第27名),人均生产总值(第28名),城市公共交通客运量(第28名)等14个。排名位于后十位的指标有城市(建成区)绿化覆盖率(第32名),公园绿地面积(第32名),城市绿地面积(第34名),城镇居民家庭恩格尔系数(第41名),第三产业就业人数占全部就业人数的比重(第41名)等5个。

综合以上数据可以得出,金华城市休闲化进程中表现较弱的指标有旅游接待规模、生态环境建设、交通客运规模等方面。这说明金华旅游服务业发展有待改善,市内交通通达性和生态环境建设有待提升,见图5-21。

第六节　中等城市休闲化指数分析

城区常住人口规模在50万以上100万以下的城市为中等城市,符合这一标准的有湖州、泰州、蚌埠、嘉兴、宿迁、镇江、马鞍山、安庆、淮北、舟山、滁州、铜陵、六安和宿州14个城市。从城市区域分布看,属于浙江省的有湖州、嘉兴和舟山3个城市,属于江苏省的有泰州、宿迁、镇江3个城市,属于安徽省的有蚌埠、马鞍山、安庆、淮北、滁州、铜陵、六安和宿州8个城市;从城市行政级别看,14个中等城市均不是省会城市。长三角中等城市主要集中在安徽省。对长三角4个中等城市31个指标属性的特征分析如下。

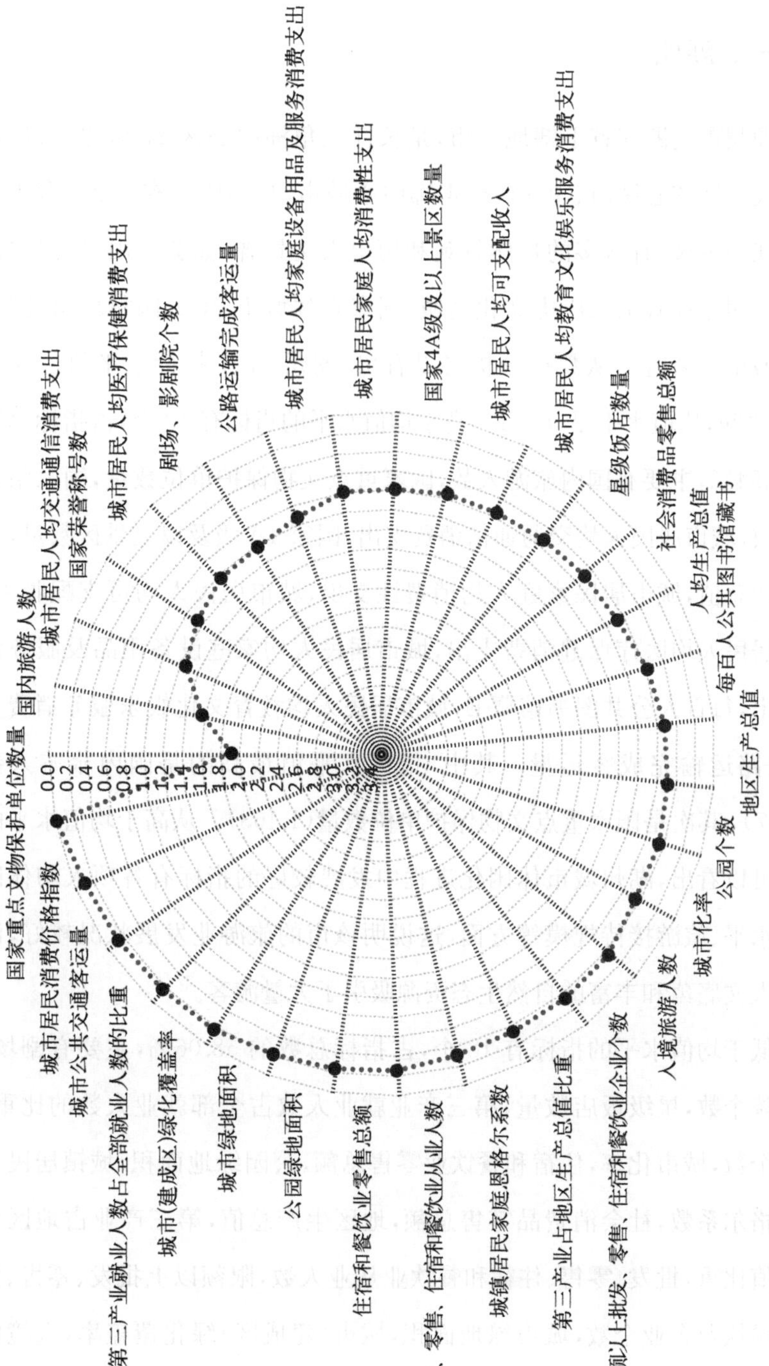

图 5－21　金华各指标水平排列图

一、湖州

湖州市是浙江省下辖地级市,是长江三角洲中心区27城之一、环杭州湾大湾区核心城市、G60科创走廊中心城市,是一座具有2 300多年历史的江南古城,有众多的自然景观和历史人文景观,如莫干山、南浔古镇等。湖州还拥有国家历史文化名城、国家森林城市、国家园林城市、国家卫生城市等荣誉。从数据分析可以看出,湖州31个指标水平值区间在0～2之间,均值水平是0.571。高于均值水平的指标有13个,占指标总数的41.94%,主要有国内旅游人数,国家重点文物保护单位数量,国家荣誉称号数,城市居民人均交通通信消费支出,国家4A级及以上景区数量,人均生产总值,城市居民家庭人均消费性支出,城市居民人均可支配收入,城市居民人均医疗保健消费支出,城市居民人均家庭设备用品及服务消费支出,每百人公共图书馆藏书,城市居民人均教育文化娱乐服务消费支出,公路运输完成客运量。其中,指标水平值最高的是国内旅游人数(1.487),其次是国家重点文物保护单位数量(1.463)。从高于均值水平的指标可以看出,湖州城市休闲化进程中发展较好的指标有各项人均休闲消费水平、旅游接待规模等方面,这说明该市的旅游业发展状况较好,浓厚的人文底蕴和丰富的自然生态资源吸引了大量游客。

低于均值水平的指标有18个,占指标总数的58.06%,主要有剧场、影剧院个数,星级饭店数量,第三产业就业人数占全部就业人数的比重,公园个数,城市化率,住宿和餐饮业零售总额,公园绿地面积,城镇居民家庭恩格尔系数,社会消费品零售总额,地区生产总值,第三产业占地区生产总值比重,批发、零售、住宿和餐饮业从业人数,限额以上批发、零售、住宿和餐饮业企业个数,城市绿地面积,城市(建成区)绿化覆盖率,入境旅游人数,城市公共交通客运量,城市居民消费价格指数。其中,指标水平值最低的是市居民消费价格指数(0.010),其次是城市公共交通客运量(0.100)。

从横向指标来看,湖州各个指标在41个城市中的排名主要集中在中等水平。其中,在41个城市中排名前十的有城市居民消费价格指数(第1名),城市(建成区)绿化覆盖率(第2名),国内旅游人数(第7名),国家4A级及以上景区数量(第7名),城市居民人均交通通信消费支出(第7名),国家重点文物保护单位数量(第10名)等6个指标。处于中等水平的有城市居民人均医疗保健消费支出(第11名),住宿和餐饮业零售总额(第11名),城市居民人均可支配收入(第12名),城市居民家庭人均消费性支出(第13名),公路运输完成客运量(第13名),城市居民人均教育文化娱乐服务消费支出(第13名),第三产业就业人数占全部就业人数的比重(第13名),剧场、影剧院个数(第14名),城市居民人均家庭设备用品及服务消费支出(第15名),入境旅游人数(第16名),公园个数(第17名),每百人公共图书馆藏书(第18名),人均生产总值(第18名),公园绿地面积(第18名),星级饭店数量(第18名),批发、零售、住宿和餐饮业从业人数(第18名),国家荣誉称号数(第19名),社会消费品零售总额(第20名),限额以上批发、零售、住宿和餐饮业企业个数(第20名),城市化率(第22名),地区生产总值(第24名),城镇居民家庭恩格尔系数(第29名),城市绿地面积(第30名),城市公共交通客运量(第31名)等24个指标。排名后十位的指标只有第三产业占地区生产总值比重(第37名)。

综合以上数据可以得出,湖州城市休闲化进程中表现较弱的指标有住宿餐饮业等商业零售规模、生态环境建设、旅游接待规模等方面。这说明湖州的休闲产品供给能力尚存在不足,城际间交通体系的可达性和城市的自然生态环境建设处于劣势,见图5-22。

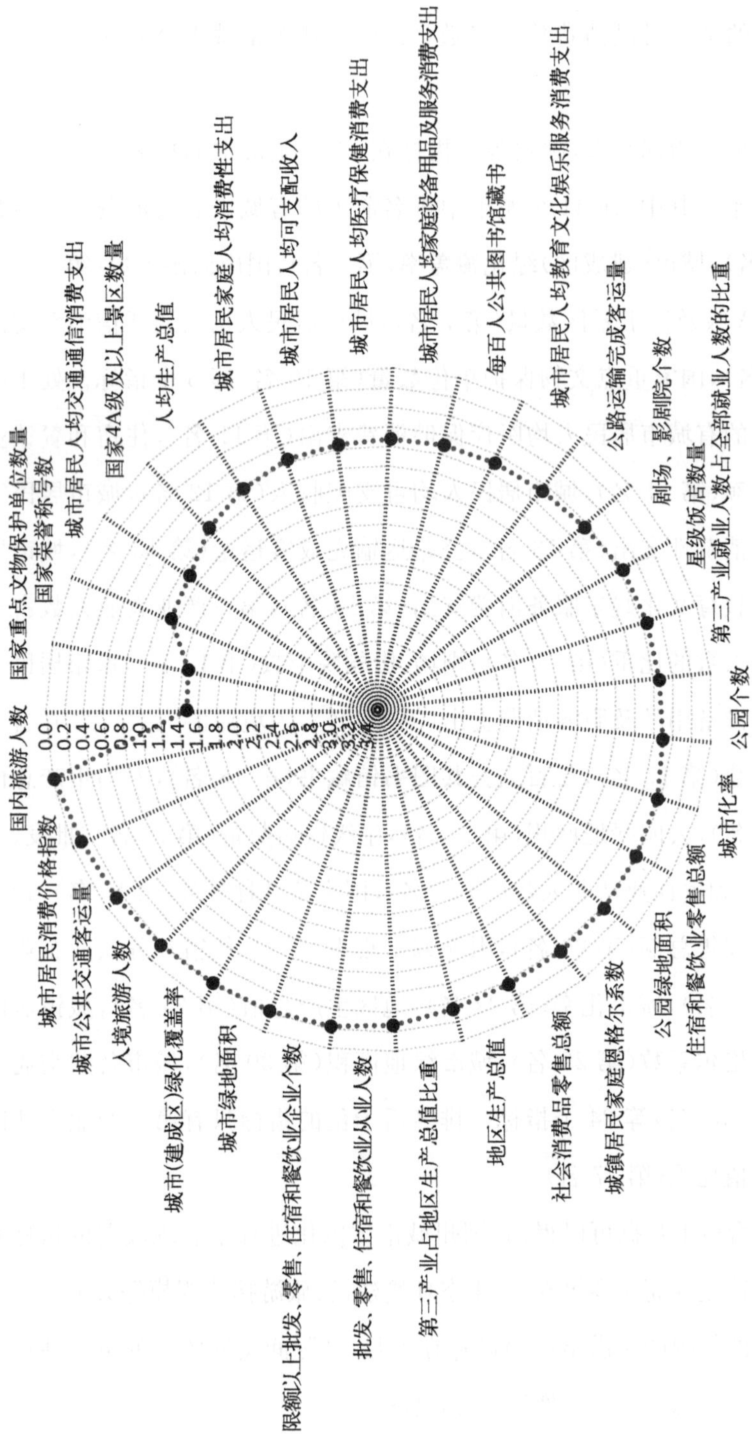

图5-22 湖州各指标水平排列图

二、泰州

泰州是中国历史文化名城，是江苏长江经济带重要组成部分，是承南启北的水陆要津，为苏中门户，自古有“水陆要津，咽喉据郡”之称。泰州所辖县市（区）全部建成国家级生态示范区、全国百强县，同时泰州也是全国文明城市、国家环保模范城市、国家园林城市、中国优秀旅游城市、全国科技进步先进市、第一批国家农业可持续发展试验示范区。从数据分析可以看出，泰州 31 个指标水平值区间在 0～2 之间，均值水平是 0.429。高于均值水平的指标有 14 个，占指标总数的 45.16%，主要有国家荣誉称号数，人均生产总值，公路运输完成客运量，城市居民人均交通通信消费支出，城市居民人均医疗保健消费支出，城市居民人均可支配收入，城市居民家庭人均消费性支出，城市居民人均教育文化娱乐服务消费支出，地区生产总值，每百人公共图书馆藏书，第三产业就业人数占全部就业人数的比重，城市居民人均家庭设备用品及服务消费支出，国家重点文物保护单位数量，城市化率。其中，指标水平值最高的是国家荣誉称号数（1.132），其次是人均生产总值（1.022）。从中可以看出，泰州在城市休闲化进程中表现较好的指标是各项人均消费水平、住宿餐饮业规模、教育文化娱乐规模等，这说明泰州的城市居民休闲消费需求良好，娱乐需求较为旺盛。

低于均值水平的指标有 17 个，占指标总数的 54.84%，主要有城镇居民家庭恩格尔系数，国家 4A 级及以上景区数量，限额以上批发、零售、住宿和餐饮业企业个数，城市公共交通客运量，社会消费品零售总额，公园个数，公园绿地面积，星级饭店数量，批发、零售、住宿和餐饮业从业人数，第三产业占地区生产总值比重，城市绿地面积，住宿和餐饮业零售总额，国内旅游人数，城市（建成区）绿化覆盖率，入境旅游人数，剧场、影剧院个数，城市居民消费价格指数。其中，指标水平值最低的是城市居民消费价格指数(0.010)，其次是人均生产总值(0.014)。

从横向指标来看，泰州各个指标在 41 个城市中的排名主要集中在中等水平。排名在前十位的指标有城市居民消费价格指数(第 1 名)和公路运输完成客运量(第 10 名)。处于中等水平的指标有城市公共交通客运量(第 11 名)，人均生产总值(第 12 名)，限额以上批发、零售、住宿和餐饮业企业个数(第 13 名)，批发、零售、住宿和餐饮业从业人数(第 14 名)，地区生产总值(第 16 名)，住宿和餐饮业零售总额(第 16 名)，国家荣誉称号数(第 17 名)，城市居民人均可支配收入(第 19 名)，城市化率(第 19 名)，城市居民人均医疗保健消费支出(第 19 名)，城市居民家庭人均消费性支出(第 20 名)，城市居民人均交通通信消费支出(第 22 名)，城市居民人均教育文化娱乐服务消费支出(第 22 名)，第三产业就业人数占全部就业人数的比重(第 22 名)，社会消费品零售总额(第 22 名)，公园个数(第 23 名)，公园绿地面积(第 23 名)，每百人公共图书馆藏书(第 24 名)，城镇居民家庭恩格尔系数(第 24 名)，城市绿地面积(第 24 名)，国家重点文物保护单位数量(第 26 名)，城市(建成区)绿化覆盖率(第 26 名)，入境旅游人数(第 27 名)，星级饭店数量(第 28 名)，城市居民人均家庭设备用品及服务消费支出(第 29 名)，国家 4A 级及以上景区数量(第 29 名)等 26 个。排名在后十位的指标有第三产业占地区生产总值比重(第 35 名)，国内旅游人数(第 39 名)，剧场、影剧院个数(第 41 名)等 3 个。

综合以上数据可以得出，泰州城市休闲化进程中表现较弱的指标有第三产业发展状况、文化设施规模、交通客运规模、生态环境建设、入境旅游接待规模等方面。这说明泰州城市交通通达性和生态环境建设有待加强，以上因素制约了城市的对外吸引力和竞争力，一定程度上导致其旅游接待规模较小，见图 5 - 23。

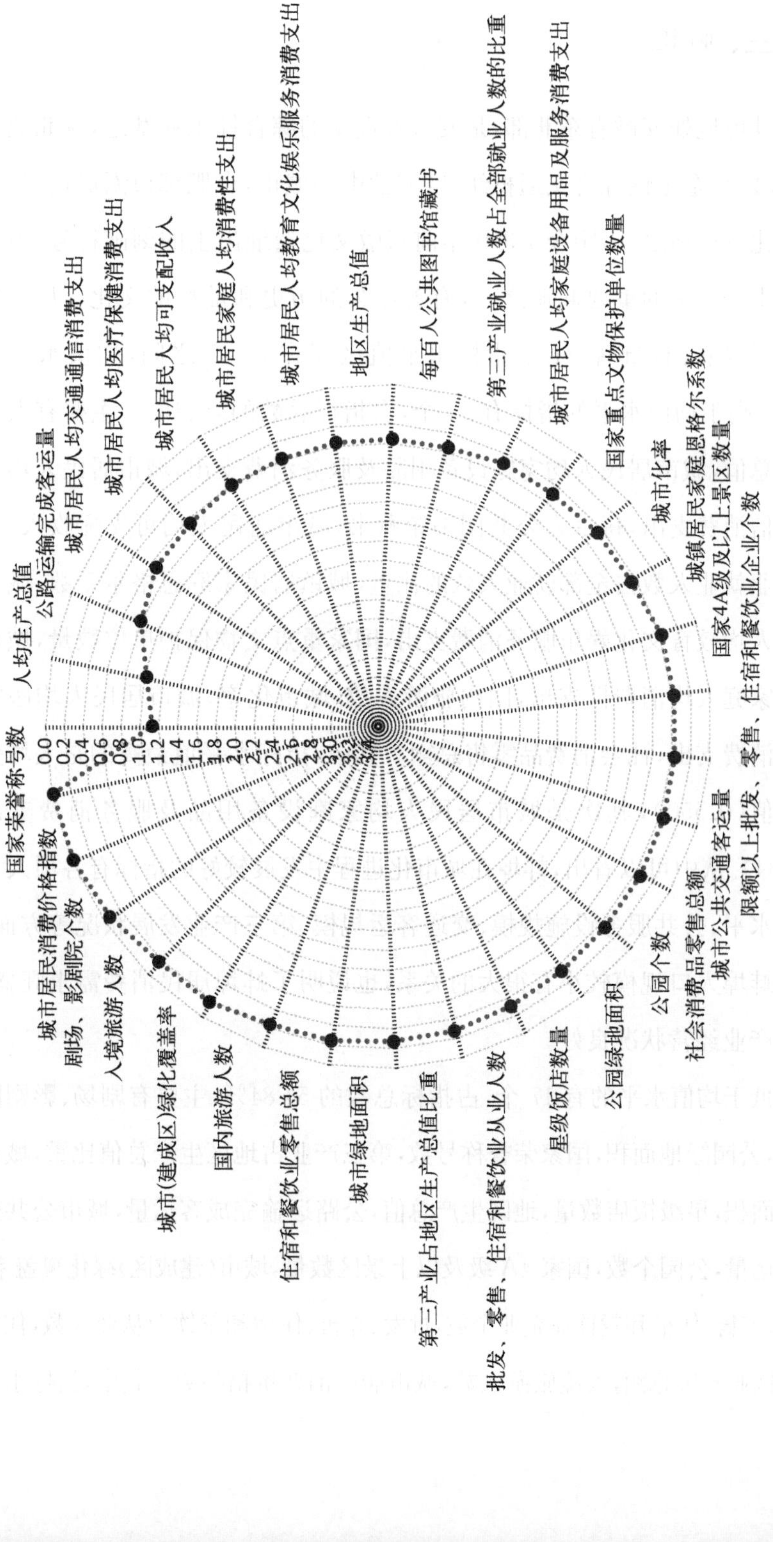

图 5－23　泰州各指标水平排列图

三、蚌埠

蚌埠地处安徽省东北部，是安徽省重要的综合性工业基地，皖北地区中心城市，全国性综合交通枢纽，区域性中心城市，合肥都市圈成员，是淮河文化发祥地之一，距今 7 300 年前双墩文化遗址出土的刻画符号，被确认为中国文字的重要起源之一，有着悠久的历史和灿烂的文化。从数据分析可以看出，蚌埠 31 个指标水平值区间在 0～1 之间，均值水平是 0.307。高于均值水平的指标有 14 个，占指标总数的 45.16%，主要有人均生产总值，城市居民人均家庭设备用品及服务消费支出，城市居民人均交通通信消费支出，每百人公共图书馆藏书，城市居民人均可支配收入，第三产业就业人数占全部就业人数的比重，城镇居民家庭恩格尔系数，城市居民人均教育文化娱乐服务消费支出，国家重点文物保护单位数量，城市居民家庭人均消费性支出，国内旅游人数，城市化率，城市居民人均医疗保健消费支出，社会消费品零售总额。其中，指标水平值最高的是人均生产总值(0.550)，其次是城市居民人均家庭设备用品及服务消费支出(0.534)。从中可以看出，蚌埠在城市化进程中发展较好的指标有各项人均消费水平、公共服务设施规模、交通客运规模、第三产业发展状况等方面，这与蚌埠人口规模较小有很大的关系，也说明了蚌埠居民消费需求旺盛，第三产业经营状况良好。

低于均值水平的有 17 个，占指标总数的 54.84%，主要有剧场、影剧院个数，公园绿地面积，国家荣誉称号数，第三产业占地区生产总值比重，城市绿地面积，星级饭店数量，地区生产总值，公路运输完成客运量，城市公共交通客运量，公园个数，国家 4A 级及以上景区数量，城市(建成区)绿化覆盖率，批发、零售、住宿和餐饮业企业个数，批发、零售、住宿和餐饮业从业人数，住宿和餐饮业零售总额，入境旅游人数，城市居民消费价格指数。其中，指标水平值最低的是城市居民消费价格指数(0.010),其次是入境旅游人数(0.077)。

从横向指标来看,蚌埠各个指标在41个城市中的排名主要集中等水平。其中,在41个城市中排名前十的指标为城市居民消费价格指数(第1名)和城镇居民家庭恩格尔系数(第1名)。排在中等水平的指标有城市公共交通客运量(第21名),剧场、影剧院个数(第23名),城市(建成区)绿化覆盖率(第23名),社会消费品零售总额(第24名),国内旅游人数(第24名),公园绿地面积(第25名),入境旅游人数(第26名),每百人公共图书馆藏书(第26名),城市居民人均家庭设备用品及服务消费支出(第26名),限额以上批发、零售、住宿和餐饮业企业个数(第27名),国家重点文物保护单位数量(第28名),住宿和餐饮业零售总额(第28名),城市居民人均可支配收入(第28名),城市绿地面积(第29名),批发、零售、住宿和餐饮业从业人数(第29名),地区生产总值(第29名),第三产业就业人数占全部就业人数的比重(第29名),城市居民人均教育文化娱乐服务消费支出(第29名),城市居民人均交通通信消费支出(第31名)等19个。排名在后十位的有第三产业占地区生产总值比重(第32名),人均生产总值(第33名),城市居民家庭人均消费性支出(第34名),星级饭店数量(第34名),公路运输完成客运量(第35名),公园个数(第36名),城市化率(第37名),国家荣誉称号数(第38名),城市居民人均医疗保健消费支出(第39名),国家4A级及以上景区数量(第40名)等10个指标。

综合以上数据可以得出,蚌埠城市休闲化进程中表现较弱的指标有商业零售规模、文化设施规模、生态环境建设、入境旅游接待规模等方面。这说明蚌埠城市对外吸引力不足,虽然第三产业发展状况良好,但是休闲相关的产品结构层次性不够丰富,休闲文娱产品的供给不能匹配本地居民旺盛的消费需求,此外城市交通通达性和生态环境建设有待进一步提升,见图5-24。

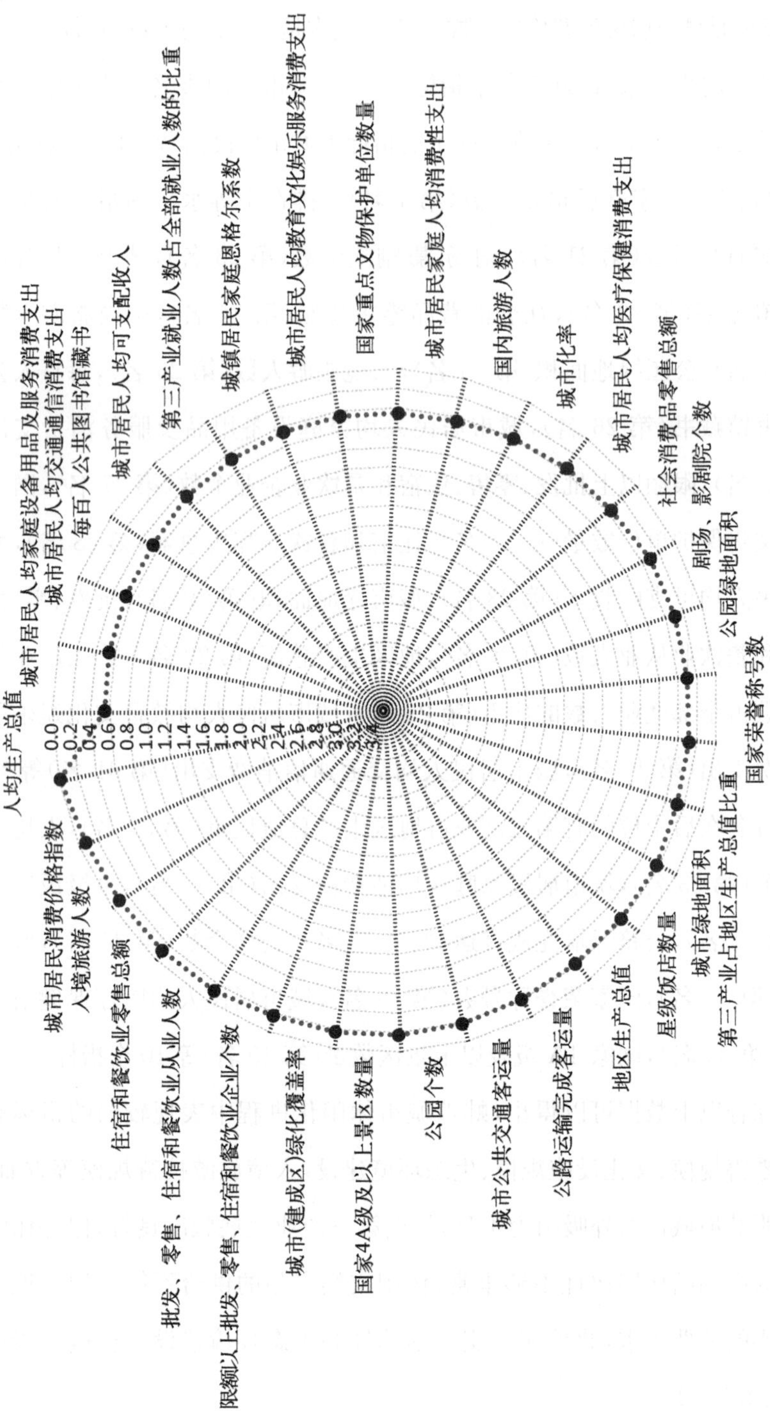

图 5－24　蚌埠各指标水平排列图

四、嘉兴

嘉兴处江河湖海交会之位，扼太湖南走廊之咽喉，是长三角城市群、上海大都市圈重要城市、浙江大湾区核心城市、杭州都市圈副中心城市，与上海、杭州、苏州、宁波等城市相距均不到百千米，作为沪杭、苏杭交通干线中枢，交通便利。从数据分析可以看出，嘉兴 31 个指标水平值区间在 0～4 之间，均值水平是 0.714。高于均值水平的指标有 15 个，占指标总数的 48.39％，主要有批发、零售、住宿和餐饮业从业人数，国内旅游人数，每百人公共图书馆藏书，城市居民人均交通通信消费支出，国家荣誉称号数，国家重点文物保护单位数量，剧场、影剧院个数，公园个数，人均生产总值，城市居民人均医疗保健消费支出，星级饭店数量，城市居民人均家庭设备用品及服务消费支出，城市居民人均可支配收入，城市居民家庭人均消费性支出，城市居民人均教育文化娱乐服务消费支出。其中，指标水平值最高的是批发、零售、住宿和餐饮业从业人数(3.289)，其次是国内旅游人数(1.341)。从中可以看出，嘉兴在城市休闲化进程中，教育娱乐文化规模、人均休闲消费水平、住宿餐饮业规模等发展态势良好，说明嘉兴休闲娱乐产业及其相关配套设施的供给与居民的休闲娱乐需求适配度较高。

低于均值水平的指标有 16 个，占指标总数的 51.61％，主要有地区生产总值，社会消费品零售总额，第三产业就业人数占全部就业人数的比重，城市化率，国家 4A 级及以上景区数量，入境旅游人数，住宿和餐饮业零售总额，限额以上批发、零售、住宿和餐饮业企业个数，城镇居民家庭恩格尔系数，公园绿地面积，第三产业占地区生产总值比重，公路运输完成客运量，城市绿地面积，城市(建成区)绿化覆盖率，城市公共交通客运量，城市居民消费价格指数。其中，指标水平值最低的是城市居民消费价格指数(0.010),其次是城市公共交通客运量(0.094)。

从横向指标来看,嘉兴各个指标在41个城市中的排名主要集中在中等水平及中等水平以上。其中,在41个城市中排名前十的有城市居民消费价格指数(第1名),城市居民人均交通通信消费支出(第2名),批发、零售、住宿和餐饮业从业人数(第3名),每百人公共图书馆藏书(第6名),城市居民人均医疗保健消费支出(第7名),城市居民人均教育文化娱乐服务消费支出(第8名),城市居民人均可支配收入(第8名),国内旅游人数(第8名),星级饭店数量(第8名),入境旅游人数(第9名),公园个数(第9名),剧场、影剧院个数(第10名),城市居民家庭人均消费性支出(第10名)等13个指标。位于中等水平的指标有城市居民人均家庭设备用品及服务消费支出(第11名),国家重点文物保护单位数量(第12名),住宿和餐饮业零售总额(第12名),限额以上批发、零售、住宿和餐饮业企业个数(第14名),城市化率(第14名),地区生产总值(第15名),国家荣誉称号数(第16名),人均生产总值(第16名),社会消费品零售总额(第16名),第三产业就业人数占全部就业人数的比重(第20名),公园绿地面积(第27名),国家4A级及以上景区数量(第28名),城市绿地面积(第28名),公路运输完成客运量(第30名)等14个。排名位于后十位的指标有城市公共交通客运量(第33名),城市(建成区)绿化覆盖率(第34名),城镇居民家庭恩格尔系数(第36名),第三产业占地区生产总值比重(第38名)等4个。

综合以上数据可以得出,嘉兴在城市休闲化发展进程中表现较弱的指标有城市休闲环境建设、第三产业发展状况、住宿餐饮业规模、交通客运规模等方面。这说明嘉兴在生态文明建设还有很大的发展空间,此外尽管嘉兴的娱乐需求较为旺盛,但是相应的休闲娱乐产业供给相对单一,休闲产品丰富度不够,缺乏一定的层次性,见图5-25。

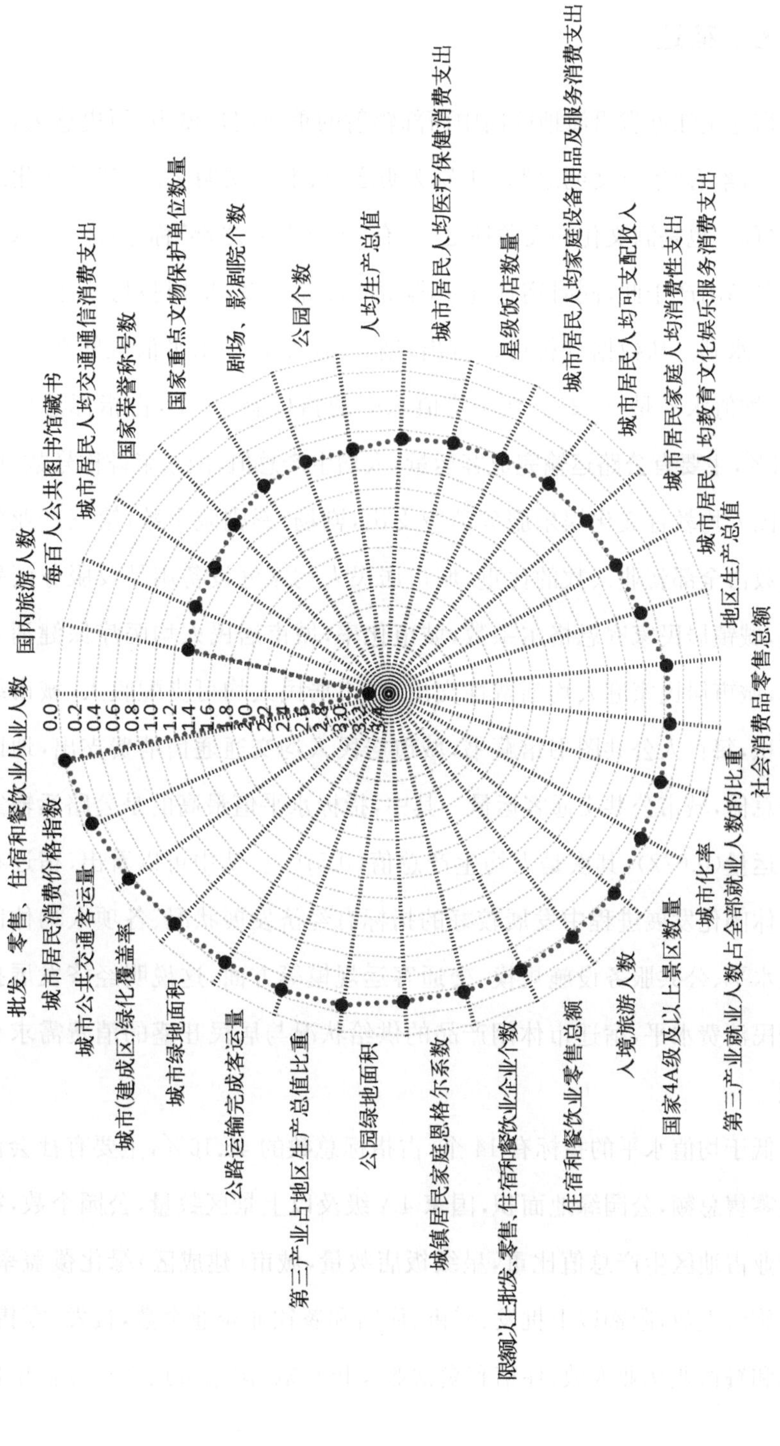

图 5-25　嘉兴各指标水平排列图

五、宿迁

宿迁是江苏省沿海地区向中西部辐射的重要门户城市，历史悠久，人文荟萃，素有“华夏文明之脉、江苏文明之根、淮河文明之源、楚汉文化之魂”之称。也是酒文化的发源地之一，有“中国白酒之都”称号，洋河、双沟两大名酒出产于此，同时宿迁还是典型的苏北水乡，坐拥骆马湖、洪泽湖两大淡水湖。从数据分析可以看出，宿迁 31 个指标水平值区间在 0～1 之间，均值水平是 0.325。高于均值水平的指标有 17 个，占指标总数的 54.84%，主要有公路运输完成客运量，人均生产总值，国家荣誉称号数，城市居民人均教育文化娱乐服务消费支出，剧场、影剧院个数，第三产业就业人数占全部就业人数的比重，城市居民人均家庭设备用品及服务消费支出，城镇居民家庭恩格尔系数，城市化率，城市居民人均医疗保健消费支出，城市居民家庭人均消费性支出，城市居民人均可支配收入，城市绿地面积，每百人公共图书馆藏书，城市居民人均交通通信消费支出，地区生产总值，城市公共交通客运量。其中，指标水平值最高的是公路运输完成客运量(0.622)，其次是人均生产总值(0.570)。从中可以看出，宿迁在城市休闲化发展进程中发展较好的指标有经济发展状况、各项人均休闲消费水平、公共服务设施规模、交通客运规模等方面，这说明经济发展拉动居民消费水平，宿迁市休闲产品的供给状况与居民旺盛的消费需求相匹配。

低于均值水平的指标有 14 个，占指标总数的 45.16%，主要有社会消费品零售总额，公园绿地面积，国家 4A 级及以上景区数量，公园个数，第三产业占地区生产总值比重，星级饭店数量，城市(建成区)绿化覆盖率，国内旅游人数，限额以上批发、零售、住宿和餐饮业企业个数，批发、零售、住宿和餐饮业从业人数，住宿和餐饮业零售总额，国家重点文物保护单位数量，入境旅游人数，城市居民消费价格指数。其中，指标水平值最低的是城市居民消费价格指数(0.010)，其次是入境旅游人数(0.026)。

从横向指标来看，宿迁各个指标在41个城市中的排名主要集中在中等水平。其中，在41个城市中排名前十的指标有城市居民消费价格指数(第1名)，城市(建成区)绿化覆盖率(第7名)，城镇居民家庭恩格尔系数(第8名)等3个。处于中等水平的指标有城市公共交通客运量(第12名)，城市绿地面积(第14名)，公路运输完成客运量(第15名)，剧场、影剧院个数(第16名)，地区生产总值(第23名)，社会消费品零售总额(第23名)，公园绿地面积(第24名)，城市居民人均教育文化娱乐服务消费支出(第24名)，批发、零售、住宿和餐饮业从业人数(第25名)，公园个数(第25名)，限额以上批发、零售、住宿和餐饮业企业个数(第26名)，城市化率(第26名)，第三产业就业人数占全部就业人数的比重(第28名)，人均生产总值(第29名)，星级饭店数量(第30名)，国家4A级及以上景区数量(第31名)等16个。排名在后十位的指标有国家荣誉称号数(第32名)，第三产业占地区生产总值比重(第33名)，每百人公共图书馆藏书(第33名)，城市居民人均家庭设备用品及服务消费支出(第34名)，入境旅游人数(第35名)，住宿和餐饮业零售总额(第36名)，城市居民人均医疗保健消费支出(第37名)，城市居民人均交通通信消费支出(第40名)，国家重点文物保护单位数量(第40名)，国内旅游人数(第40名)，城市居民家庭人均消费性支出(第40名)，城市居民人均可支配收入(第41名)等12个。

综合以上数据可以得出，宿迁城市休闲化进程中表现较弱的指标有第三产业发展状况、商业零售规模、住宿餐饮业规模、文化设施规模、生态环境建设等方面。这说明宿迁城市绿化环境、对外吸引力、旅游接待和服务能力等具有较大的发展空间和发展潜力，见图5-26。

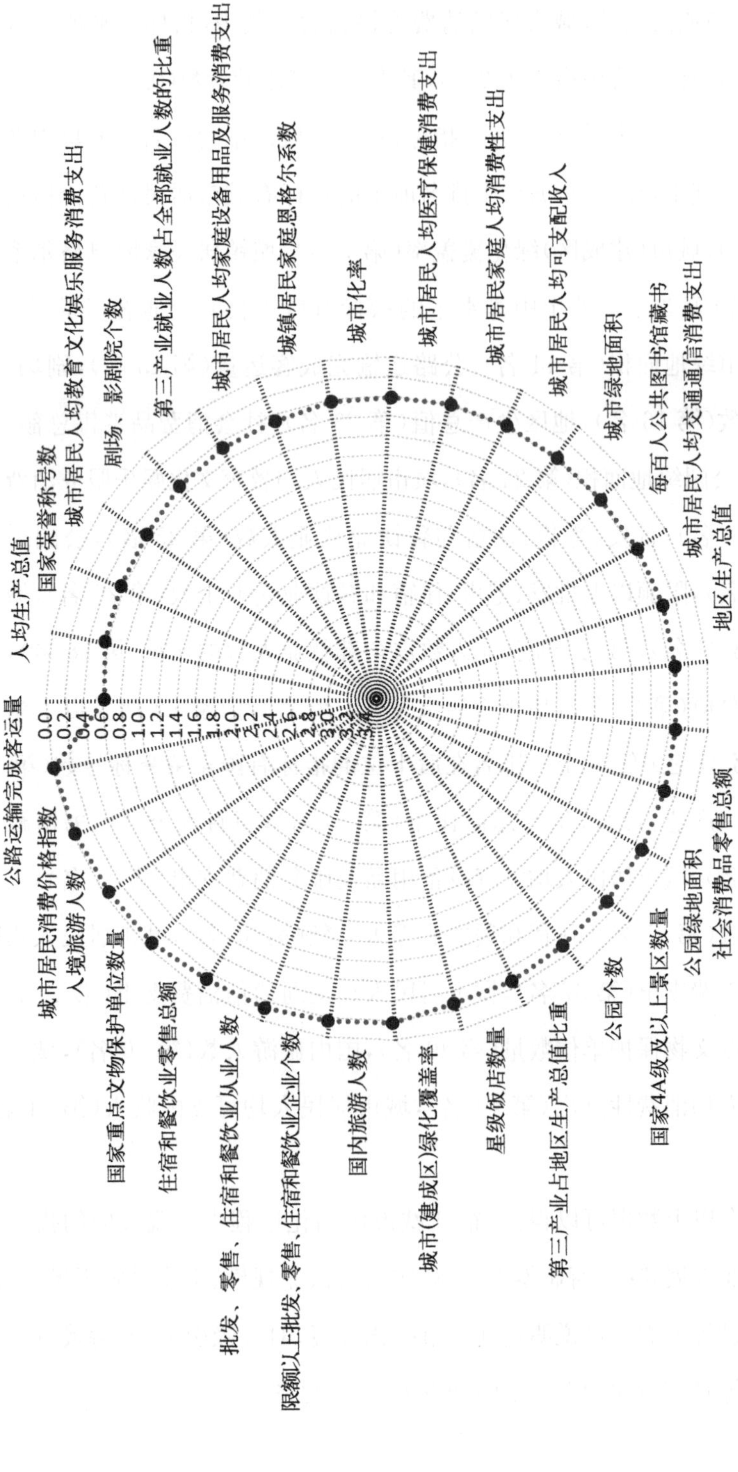

图 5－26　宿迁各指标水平排列图

六、镇江

镇江是国务院批复确定的中国长江三角洲重要的港口、风景旅游城市，是华东地区重要的交通中枢，境内的公路、铁路通达全国各主要城市，是长江与京杭大运河唯一交汇枢纽，还是全国著名的鱼米之乡，名胜古迹众多。从数据分析可以看出，镇江31个指标水平值区间在0～2之间，均值水平是0.470。高于均值水平的指标有13个，占指标总数的41.94%，主要有国家荣誉称号数，人均生产总值，每百人公共图书馆藏书，城市居民人均交通通信消费支出，城市居民人均可支配收入，城市居民人均教育文化娱乐服务消费支出，国家重点文物保护单位数量，城市居民人均家庭设备用品及服务消费支出，城市居民家庭人均消费性支出，剧场、影剧院个数，第三产业就业人数占全部就业人数的比重，城市化率，国内旅游人数。其中，指标水平值最高的是国家荣誉称号数(1.415)，其次是人均生产总值(1.145)。从中可以看出，镇江在城市休闲化进程中，各项人均休闲消费水平、旅游接待规模等发展状况良好，这主要与镇江人口规模较小有直接联系。

低于均值水平的指标有18个，占指标总数的58.06%，主要有城市居民人均医疗保健消费支出，星级饭店数量，地区生产总值，公路运输完成客运量，城镇居民家庭恩格尔系数，城市绿地面积，公园绿地面积，国家4A级及以上景区数量，社会消费品零售总额，第三产业占地区生产总值比重，公园个数，城市公共交通客运量，城市(建成区)绿化覆盖率，批发、零售、住宿和餐饮业从业人数，限额以上批发、零售、住宿和餐饮业企业个数，入境旅游人数，住宿和餐饮业零售总额，城市居民消费价格指数。其中，指标水平值最低的是城市居民消费价格指数(0.010)，其次是住宿和餐饮业零售总额(0.130)。

从横向指标来看,镇江各个指标在41个城市中的排名主要集中在中等水平。其中,在41个城市中排名前十的有城市居民消费价格指数(第1名),城市化率(第6名),第三产业就业人数占全部就业人数的比重(第8名),人均生产总值(第9名)等4个指标。排名在中等水平的指标有27个,分别是国家荣誉称号数(第11名),每百人公共图书馆藏书(第12名),剧场、影剧院个数(第13名),城市居民人均可支配收入(第15名),城市居民人均教育文化娱乐服务消费支出(第15名),入境旅游人数(第17名),城市(建成区)绿化覆盖率(第17名),国家重点文物保护单位数量(第18名),城市居民人均交通通信消费支出(第18名),城市绿地面积(第18名),城市居民家庭人均消费性支出(第18名),地区生产总值(第19名),城市居民人均家庭设备用品及服务消费支出(第20名),公园绿地面积(第22名),城市公共交通客运量(第22名),公路运输完成客运量(第23名),第三产业占地区生产总值比重(第23名),住宿和餐饮业零售总额(第23名),批发、零售、住宿和餐饮业从业人数(第23名),国内旅游人数(第23名),限额以上批发、零售、住宿和餐饮业企业个数(第24名),城镇居民家庭恩格尔系数(第25名),星级饭店数量(第25名),社会消费品零售总额(第26名),公园个数(第27名),国家4A级及以上景区数量(第30名),城市居民人均医疗保健消费支出(第30名)。没有排名在后十位的指标。

综合以上数据可以得出,镇江城市休闲化进程中表现较弱的指标有第三产业发展状况、商业零售规模、文化设施规模、生态环境建设等方面。镇江境内京沪铁路、京沪高铁、沪宁高速、312国道、104国道等通达全国各主要城市,但其交通客运规模却仍有很大的发展空间。此外,较低的城市对外吸引力和旅游接待水平、滞后的城市绿化建设和单一的休闲产业产品供给结构等,都是制约镇江城市休闲产业规模化发展的重要因素,见图5-27。

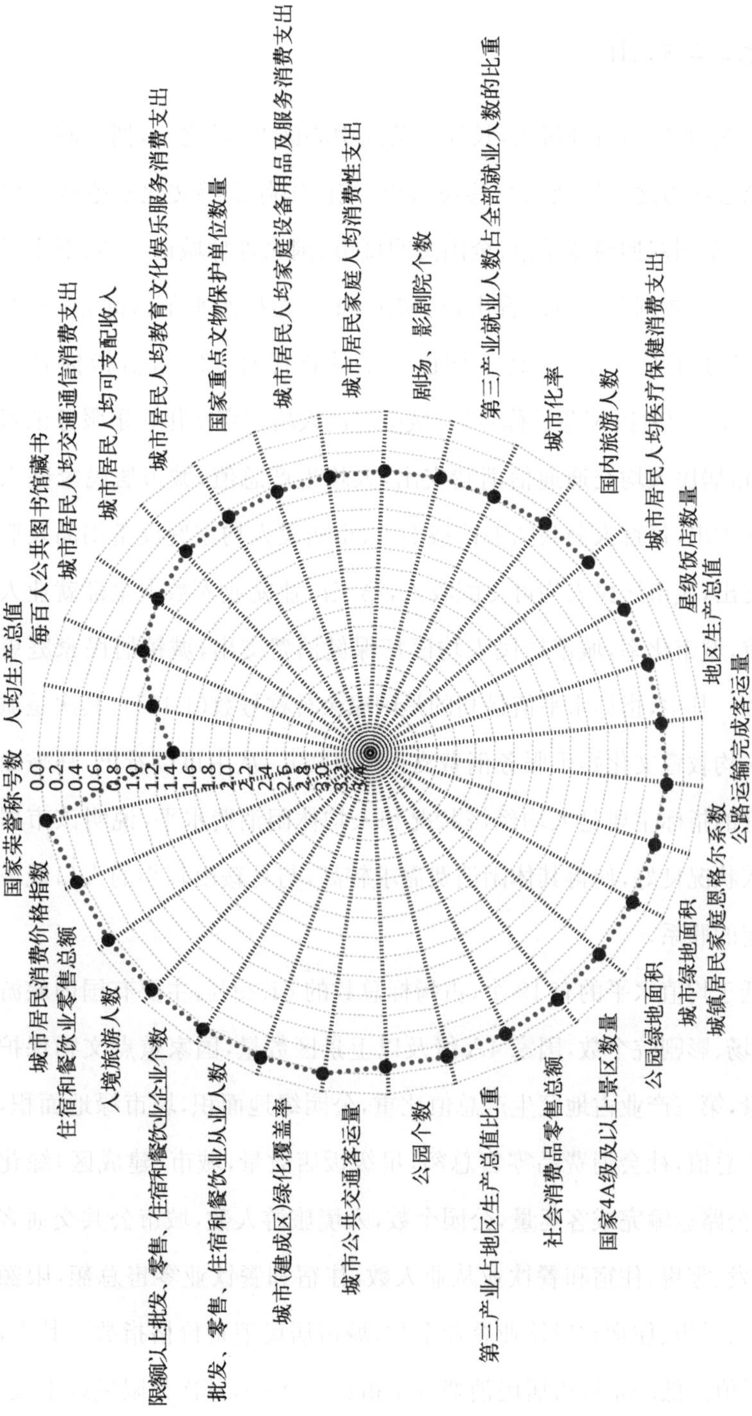

图 5-27　镇江各指标水平排列图

七、马鞍山

马鞍山,安徽省地级市,长江三角洲中心区 27 城之一,拥有皖江经济带的核心城市之一以及新兴移民城市、皖南国际旅游文化示范区重要节点城市、全国双拥模范城市、全国文明城市、国家森林城市、国家卫生城市等殊荣。从数据分析可以看出,马鞍山 31 个指标水平值区间在 0～2 之间,均值水平是 0.407。高于均值水平的指标有 12 个,占指标总数的 38.71%,主要有国家荣誉称号数,城市居民人均教育文化娱乐服务消费支出,城市居民人均交通通信消费支出,人均生产总值,城市居民家庭人均消费性支出,每百人公共图书馆藏书,城市居民人均家庭设备用品及服务消费支出,城市居民人均可支配收入,第三产业就业人数占全部就业人数的比重,城市化率,城市居民人均医疗保健消费支出,城镇居民家庭恩格尔系数。其中,指标水平值最高的是国家荣誉称号数(1.415),其次是城市居民人均教育文化娱乐服务消费支出(1.165)。从中可以看出,马鞍山表现良好的指标主要是人均经济状况和人均休闲消费水平,说明该市居民的收入状况良好,使得其休闲消费需求较高,与马鞍山较小的人口规模也有一定的联系。

低于均值水平的有 19 个,占指标总数的 61.29%,主要有国内旅游人数,剧场、影剧院个数,国家 4A 级及以上景区数量,国家重点文物保护单位数量,第三产业占地区生产总值比重,公园绿地面积,城市绿地面积,地区生产总值,社会消费品零售总额,星级饭店数量,城市(建成区)绿化覆盖率,公路运输完成客运量,公园个数,入境旅游人数,城市公共交通客运量,批发、零售、住宿和餐饮业从业人数,住宿和餐饮业零售总额,限额以上批发、零售、住宿和餐饮业企业个数,城市居民消费价格指数。其中,指标水平值最低的是城市居民消费价格指数(0.010),其次是限额以上批发、零售、住宿和餐饮业企业个数(0.042)。

从横向指标来看，马鞍山各个指标在 41 个城市中的排名主要集中在中等水平。其中，在 41 个城市中排名前十的有城市居民消费价格指数(第 1 名)，城市居民人均教育文化娱乐服务消费支出(第 1 名)，城市(建成区)绿化覆盖率(第 3 名)，城镇居民家庭恩格尔系数(第 4 名)，第三产业就业人数占全部就业人数的比重(第 9 名)等 5 个指标。位于中等水平的有城市居民人均交通通信消费支出(第 12 名)，国家荣誉称号数(第 13 名)，城市化率(第 13 名)，城市居民家庭人均消费性支出(第 14 名)，城市居民人均家庭设备用品及服务消费支出(第 16 名)，城市居民人均可支配收入(第 17 名)，人均生产总值(第 17 名)，每百人公共图书馆藏书(第 17 名)，剧场、影剧院个数(第 20 名)，入境旅游人数(第 21 名)，城市绿地面积(第 26 名)，国内旅游人数(第 26 名)，地区生产总值(第 28 名)，公园绿地面积(第 29 名)，第三产业占地区生产总值比重(第 31 名)，城市居民人均医疗保健消费支出(第 31 名)等 16 个指标。排名在后十位，处于中等以下水平的有社会消费品零售总额(第 32 名)，国家 4A 级及以上景区数量(第 32 名)，城市公共交通客运量(第 34 名)，国家重点文物保护单位数量(第 35 名)，星级饭店数量(第 36 名)，批发、零售、住宿和餐饮业从业人数(第 37 名)，公路运输完成客运量(第 38 名)，公园个数(第 38 名)，住宿和餐饮业零售总额(第 39 名)，限额以上批发、零售、住宿和餐饮业企业个数(第 41 名)等 10 个指标。

综合以上数据可以得出，马鞍山城市休闲化进程中表现较弱的指标有商业零售规模、交通客运规模、文化设施规模、生态环境建设、旅游接待规模等方面。这说明马鞍山整体休闲产业发展状况以及休闲产品供给能力尚不能与其城市居民的消费需求相匹配，此外提升城市对外吸引力、生态环境建设及交通通达性是马鞍山休闲化发展的关键，见图 5-28。

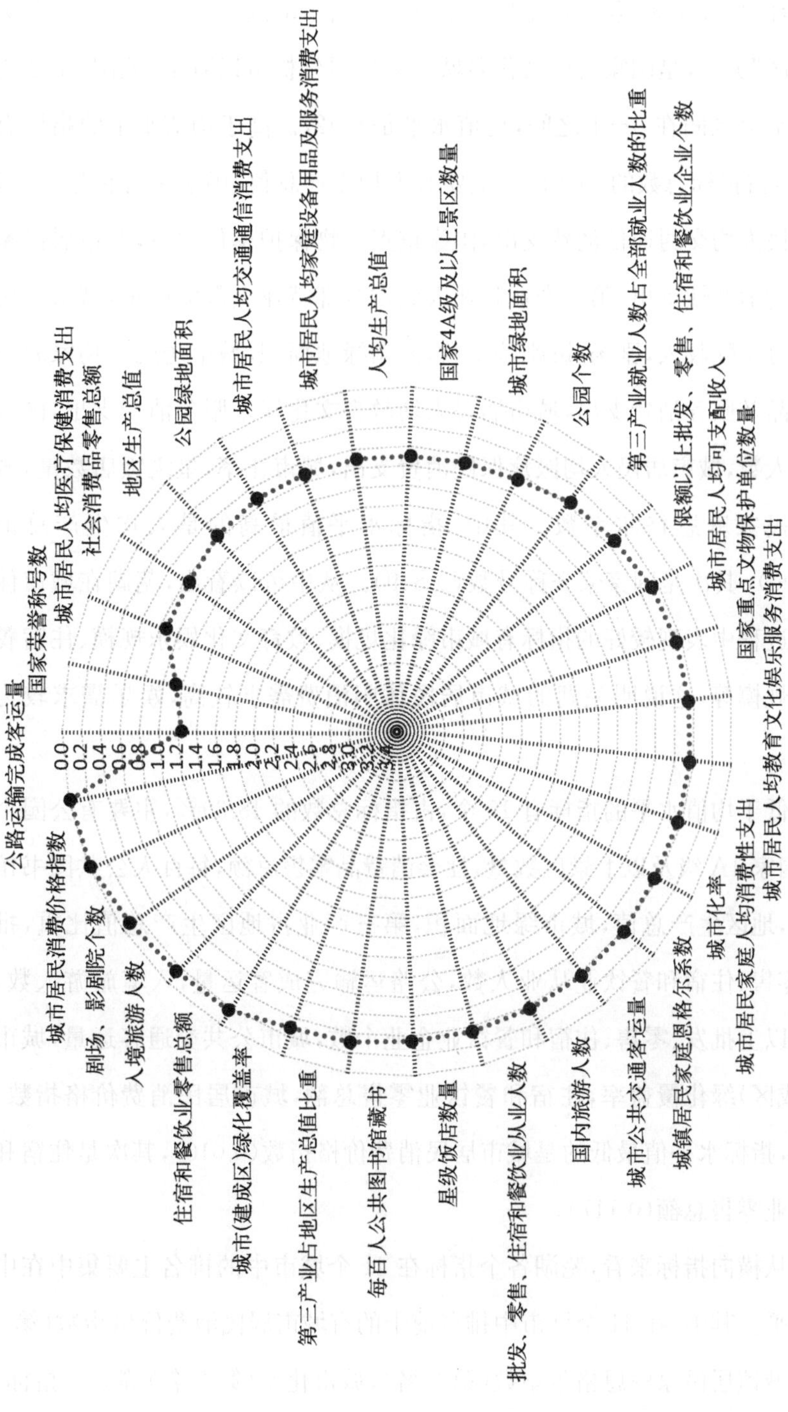

图 5 - 11　徐州各指标水平排列图

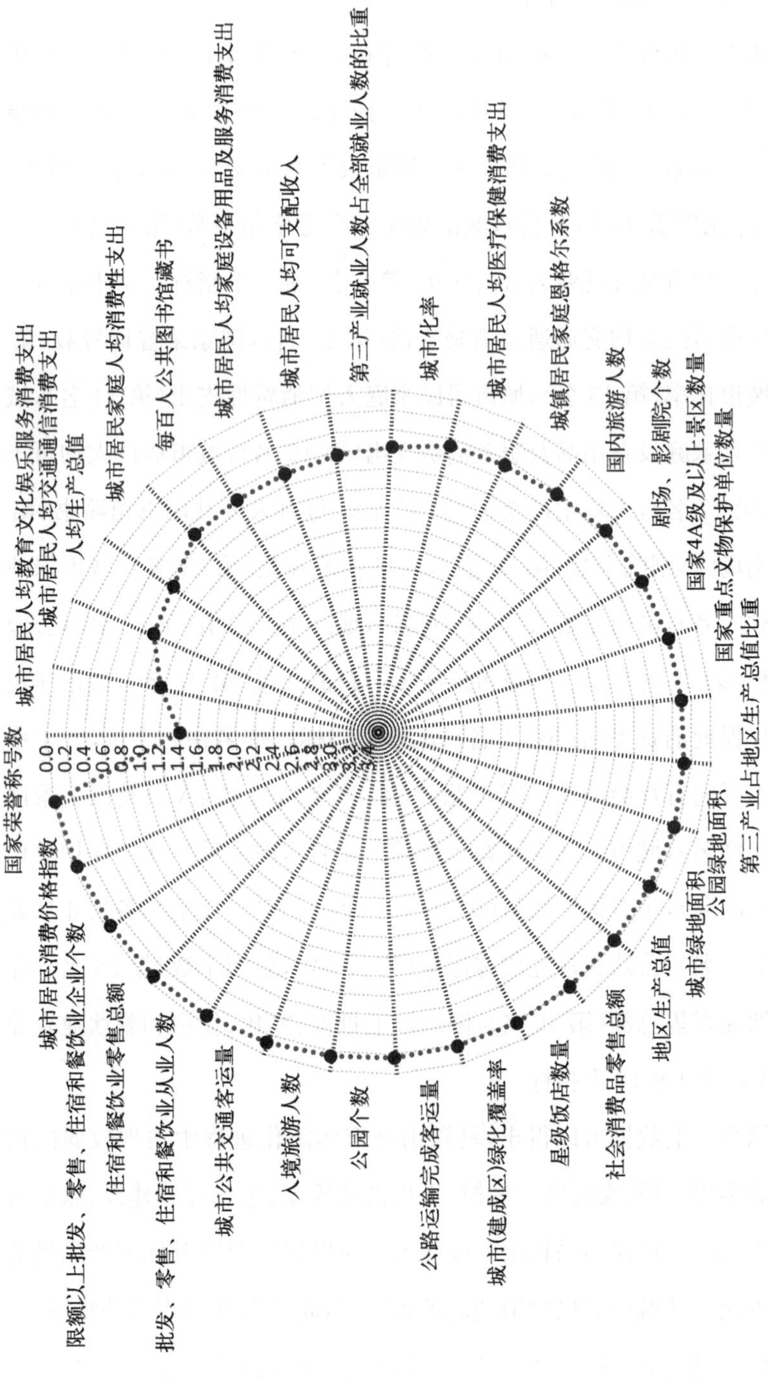

图5-28 马鞍山各指标水平排列图

八、安庆

安庆是国家级历史文化名城，素有“文化之邦”、“戏剧之乡”、“禅宗圣地”的美誉，是“桐城派”的故里，京剧鼻祖徽班成长的摇篮，是黄梅戏形成和发展的地方，也是中国新文化运动先驱陈独秀、“两弹元勋”邓稼先、通俗小说大师张恨水等人的故乡。古皖文化、禅宗文化、戏剧文化和桐城派文化在这里交相辉映，形成了独具特色的安庆文化。从数据分析可以看出，安庆 31 个指标水平值区间在 0～1 之间，均值水平是 0.374。高于均值水平的指标有 14 个，占指标总数的 45.16％，主要有国家荣誉称号数，国家重点文物保护单位数量，国家 4A 级及以上景区数量，星级饭店数量，国内旅游人数，城市居民人均家庭设备用品及服务消费支出，城市居民人均医疗保健消费支出，每百人公共图书馆藏书，人均生产总值，城市居民人均可支配收入，城镇居民家庭恩格尔系数，第三产业就业人数占全部就业人数的比重，城市居民家庭人均消费性支出，公路运输完成客运量。其中，指标水平值最高的是国家荣誉称号数(0.849)，其次是国家重点文物保护单位数量(0.807)。从中可以看出，安庆在城市休闲化发展进程中发展较好的是人均休闲消费水平、公共服务设施规模、交通客运规模等方面，这与安庆市人口规模较小有直接关系。

低于均值水平的指标有 17 个，占指标总数的 54.84％，主要有剧场、影剧院个数，城市化率，城市居民人均教育文化娱乐服务消费支出，城市居民人均交通通信消费支出，社会消费品零售总额，第三产业占地区生产总值比重，地区生产总值，公园绿地面积，城市绿地面积，入境旅游人数，住宿和餐饮业零售总额，城市(建成区)绿化覆盖率，限额以上批发、零售、住宿和餐饮业企业个数，批发、零售、住宿和餐饮业从业人数，公园个数，城市公共交通客运量，城市居民消费价格指数。其中，指标水平值最低的是城市居民消费价格指数(0.010),其次是城市公共交通客运量(0.117)。

从横向指标来看,安庆各个指标在41个城市中的排名主要集中在中等水平。其中,在41个城市中排名前十的指标有城市居民消费价格指数(第1名)和城镇居民家庭恩格尔系数(第7名)。位于中等水平的有星级饭店数量(第14名),国家4A级及以上景区数量(第14名),入境旅游人数(第14名),国家重点文物保护单位数量(第16名),剧场、影剧院个数(第18名),住宿和餐饮业零售总额(第20名),国内旅游人数(第20名),公路运输完成客运量(第21名),限额以上批发、零售、住宿和餐饮业企业个数(第23名),批发、零售、住宿和餐饮业从业人数(第24名),城市居民人均医疗保健消费支出(第24名),国家荣誉称号数(第25名),城市公共交通客运量(第26名),地区生产总值(第27名),社会消费品零售总额(第27名),城市绿地面积(第27名),城市居民人均家庭设备用品及服务消费支出(第28名),公园绿地面积(第28名),每百人公共图书馆藏书(第28名)等19个指标。位于中等水平以下的有第三产业占地区生产总值比重(第34名),人均生产总值(第35名),城市居民人均可支配收入(第35名),城市化率(第36名),第三产业就业人数占全部就业人数的比重(第36名),公园个数(第39名),城市(建成区)绿化覆盖率(第39名),城市居民家庭人均消费性支出(第39名),城市居民人均教育文化娱乐服务消费支出(第39名),城市居民人均交通通信消费支出(第41名)等10个指标。

综合以上数据可以得出,安庆城市休闲化进程中表现较弱的指标有第三产业发展状况、商业零售规模、文化设施规模、生态环境建设等方面。反映了现阶段安庆在休闲产业发展的综合能力方面还存在发展短板,从而使得城市对外吸引力呈现较弱的发展特点,见图5-29。

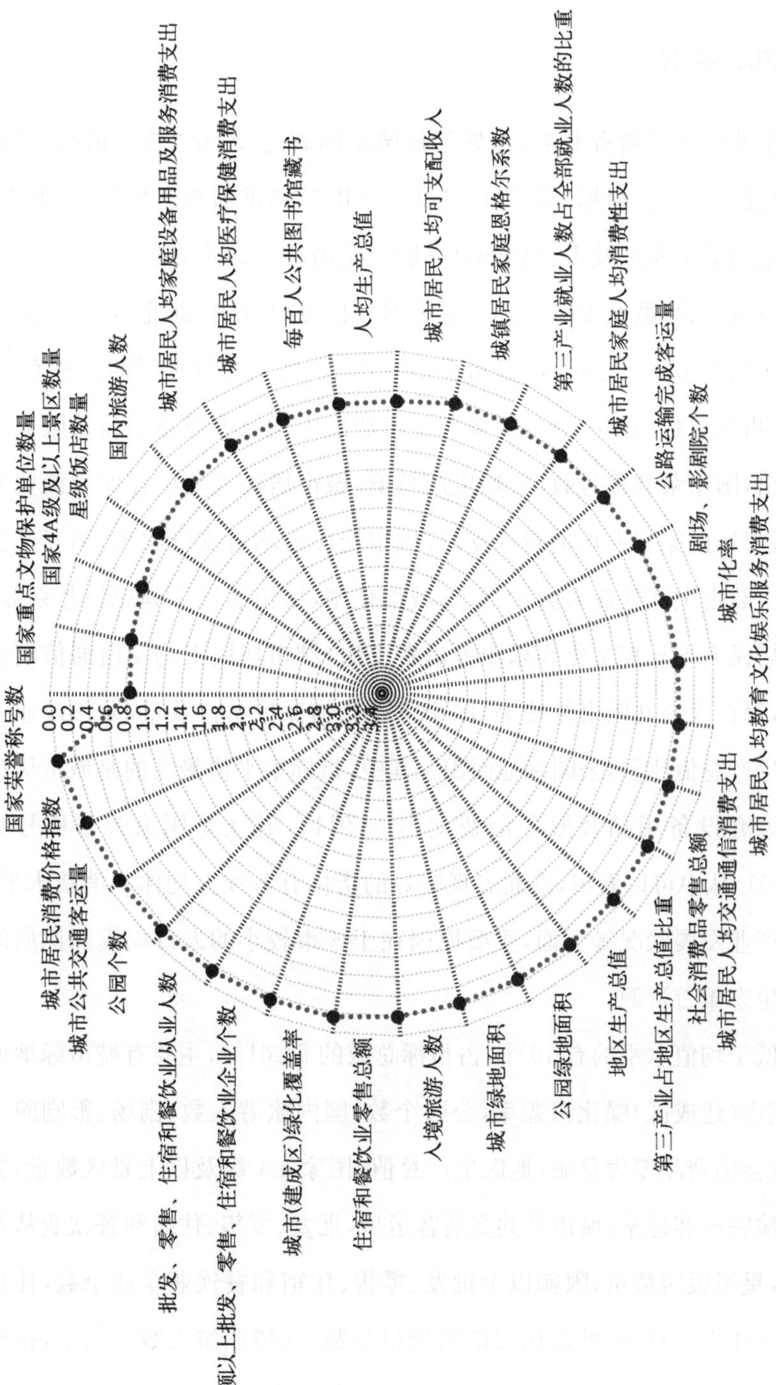

图 5－29　安庆各指标水平排列图

九、淮北

淮北位于安徽省北部，地处苏鲁豫皖四省之交，是“长三角城市群”“淮海经济区”“徐州都市圈”“宿淮蚌都市圈”“宿淮城市组群”成员城市，拥有全国卫生先进城市、国家园林城市、全国科技进步先进市、全国无障碍建设城市、智慧城市等荣誉。从数据分析可以看出，淮北31个指标水平值区间在0～1之间，均值水平是0.261。高于均值水平的指标有15个，占指标总数的48.39%，主要有城市居民人均家庭设备用品及服务消费支出，国家荣誉称号数，人均生产总值，城市居民人均医疗保健消费支出，城市居民家庭人均消费性支出，城市居民人均可支配收入，第三产业就业人数占全部就业人数的比重，城市化率，城镇居民家庭恩格尔系数，城市居民人均教育文化娱乐服务消费支出，城市居民人均交通通信消费支出，每百人公共图书馆藏书，国家重点文物保护单位数量，第三产业占地区生产总值比重，公园绿地面积。其中，指标水平值最高的是城市居民人均家庭设备用品及服务消费支出(0.911)，其次是国家荣誉称号数(0.566)。从中可以看出，淮北表现较好的指标有各项人均休闲消费水平、第三产业发展状况等方面，主要原因在于该市较小的人口规模和优质的文化生态旅游资源。

低于均值水平的有16个，占指标总数的51.61%，主要有城市绿地面积，城市(建成区)绿化覆盖率，公园个数，国内旅游人数，剧场、影剧院个数，社会消费品零售总额，地区生产总值，国家4A级及以上景区数量，公路运输完成客运量，城市公共交通客运量，批发、零售、住宿和餐饮业从业人数，星级饭店数量，限额以上批发、零售、住宿和餐饮业企业个数，住宿和餐饮业零售总额，城市居民消费价格指数，入境旅游人数。其中，指标水平值最低的是入境旅游人数(0.009)，其次是城市居民消费价格指数

(0.010)。

从横向指标来看,淮北各个指标在 41 个城市中的排名主要集中在中等水平以下。其中,在 41 个城市中排名前十的指标有城市居民消费价格指数(第 1 名),城市居民人均家庭设备用品及服务消费支出(第 3 名),城市(建成区)绿化覆盖率(第 6 名)等 3 个。中等水平的指标有城镇居民家庭恩格尔系数(第 14 名),第三产业占地区生产总值比重(第 15 名),城市化率(第 24 名),公园绿地面积(第 26 名),城市居民人均医疗保健消费支出(第 27 名),城市居民家庭人均消费性支出(第 31 名)等6 个。排名后十位,中等水平以下的指标有剧场、影剧院个数(第 32 名),城市绿地面积(第 33 名),城市居民人均可支配收入(第 33 名),第三产业就业人数占全部就业人数的比重(第 34 名),每百人公共图书馆藏书(第 35 名),人均生产总值(第 36 名),国家荣誉称号数(第 36 名),国家重点文物保护单位数量(第 37 名),城市公共交通客运量(第 37 名),公园个数(第 37 名),地区生产总值(第 38 名),批发、零售、住宿和餐饮业从业人数(第 38 名),城市居民人均教育文化娱乐服务消费支出(第 38 名),限额以上批发、零售、住宿和餐饮业企业个数(第 39 名),社会消费品零售总额(第 39 名),城市居民人均交通通信消费支出(第 39 名),公路运输完成客运量(第 40 名),入境旅游人数(第 40 名),星级饭店数量(第 40 名),住宿和餐饮业零售总额(第 41 名),国家 4A 级及以上景区数量(第 41 名),国内旅游人数(第 41 名)等 22 个。

综合以上数据可以得出,淮北城市休闲化进程中表现较弱的指标有住宿餐饮业等商业零售规模、文化设施规模、生态环境建设、旅游接待规模等方面。说明淮北的休闲产品供给能力尚存在不足,城市对外吸引力、生态环境建设及交通通达性均是淮北城市休闲化发展的阻力,见图 5-30。

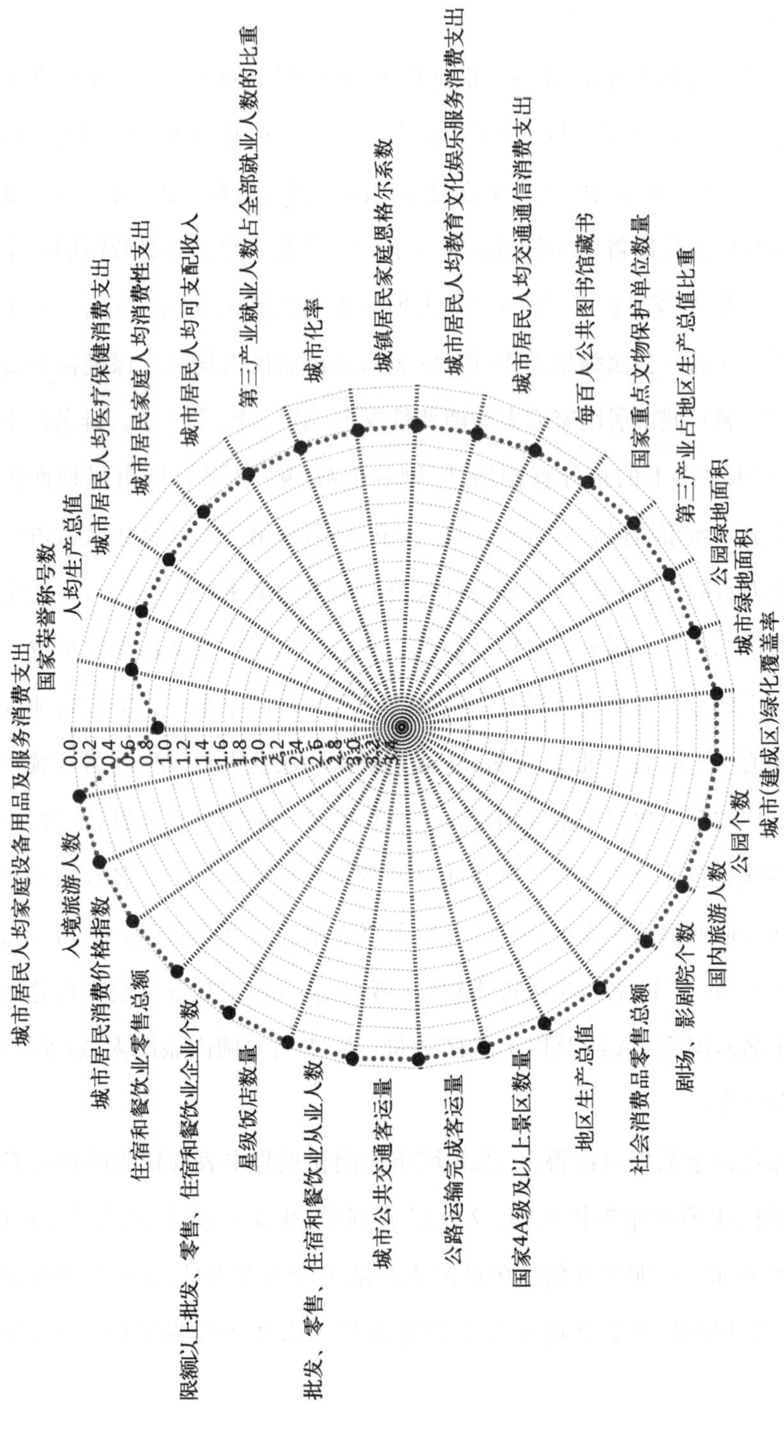

图5-30　淮北各指标水平排列图

十、舟山

舟山背靠上海、杭州、宁波等大中城市和长江三角洲等辽阔腹地，面向太平洋，具有较强的地缘优势。舟山岛是舟山群岛最大的岛屿，亦是中国第四大岛。千岛之城历史悠久，文化底蕴深厚。从数据分析可以看出，舟山31个指标水平值区间在0～2之间，均值水平是0.456。高于均值水平的指标有14个，占指标总数的45.16%，主要有每百人公共图书馆藏书，人均生产总值，城市居民人均交通通信消费支出，城市居民人均医疗保健消费支出，城市居民家庭人均消费性支出，城市居民人均可支配收入，城市居民人均教育文化娱乐服务消费支出，第三产业就业人数占全部就业人数的比重，国内旅游人数，城市居民人均家庭设备用品及服务消费支出，星级饭店数量，国家荣誉称号数，城市绿地面积，城市化率。其中，指标水平值最高的是每百人公共图书馆藏书(1.359)，其次是人均生产总值(1.132)。从中可以看出，舟山在城市休闲化进程中，人均休闲消费水平、第三产业发展状况发展态势良好，主要与舟山较小的人口规模相关。

低于均值水平的指标有17个，占指标总数的54.84%，主要有城镇居民家庭恩格尔系数，公园个数，国家重点文物保护单位数量，第三产业占地区生产总值比重，剧场、影剧院个数，公园绿地面积，公路运输完成客运量，国家4A级及以上景区数量，城市(建成区)绿化覆盖率，地区生产总值，住宿和餐饮业零售总额，社会消费品零售总额，入境旅游人数，城市公共交通客运量，限额以上批发、零售、住宿和餐饮业企业个数，批发、零售、住宿和餐饮业从业人数，城市居民消费价格指数。其中，指标水平值最低的是城市居民消费价格指数(0.010)，其次是批发、零售、住宿和餐饮业从业人数(0.091)。

从横向指标来看，舟山各个指标在41个城市中的排名主要集中在中等水平。其中，在41个城市中排名前十的有城市居民消费价格指数(第1名)，第三产业就业人数占全部就业人数的比重(第2名)，每百人公共图书馆藏书(第4名)，城市居民人均教育文化娱乐服务消费支出(第7名)，城市居民家庭人均消费性支出(第8名)，城市居民人均医疗保健消费支出(第8名)，城市居民人均可支配收入(第9名)，人均生产总值(第10名)，城市(建成区)绿化覆盖率(第10名)，城市绿地面积(第10名)等10个指标。中等水平的指标有城市化率(第11名)，第三产业占地区生产总值比重(第16名)，城市居民人均交通通信消费支出(第16名)，国内旅游人数(第16名)，城市居民人均家庭设备用品及服务消费支出(第17名)，星级饭店数量(第17名)，城镇居民家庭恩格尔系数(第19名)，入境旅游人数(第20名)，住宿和餐饮业零售总额(第21名)，公园个数(第22名)，剧场、影剧院个数(第24名)，城市公共交通客运量(第29名)，限额以上批发、零售、住宿和餐饮业企业个数(第30名)，公园绿地面积(第31名)等14个。位于中等水平以下的有公路运输完成客运量(第33名)，批发、零售、住宿和餐饮业从业人数(第33名)，国家荣誉称号数(第35名)，地区生产总值(第36名)，国家重点文物保护单位数量(第36名)，社会消费品零售总额(第37名)，国家4A级及以上景区数量(第39名)等7个。

综合以上数据可以得出，舟山城市休闲化进程中表现较弱的指标有住宿餐饮业等住宿餐饮业规模、文化设施规模、生态环境建设、旅游接待规模等方面。这说明舟山城市休闲化发展的综合能力偏低，虽然舟山有较强的地域优势，但是旅游业发展仍然相对薄弱，同时城市缺乏多样性的休闲相关产业及其配套设施供给体系，制约了城市吸引力与竞争力，见图5-31。

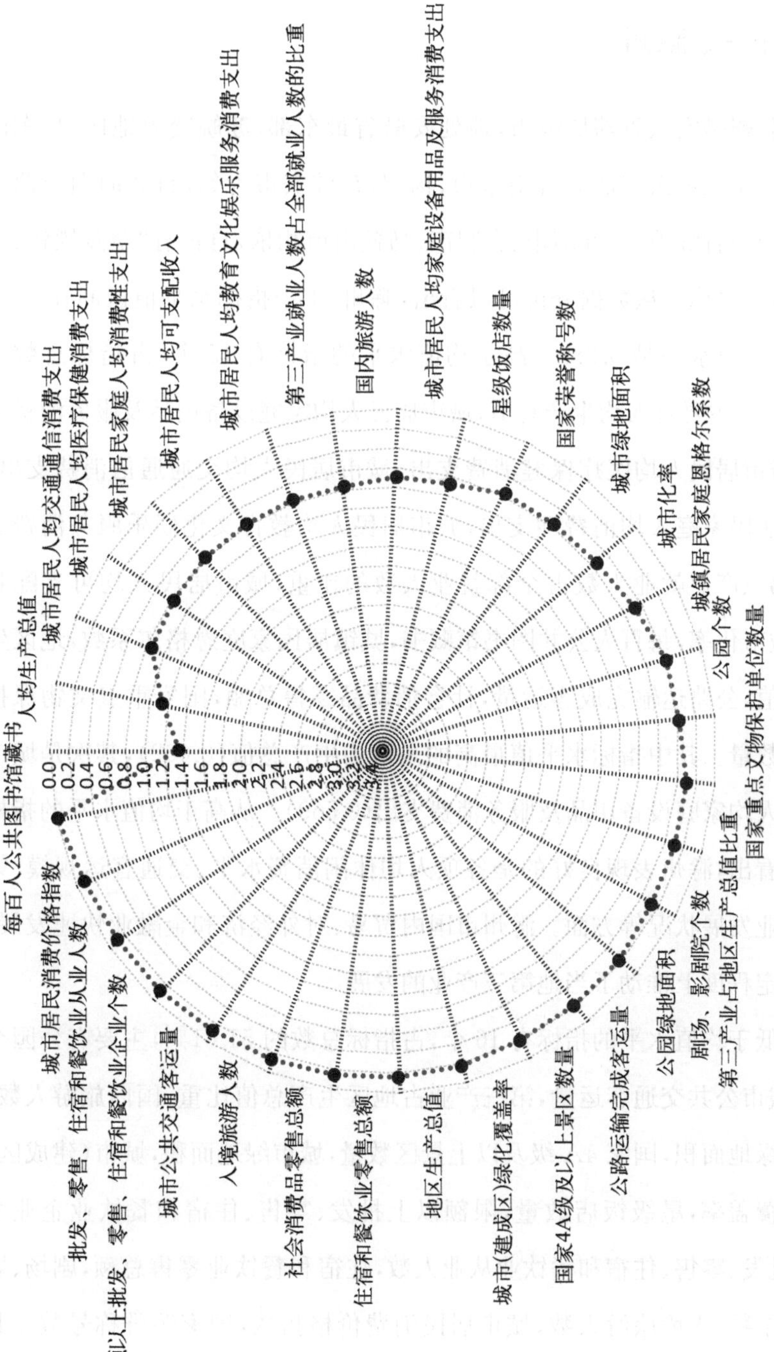

图 5－31　舟山各指标水平排列图

十一、滁州

滁州是安徽省辖地级市，地处安徽省最东部，苏皖交界地区，自东南向东至东北依次与江苏省南京市、扬州市、淮安市为邻，自北向西至西南分别与该省蚌埠市、淮南市、合肥市、马鞍山市相依，自古有“金陵锁钥、江淮保障”之称。从数据分析可以看出，滁州31个指标水平值区间在0～1之间，均值水平是0.289。高于均值水平的指标有15个，占指标总数的48.39%，主要有人均生产总值，城市居民人均家庭设备用品及服务消费支出，城市居民人均医疗保健消费支出，城市居民人均交通通信消费支出，城市居民家庭人均消费性支出，城市居民人均教育文化娱乐服务消费支出，第三产业就业人数占全部就业人数的比重，城市居民人均可支配收入，城市化率，每百人公共图书馆藏书，城镇居民家庭恩格尔系数，地区生产总值，公路运输完成客运量，社会消费品零售总额，国家重点文物保护单位数量。其中指标水平值最高的是人均生产总值(0.662)，其次是城市居民人均家庭设备用品及服务消费支出(0.569)。从高于均值水平的指标可以看出，滁州表现良好的是各项人均休闲消费水平、交通客运规模、第三产业发展状况等方面。滁州市国内贸易、对外经济和金融业快速发展，在一定程度上推动了当地第三产业的发展。

低于均值水平的指标有16个，占指标总数的51.61%，主要有公园个数，城市公共交通客运量，第三产业占地区生产总值比重，国内旅游人数，公园绿地面积，国家4A级及以上景区数量，城市绿地面积，城市(建成区)绿化覆盖率，星级饭店数量，限额以上批发、零售、住宿和餐饮业企业个数，批发、零售、住宿和餐饮业从业人数，住宿和餐饮业零售总额，剧场、影剧院个数，入境旅游人数，城市居民消费价格指数，国家荣誉称号数。其中指标水平值最低的是国家荣誉称号数(0.000)，其次是城市居民消费价格指数(0.010)。

从横向指标来看,滁州各个指标在41个城市中的排名主要集中在中等水平。其中,在41个城市中排名前十的指标只有城市居民消费价格指数(第1名)。处于中等水平的指标有城市公共交通客运量(第16名),城市居民人均家庭设备用品及服务消费支出(第22名),城市居民人均医疗保健消费支出(第23名),人均生产总值(第23名),城市居民家庭人均消费性支出(第25名),地区生产总值(第25名),社会消费品零售总额(第25名),公路运输完成客运量(第25名),城市(建成区)绿化覆盖率(第27名),城市化率(第28名),公园个数(第28名),城市居民人均教育文化娱乐服务消费支出(第28名),入境旅游人数(第29名),限额以上批发、零售、住宿和餐饮业企业个数(第29名),城市居民人均交通通信消费支出(第30名),公园绿地面积(第30名),住宿和餐饮业零售总额(第31名),城市绿地面积(第31名),批发、零售、住宿和餐饮业从业人数(第31名),每百人公共图书馆藏书(第31名)等20个。排名后十位的指标有第三产业就业人数占全部就业人数的比重(第32名),城镇居民家庭恩格尔系数(第32名),国家重点文物保护单位数量(第34名),城市居民人均可支配收入(第34名),国内旅游人数(第34名),国家4A级及以上景区数量(第36名),星级饭店数量(第37名),剧场、影剧院个数(第38名),国家荣誉称号数(第40名),第三产业占地区生产总值比重(第41名)等10个。

综合以上数据可以得出,滁州在城市休闲化发展进程中表现较弱的指标有住宿餐饮业规模、第三产业发展状况、交通客运规模、旅游接待规模等方面。这说明滁州在生态文明建设、交通通达性等方面还需进一步改进,此外城市休闲设施建设不够完善,休闲娱乐产业供给相对单一,休闲产品丰富度不够,这些都是滁州城市休闲产业发展的短板,见图5-32。

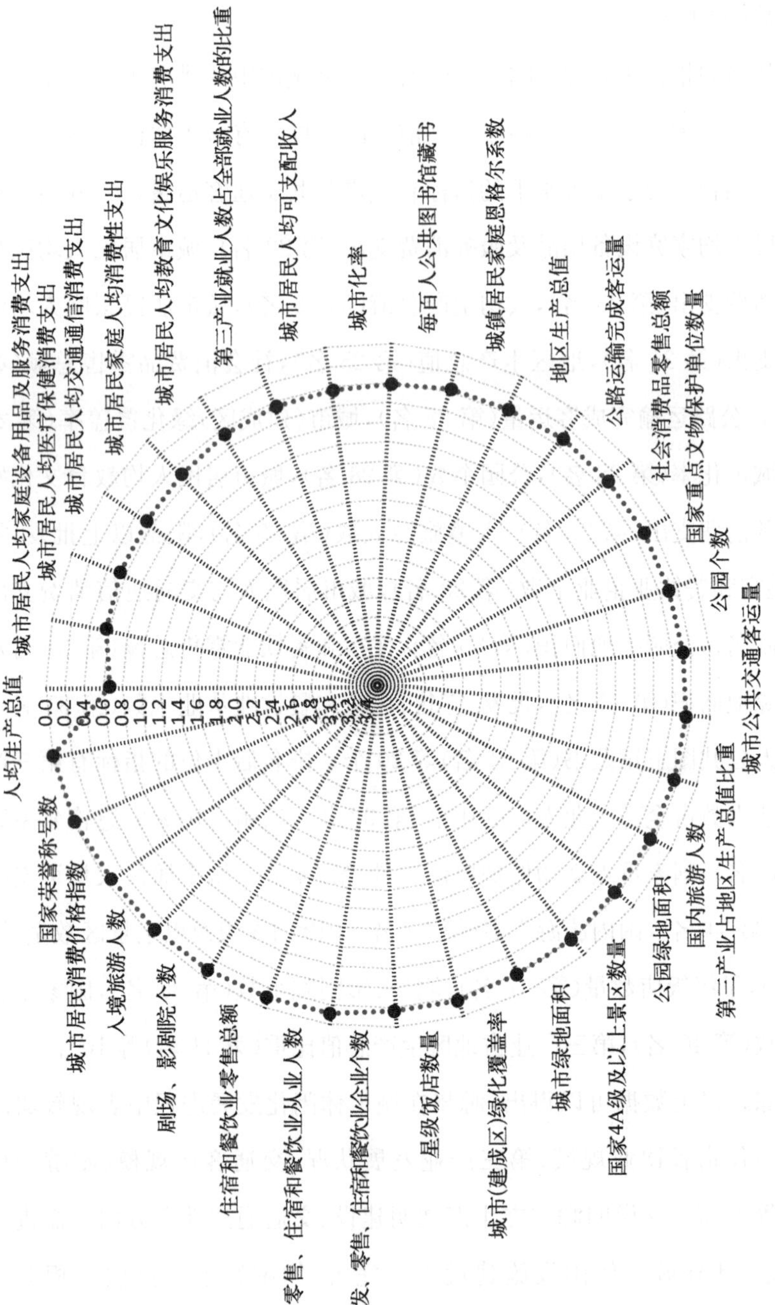

图 5－32　滁州各指标水平排列图

十二、铜陵

铜陵历史悠久，因铜得名、以铜而兴，素有“中国古铜都，当代铜基地”之称。铜文化已成为城市文化的核心元素，铜经济已是城市最具特色的强市之基，铜雕塑享誉全国，是全国文明城市、国家园林城市、国家卫生城市、中国优秀旅游城市等。从数据分析可以看出，滁州 31 个指标水平值区间在 0～2 之间，均值水平是 0.333。高于均值水平的指标有 12 个，占指标总数的 38.71%，主要有每百人公共图书馆藏书，国家荣誉称号数，城市居民人均家庭设备用品及服务消费支出，人均生产总值，第三产业就业人数占全部就业人数的比重，城市居民人均交通通信消费支出，城市居民家庭人均消费性支出，城市居民人均教育文化娱乐服务消费支出，城市居民人均可支配收入，城市居民人均医疗保健消费支出，城市化率，城镇居民家庭恩格尔系数。其中指标水平值最高的是每百人公共图书馆藏书(1.233)，其次是国家荣誉称号数(0.849)。从中可以看出，铜陵在城市休闲化进程中各项人均休闲消费水平起到助推作用，这主要与铜陵人口规模较小有关。

低于均值水平的指标有 19 个，占指标总数的 61.29%，主要有国家 4A 级及以上景区数量，第三产业占地区生产总值比重，城市绿地面积，公园绿地面积，国家重点文物保护单位数量，国内旅游人数，公园个数，城市(建成区)绿化覆盖率，城市公共交通客运量，地区生产总值，住宿和餐饮业零售总额，剧场、影剧院个数，社会消费品零售总额，公路运输完成客运量，批发、零售、住宿和餐饮业从业人数，星级饭店数量，限额以上批发、零售、住宿和餐饮业企业个数，入境旅游人数，城市居民消费价格指数。其中指标水平值最低的是，城市居民消费价格指数(0.010)，其次是入境旅游人数(0.015)。

从横向指标来看,铜陵各个指标在41个城市中的排名主要集中在中等水平以下。其中,在41个城市中排名前十的指标有城市居民消费价格指数(第1名),城市(建成区)绿化覆盖率(第5名),第三产业就业人数占全部就业人数的比重(第6名),每百人公共图书馆藏书(第7名),城市居民人均家庭设备用品及服务消费支出(第8名)等5个。处于中等水平的指标有城镇居民家庭恩格尔系数(第15名),城市化率(第20名),城市居民家庭人均消费性支出(第22名),城市绿地面积(第22名),城市居民人均教育文化娱乐服务消费支出(第23名),人均生产总值(第24名),第三产业占地区生产总值比重(第25名),城市居民人均可支配收入(第25名),城市居民人均交通通信消费支出(第25名),住宿和餐饮业零售总额(第25名),城市公共交通客运量(第27名),国家荣誉称号数(第29名),城市居民人均医疗保健消费支出(第29名)等13个。排名后十位,处于中等水平以下的有公园绿地面积(第33名),国家4A级及以上景区数量(第34名),公园个数(第35名),入境旅游人数(第36名),批发、零售、住宿和餐饮业从业人数(第36名),剧场、影剧院个数(第36名),国内旅游人数(第38名),国家重点文物保护单位数量(第38名),限额以上批发、零售、住宿和餐饮业企业个数(第38名),地区生产总值(第39名),社会消费品零售总额(第41名),公路运输完成客运量(第41名),星级饭店数量(第41名)等13个指标。

综合以上数据可以得出,铜陵在城市休闲化发展进程中表现较弱的指标有住宿餐饮业规模、生态环境建设、交通客运规模和旅游接待规模等方面。这说明铜陵在生态文明建设、交通通达性等方面还有很大的发展空间,此外铜陵相应的休闲娱乐产业供给相对单一,休闲产品丰富度不够,城市对外吸引力和竞争力较弱,旅游业发展动力不足,见图5-33。

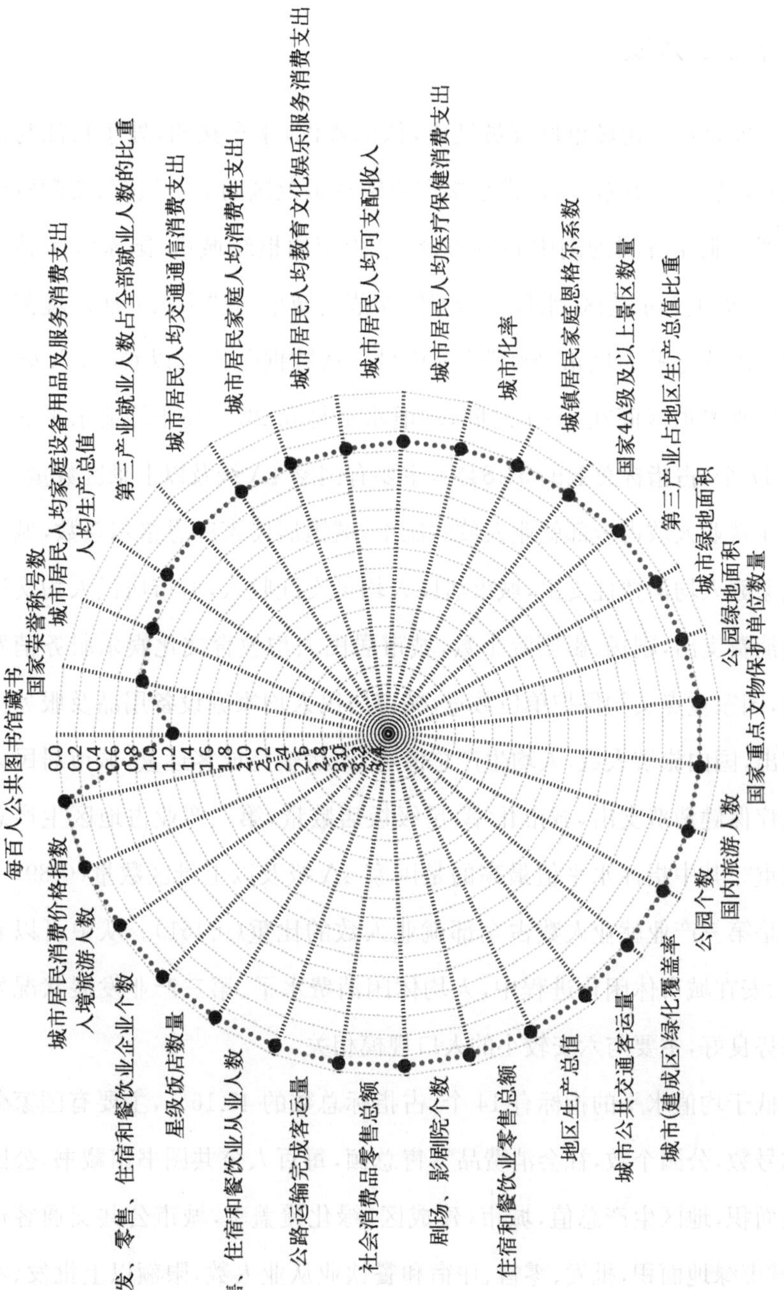

图 5－33　铜陵各指标水平排列图

十三、六安

六安是长三角城市群成员城市，依山襟淮，承东接西，处于长江与淮河之间，是国家级皖江城市带承接产业转移示范区的成员城市、安徽省会经济圈合肥经济圈的副中心城市、国家级交通枢纽城市、国家级园林城市、国家级生态示范区、水环境治理优秀范例城市、获“中国人居环境范例奖”“中国特色魅力城市200强”等称号。从数据分析可以看出，六安31个指标水平值区间在0～1之间，均值水平是0.287。高于均值水平的指标有17个，占指标总数的54.84%，主要有国家4A级及以上景区数量，第三产业就业人数占全部就业人数的比重，城镇居民家庭恩格尔系数，城市居民家庭人均消费性支出，城市居民人均可支配收入，城市居民人均交通通信消费支出，剧场、影剧院个数，城市居民人均教育文化娱乐服务消费支出，国家重点文物保护单位数量，城市居民人均家庭设备用品及服务消费支出，国内旅游人数，人均生产总值，公路运输完成客运量，城市居民人均医疗保健消费支出，城市化率，星级饭店数量，第三产业占地区生产总值比重。其中指标水平值最高的是国家4A级及以上景区数量(0.891)，其次是第三产业就业人数占全部就业人数的比重(0.461)。从中可以看出，六安在城市休闲化进程中，人均休闲消费水平、第三产业发展状况发展态势良好，主要与六安较小的人口规模相关。

低于均值水平的指标有14个，占指标总数的45.16%，主要有国家荣誉称号数，公园个数，社会消费品零售总额，每百人公共图书馆藏书，公园绿地面积，地区生产总值，城市(建成区)绿化覆盖率，城市公共交通客运量，城市绿地面积，批发、零售、住宿和餐饮业从业人数，限额以上批发、零售、住宿和餐饮业企业个数，住宿和餐饮业零售总额，入境旅游人数，城市居民消费价格指数。其中指标水平值最低的是城市居民消费价格指数

(0.010),其次是入境旅游人数(0.042)。

从横向指标来看,六安各个指标在41个城市中的排名主要集中在中等水平以下。其中,在41个城市中排名前十的指标有城市居民消费价格指数(第1名),城镇居民家庭恩格尔系数(第2名),国家4A级及以上景区数量(第9名)等3个。位于中等水平的有城市(建成区)绿化覆盖率(第13名),剧场、影剧院个数(第19名),第三产业占地区生产总值比重(第22名),公路运输完成客运量(第24名),城市公共交通客运量(第25名),住宿和餐饮业零售总额(第26名),批发、零售、住宿和餐饮业从业人数(第26名),国内旅游人数(第28名),星级饭店数量(第29名),公园个数(第30名),第三产业就业人数占全部就业人数的比重(第31名),社会消费品零售总额(第31名),入境旅游人数(第31名)等13个指标。排名在后十位,处于中等水平以下的有国家重点文物保护单位数量(第32名),限额以上批发、零售、住宿和餐饮业企业个数(第32名),地区生产总值(第32名),公园绿地面积(第34名),城市绿地面积(第37名),每百人公共图书馆藏书(第37名),城市居民家庭人均消费性支出(第37名),城市居民人均交通通信消费支出(第38名),城市化率(第38名),人均生产总值(第39名),国家荣誉称号数(第39名),城市居民人均可支配收入(第40名),城市居民人均教育文化娱乐服务消费支出(第40名),城市居民人均家庭设备用品及服务消费支出(第40名),城市居民人均医疗保健消费支出(第41名)等15个指标。

综合以上数据可以得出,六安在城市休闲化发展进程中表现较弱的指标有经济发展状况、住宿餐饮业规模、交通客运规模、生态环境建设等方面。六安作为农业大市,工业基础薄弱,第三产业对经济的带动作用有限,在一定程度上制约了六安的整体经济状况。此外,六安的休闲供给结构单一,有待进一步丰富和提高,见图5-34。

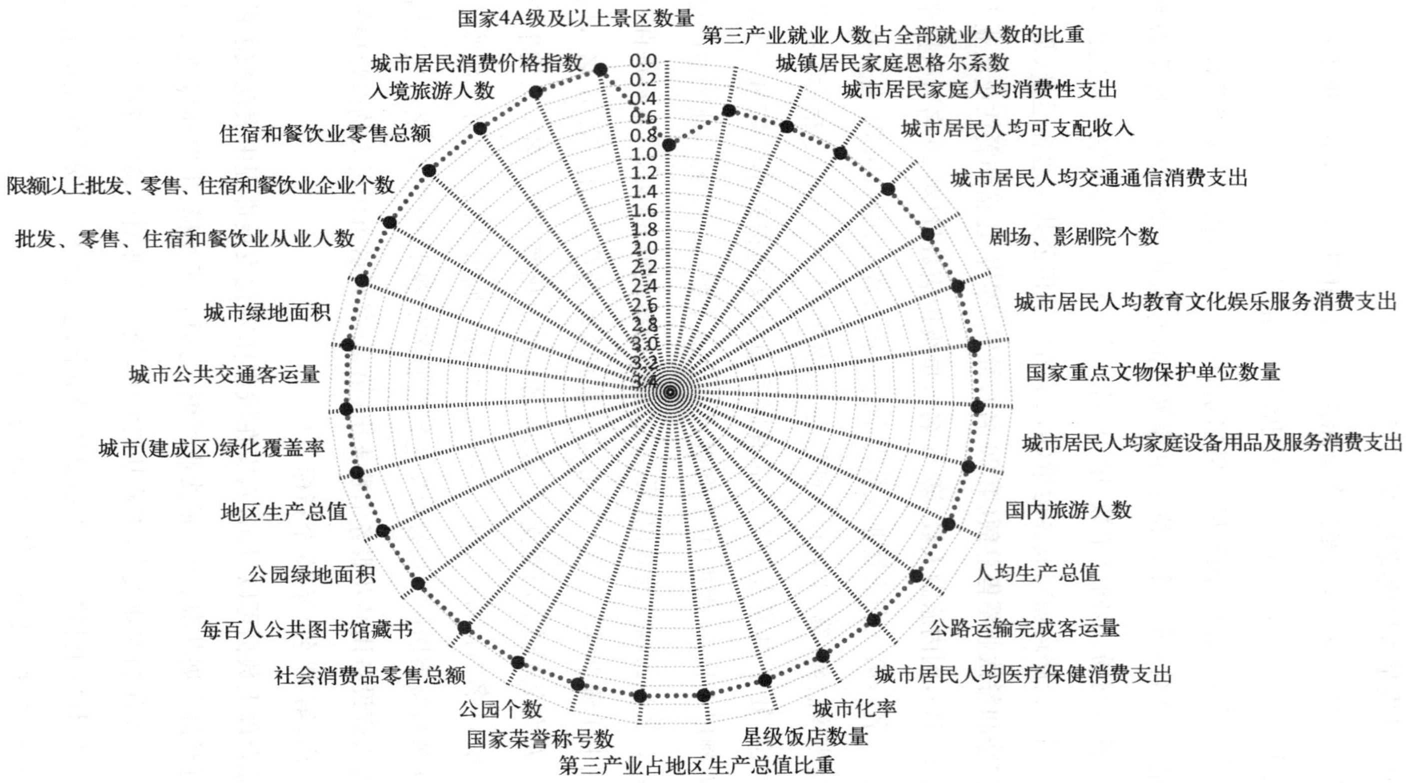

图 5－34　六安各指标水平排列图

十四、宿州

宿州，安徽省地级市，位于安徽省东北部，是长三角城市群、中原经济区重要节点。是第六届全国文明城市、国家园林城市、国家智慧城市、“宽带中国”示范城市、“质量之光”年度质量魅力城市、国家森林城市、安徽省文明城市。宿州号称云都，拥有中国华东地区最大的云计算数据中心，是CG动画集群渲染基地，中国5大量子通信节点城市之一。从数据分析可以看出，宿州31个指标水平值区间在0～2之间，均值水平是0.283。高于均值水平的指标有14个，占指标总数的45.16%，主要有国家荣誉称号数，城市居民人均医疗保健消费支出，城镇居民家庭恩格尔系数，第三产业就业人数占全部就业人数的比重，城市居民人均可支配收入，国家重点文物保护单位数量，城市居民人均交通通信消费支出，公园个数，城市居民人均家庭设备用品及服务消费支出，城市居民家庭人均消费性支出，人均生产总值，剧场、影剧院个数，城市化率，第三产业占地区生产总值比重。其中，指标水平值最高的是国家荣誉称号数(1.132)，其次是城市居民人均医疗保健消费支出(0.648)。从中可以看出，宿州表现良好的指标主要是人均休闲消费水平、第三产业发展状况、交通客运规模等，说明该市居民的收入状况良好，使得其休闲消费需求较高，与宿州较小的人口规模也有一定的联系。

低于均值水平的指标有17个，占指标总数的54.84%，主要有社会消费品零售总额，公路运输完成客运量，城市居民人均教育文化娱乐服务消费支出，国内旅游人数，地区生产总值，国家4A级及以上景区数量，公园绿地面积，每百人公共图书馆藏书，城市(建成区)绿化覆盖率，城市绿地面积，限额以上批发、零售、住宿和餐饮业企业个数，城市公共交通客运量，批发、零售、住宿和餐饮业从业人数，星级饭店数量，住宿和餐饮业零售总额,入境旅游人数,城市居民消费价格指数。其中,指标水平值最低的是城市居民消费价格指数(0.010),其次是入境旅游人数(0.027)。

从横向指标来看,宿州各个指标在41个城市中的排名主要集中在中等水平以下。排名在前十位的指标有城市居民消费价格指数(第1名)和居民家庭恩格尔系数(第9名)。处于中等水平的指标有城市居民人均医疗保健消费支出(第18名),国家荣誉称号数(第20名),第三产业占地区生产总值比重(第21名),公园个数(第21名),剧场、影剧院个数(第22名),国家重点文物保护单位数量(第29名),社会消费品零售总额(第29名),地区生产总值(第30名),城市公共交通客运量(第30名),公路运输完成客运量(第31名),限额以上批发、零售、住宿和餐饮业企业个数(第31名)等11个。排名在后十位的指标有批发、零售、住宿和餐饮业从业人数(第32名),入境旅游人数(第34名),公园绿地面积(第35名),国内旅游人数(第35名),第三产业就业人数占全部就业人数的比重(第37名),城市居民人均交通通信消费支出(第37名),住宿和餐饮业零售总额(第37名),城市(建成区)绿化覆盖率(第37名),城市绿地面积(第38名),城镇城市居民人均可支配收入(第38名),人均生产总值(第38名),国家4A级及以上景区数量(第38名),城市化率(第39名),星级饭店数量(第39名),城市居民人均家庭设备用品及服务消费支出(第39名),每百人公共图书馆藏书(第40名),城市居民家庭人均消费性支出(第41名),城市居民人均教育文化娱乐服务消费支出(第41名)等18个。

综合以上数据可以得出,宿州城市休闲化进程中表现较弱的指标有旅游接待规模、住宿餐饮业等商业零售规模、文化设施规模、生态环境建设等方面。这说明宿州的休闲相关产业供给能力尚存在不足,制约要素较多,见图5-35。

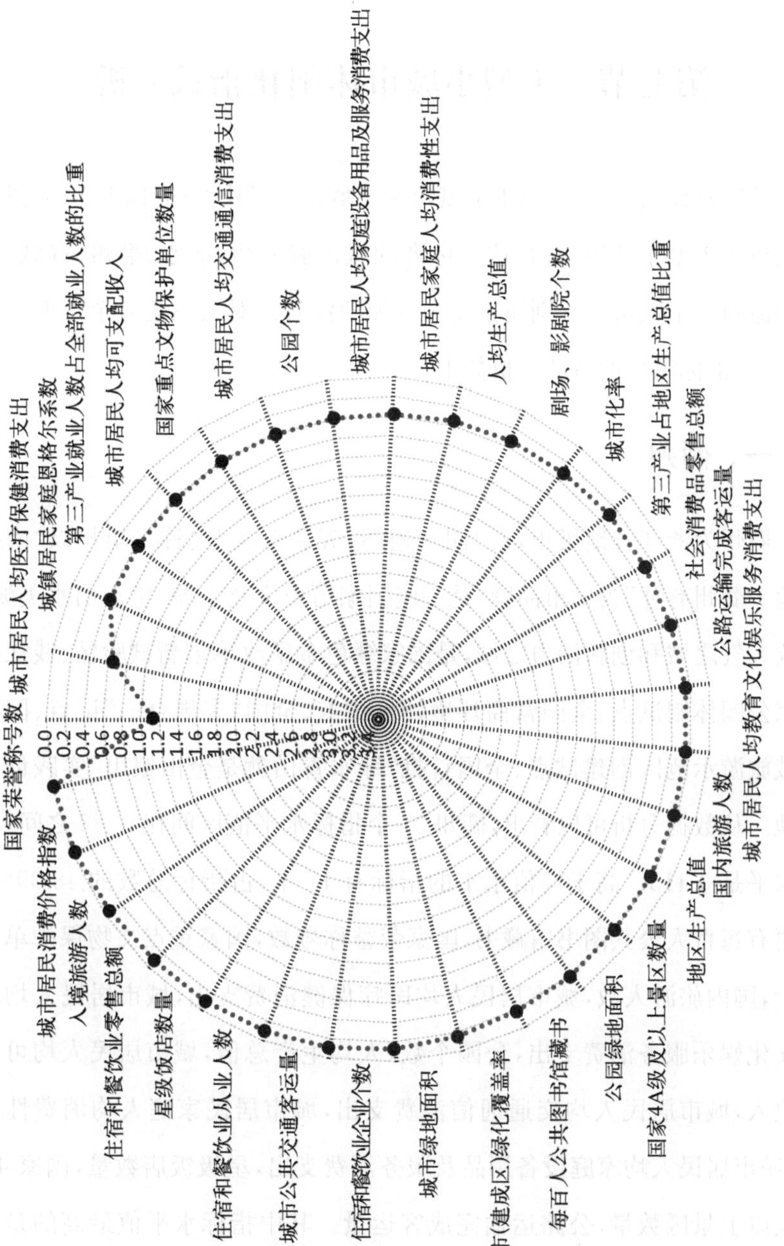

图 5－35　宿州各指标水平排列图

第七节　Ⅰ型小城市休闲化指数分析

城区常住人口50万以下的城市为小城市。其中20万以上50万以下的城市为Ⅰ型小城市,符合这一标准的城市有衢州、丽水、亳州、宣城、黄山和池州6个城市。分别属于安徽省和浙江省。对长三角6个Ⅰ型小城市31个指标属性的特征分析如下。

一、衢州

衢州为浙江省地级市,有“四省通衢,五路总头”之称。衢州以“南孔圣地·衢州有礼”为城市品牌,是一座国家历史文化名城、生态山水美城、开放大气之城和创新活力之城,是国家绿色金融改革创新试验区、钱江源国家公园体制试点、全国营商环境评价试点、全国“多规合一”试点、国家全域旅游示范区创建试点、全国首批“绿水青山就是金山银山”实践创新基地。从数据分析可以看出,衢州31个指标水平值区间在0~2之间,均值水平是0.413。高于均值水平的指标有15个,占指标总数的48.39%,主要有每百人公共图书馆藏书,国家荣誉称号数,国家重点文物保护单位数量,国内旅游人数,城市居民人均医疗保健消费支出,城市居民人均教育文化娱乐服务消费支出,公园个数,人均生产总值,城市居民人均可支配收入,城市居民人均交通通信消费支出,城市居民家庭人均消费性支出,城市居民人均家庭设备用品及服务消费支出,星级饭店数量,国家4A级及以上景区数量,公路运输完成客运量。其中指标水平值最高的是每百人公共图书馆藏书(1.070),其次是国家荣誉称号数(0.849)。从中可以看出,衢州表现良好的指标主要是人均休闲消费水平、交通客运规模,主要与衢州较小的人口规模相关。

低于均值水平的指标有16个，占指标总数的51.61%，主要有城市化率，第三产业就业人数占全部就业人数的比重，城镇居民家庭恩格尔系数，剧场、影剧院个数，第三产业占地区生产总值比重，社会消费品零售总额，地区生产总值，城市(建成区)绿化覆盖率，公园绿地面积，限额以上批发、零售、住宿和餐饮业企业个数，城市绿地面积，住宿和餐饮业零售总额，城市公共交通客运量，批发、零售、住宿和餐饮业从业人数，城市居民消费价格指数，入境旅游人数。其中指标水平值最低的是入境旅游人数(0.010)和城市居民消费价格指数(0.010)。

从横向指标来看，衢州各个指标在41个城市中的排名主要集中在中等水平。其中，在41个城市中排名前十的有城市居民消费价格指数(第1名)，每百人公共图书馆藏书(第8名)，第三产业占地区生产总值比重(第9名)等3个。中等水平的指标有公园个数(第14名)，城市居民人均医疗保健消费支出(第15名)，国内旅游人数(第15名)，城市(建成区)绿化覆盖率(第15名)，城市居民人均教育文化娱乐服务消费支出(第17名)，国家重点文物保护单位数量(第17名)，城市居民人均可支配收入(第18名)，星级饭店数量(第19名)，公路运输完成客运量(第20名)，剧场、影剧院个数(第21名)，城市居民家庭人均消费性支出(第21名)，国家4A级及以上景区数量(第22名)，城市居民人均家庭设备用品及服务消费支出(第23名)，人均生产总值(第25名)，国家荣誉称号数(第26名)，城市居民人均交通通信消费支出(第27名)，限额以上批发、零售、住宿和餐饮业企业个数(第28名)，住宿和餐饮业零售总额(第29名)等18个。排名在后十位，处于中等水平以下的指标有地区生产总值(第33名)，社会消费品零售总额(第34名)，城市化率(第35名)，公园绿地面积(第37名)，城镇居民家庭恩格尔系数(第38名)，入境旅游人数(第39名)，第三产业就业人数占全部就业人数的比重(第39名)，城市公共交通客运量(第39

名),城市绿地面积(第39名),批发、零售、住宿和餐饮业从业人数(第41名)等10个。

综合以上数据可以得出,衢州在城市休闲化发展进程中表现较弱的指标有文化娱乐设施规模、生态环境建设、住宿餐饮业规模、交通客运规模等方面。这说明衢州休闲产品供给与居民休闲消费需求配适度不够,在生态文明建设和交通通达性等方面还有很大的发展空间,见图5-36。

二、丽水

丽水,浙江省辖陆地面积最大的地级市,被誉为“浙江绿谷”,生态环境质量浙江省第一,中国前列,生态环境质量公众满意度位于浙江省首位。被命名为第三批国家级生态示范区,“中国优秀旅游城市”“中国优秀生态旅游城市”“浙江省森林城市”,首批国家级生态保护与建设示范区。从数据分析可以看出,丽水31个指标水平值区间在0～2之间,均值水平是0.400。高于均值水平的指标有14个,占指标总数的45.16%,主要有城市居民人均医疗保健消费支出,国内旅游人数,国家重点文物保护单位数量,国家荣誉称号数,国家4A级及以上景区数量,每百人公共图书馆藏书,星级饭店数量,城市居民家庭人均消费性支出,城市居民人均交通通信消费支出,城市居民人均可支配收入,人均生产总值,城市居民人均家庭设备用品及服务消费支出,城市居民人均教育文化娱乐服务消费支出,城市化率。其中指标水平值最高的是城市居民人均医疗保健消费支出(1.121),其次是国内旅游人数(0.874)。从中可以看出,丽水在城市休闲化发展进程中表现较好的指标有各项人均消费水平、休闲文娱设施规模、国内旅游接待规模。人均休闲消费上所占比例较高,且该市注重休闲文娱产品和相关配套设施的供给,为城市居民参与休闲活动提供基础。

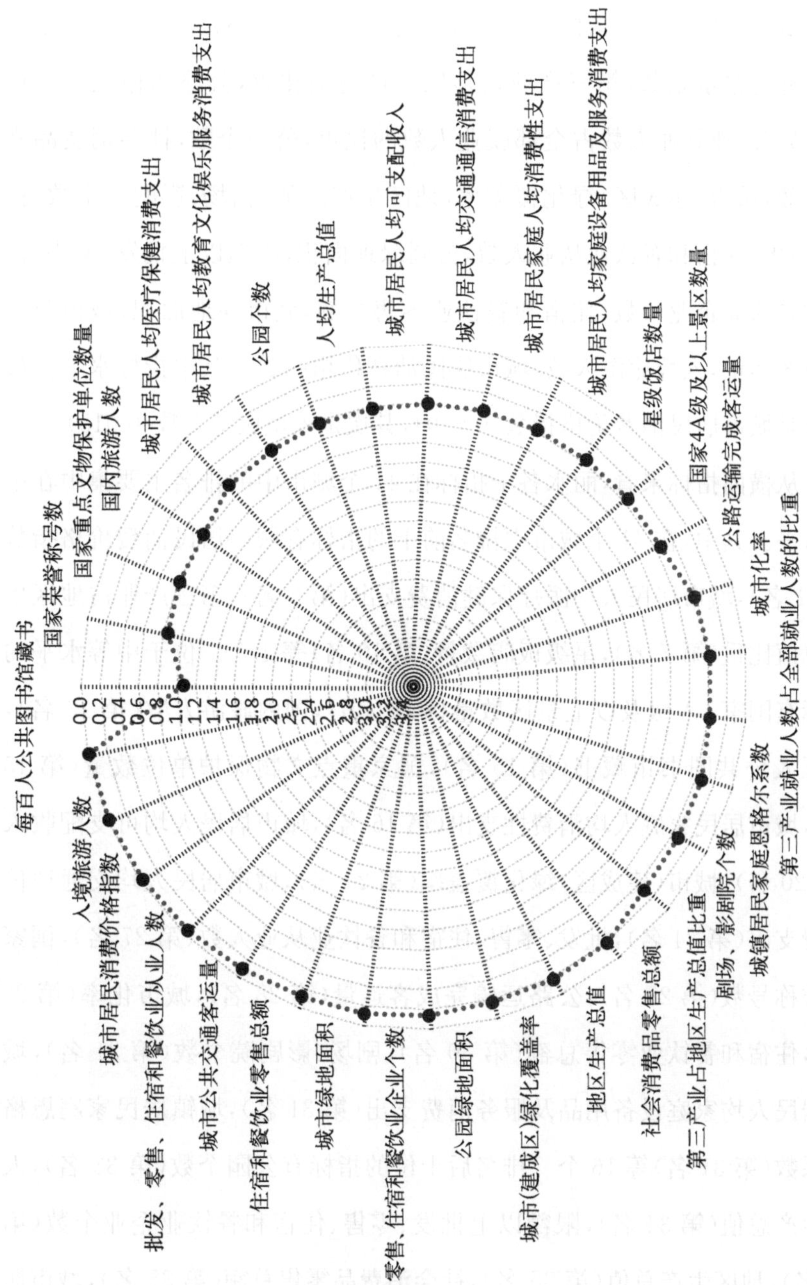

图 5－36　衢州各指标水平排列图

低于均值水平的指标有 17 个，占指标总数的 54.84%，主要有城镇居民家庭恩格尔系数，第三产业占地区生产总值比重，公路运输完成客运量，第三产业就业人数占全部就业人数的比重，公园个数，社会消费品零售总额，城市(建成区)绿化覆盖率，地区生产总值，剧场、影剧院个数，批发、零售、住宿和餐饮业从业人数，公园绿地面积，限额以上批发、零售、住宿和餐饮业企业个数，住宿和餐饮业零售总额，城市绿地面积，城市公共交通客运量，入境旅游人数，城市居民消费价格指数。其中指标水平值最低的是城市居民消费价格指数(0.010)，其次是入境旅游人数(0.015)。

从横向指标来看，丽水各个指标在 41 个城市中的排名主要集中在中等水平。其中，在 41 个城市中排名前十的指标有城市居民消费价格指数(第 1 名)，城市居民人均医疗保健消费支出(第 2 名)，第三产业占地区生产总值比重(第 7 名)，星级饭店数量(第 10 名)等 4 个。位于中等水平的指标有国家 4A 级及以上景区数量(第 11 名)，国内旅游人数(第 13 名)，每百人公共图书馆藏书(第 15 名)，国家重点文物保护单位数量(第 15 名)，城市居民家庭人均消费性支出(第 16 名)，城市居民人均可支配收入(第 20 名)，城市(建成区)绿化覆盖率(第 24 名)，城市居民人均交通通信消费支出(第 24 名)，批发、零售、住宿和餐饮业从业人数(第 27 名)，国家荣誉称号数(第 27 名)，公路运输完成客运量(第 28 名)，城市化率(第 29 名)，住宿和餐饮业零售总额(第 30 名)，剧场、影剧院个数(第 31 名)，城市居民人均家庭设备用品及服务消费支出(第 31 名)，城镇居民家庭恩格尔系数(第 31 名)等 16 个。排名后十位的指标有公园个数(第 33 名)，人均生产总值(第 34 名)，限额以上批发、零售、住宿和餐饮业企业个数(第 34 名)，地区生产总值(第 35 名)，社会消费品零售总额(第 35 名)，城市居民人均教育文化娱乐服务消费支出(第 36 名)，入境旅游人数(第 37 名)，城市公共交通客运量(第 38 名)，第三产业就业人数占全部就业人数的比重(第 40 名),城市绿地面积(第 41 名),公园绿地面积(第 41 名)等 11 个。

综合以上数据可以得出,丽水在城市休闲化发展进程中表现较弱的指标有第三产业发展状况、生态环境建设、住宿餐饮业规模、交通客运规模、入境旅游接待规模等方面。其反映出当前丽水在休闲产业发展和产品供给的综合能力,以及相关配套设施方面还存在发展短板和劣势,从而使得城市对外吸引力和竞争力呈现较弱的发展特点,阻碍了城市休闲化建设进程,见图 5-37。

三、亳州

亳州是安徽省下辖地级市,是国家历史文化名城,历史悠久,新石器时代就有人类在此活动,是中华民族古老文化的发祥地之一。亳州是中原地区连接长三角世界级城市群的桥头堡,中国优秀旅游城市,长三角城市群成员城市,世界中医药之都,百强药企半数落户亳州。从数据分析可以看出,亳州 31 个指标水平值区间在 0～1 之间,均值水平是 0.287。高于均值水平的指标有 13 个,占指标总数的 41.94%,主要有城市居民人均医疗保健消费支出,城市居民人均交通通信消费支出,国家荣誉称号数,第三产业就业人数占全部就业人数的比重,城市居民家庭人均消费性支出,城市居民人均教育文化娱乐服务消费支出,城市居民人均可支配收入,城镇居民家庭恩格尔系数,国家重点文物保护单位数量,城市居民人均家庭设备用品及服务消费支出,人均生产总值,国家 4A 级及以上景区数量,第三产业占地区生产总值比重。其中指标水平值最高的是城市居民人均医疗保健消费支出(0.930),其次是城市居民人均交通通信消费支出(0.645)。从中可以看出,亳州在城市休闲化发展进程中发展较好的有各项人均休闲消费水平、第三产业发展状况等方面,其中人均休闲消费水平与亳州人口规模较小有主要联系,第三产业发展直接依托于该市文化

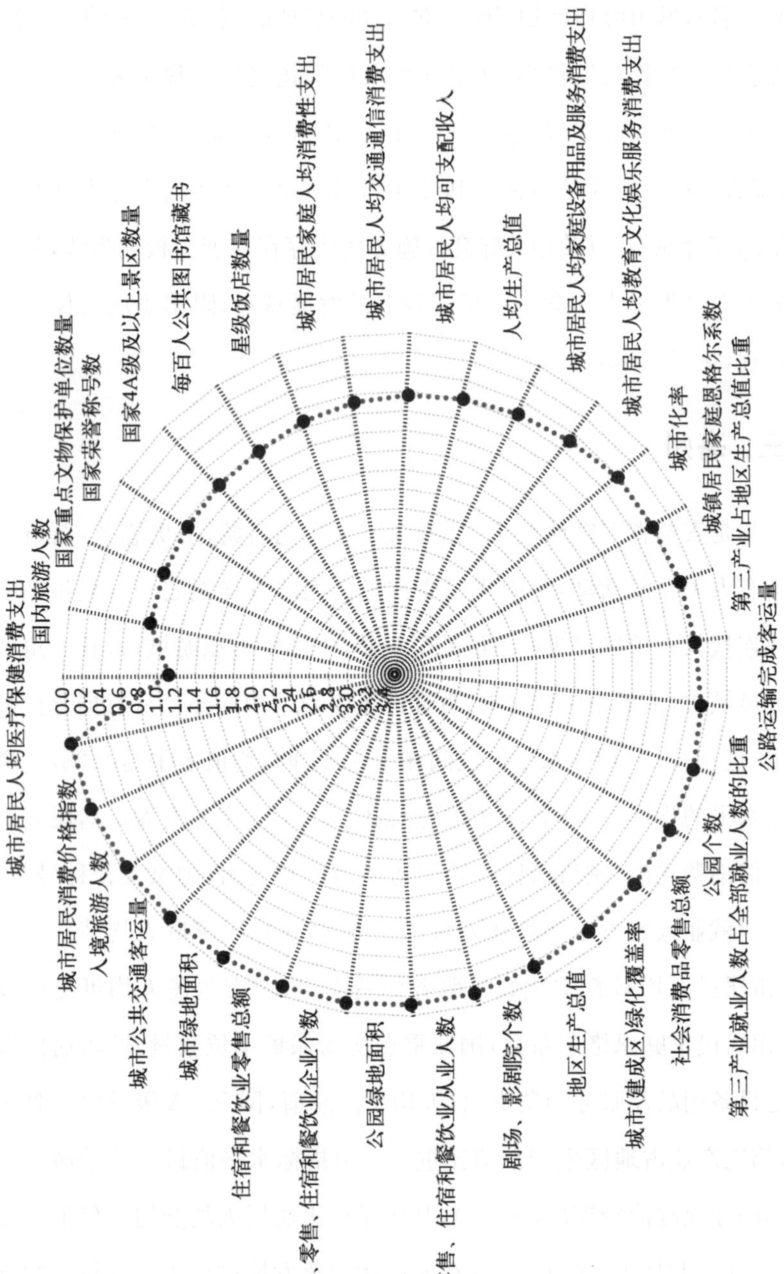

图5-37 丽水各指标水平排列图

旅游、现代服务业、战略性新兴产业等产业。

低于均值水平的指标有 18 个，占指标总数的 58.06%，主要有公路运输完成客运量，公园个数，城市化率，社会消费品零售总额，国内旅游人数，星级饭店数量，每百人公共图书馆藏书，地区生产总值，城市（建成区）绿化覆盖率，城市绿地面积，公园绿地面积，批发、零售、住宿和餐饮业从业人数，限额以上批发、零售、住宿和餐饮业企业个数，城市公共交通客运量，剧场、影剧院个数，住宿和餐饮业零售总额，入境旅游人数，城市居民消费价格指数。其中指标水平值最低的是城市居民消费价格指数(0.010)，其次是入境旅游人数(0.034)。

从横向指标来看，亳州各个指标在 41 个城市中的排名主要集中在中等水平以下。其中，在 41 个城市中排名前十的指标为城市居民消费价格指数（第 1 名）和城市居民人均医疗保健消费支出（第 5 名）。位于中等水平的有城镇居民家庭恩格尔系数（第 13 名），第三产业占地区生产总值比重（第 17 名），城市居民人均交通通信消费支出（第 23 名），第三产业就业人数占全部就业人数的比重（第 26 名），公路运输完成客运量（第 26 名），城市居民家庭人均消费性支出（第 28 名），社会消费品零售总额（第 30 名），批发、零售、住宿和餐饮业从业人数（第 30 名），国家重点文物保护单位数量（第 30 名），地区生产总值（第 31 名）等 12 个指标。排名在后十位，位于中等水平以下的指标有入境旅游人数（第 32 名），住宿和餐饮业零售总额（第 32 名），限额以上批发、零售、住宿和餐饮业企业个数（第 33 名），国内旅游人数（第 33 名），国家荣誉称号数（第 33 名），城市公共交通客运量（第 35 名），城市居民人均教育文化娱乐服务消费支出（第 35 名），星级饭店数量（第 35 名），城市（建成区）绿化覆盖率（第 35 名），城市绿地面积（第 36 名），公园绿地面积（第 36 名），剧场、影剧院个数（第 37 名），每百人公共图书馆藏书（第 39 名），公园个数（第 39 名），人均生产总值（第 40

名),城市化率(第40名),城市居民人均家庭设备用品及服务消费支出(第41名),等17个。

综合以上数据可以得出,亳州在城市休闲化发展进程中表现较弱的指标有旅游接待规模、生态环境建设、住宿餐饮业规模、交通客运规模等方面。这说明亳州的旅游业发展动力不足,城市休闲娱乐产品供给和相关配套设施的完善程度与居民休闲消费需求不匹配,此外亳州在生态文明建设、交通通达性等方面还有很大的发展空间,见图5-38。

四、宣城

宣城地处安徽省东南部,是皖江城市带承接产业转移示范区一翼,南京都市圈成员城市,杭州都市圈观察员城市,G60科创走廊中心城市,中国文房四宝之乡。境内有文房四宝文化、徽文化、诗歌文化、民俗文化、饮食文化、宗教文化、宗氏文化并存共荣,素有“宣城自古诗人地”“上江人文之盛首宣城”之称。从数据分析可以看出,宣城31个指标水平值区间在0～1之间,均值水平是0.337。高于均值水平的指标有14个,占指标总数的45.16%,主要有国家重点文物保护单位数量,国家4A级及以上景区数量,城市居民人均家庭设备用品及服务消费支出,城市居民人均交通通信消费支出,国家荣誉称号数,人均生产总值,第三产业就业人数占全部就业人数的比重,城市居民人均可支配收入,城市居民家庭人均消费性支出,城市居民人均医疗保健消费支出,城市居民人均教育文化娱乐服务消费支出,城镇居民家庭恩格尔系数,城市化率,每百人公共图书馆藏书。其中指标水平值最高的是国家重点文物保护单位数量(0.958),其次是国家4A级及以上景区数量(0.788)。从中可以看出,宣城在城市休闲化发展进程中表现较好的是各项人均休闲消费水平、第三产业发展状况,这主要与宣城人口规模较小有直接联系。

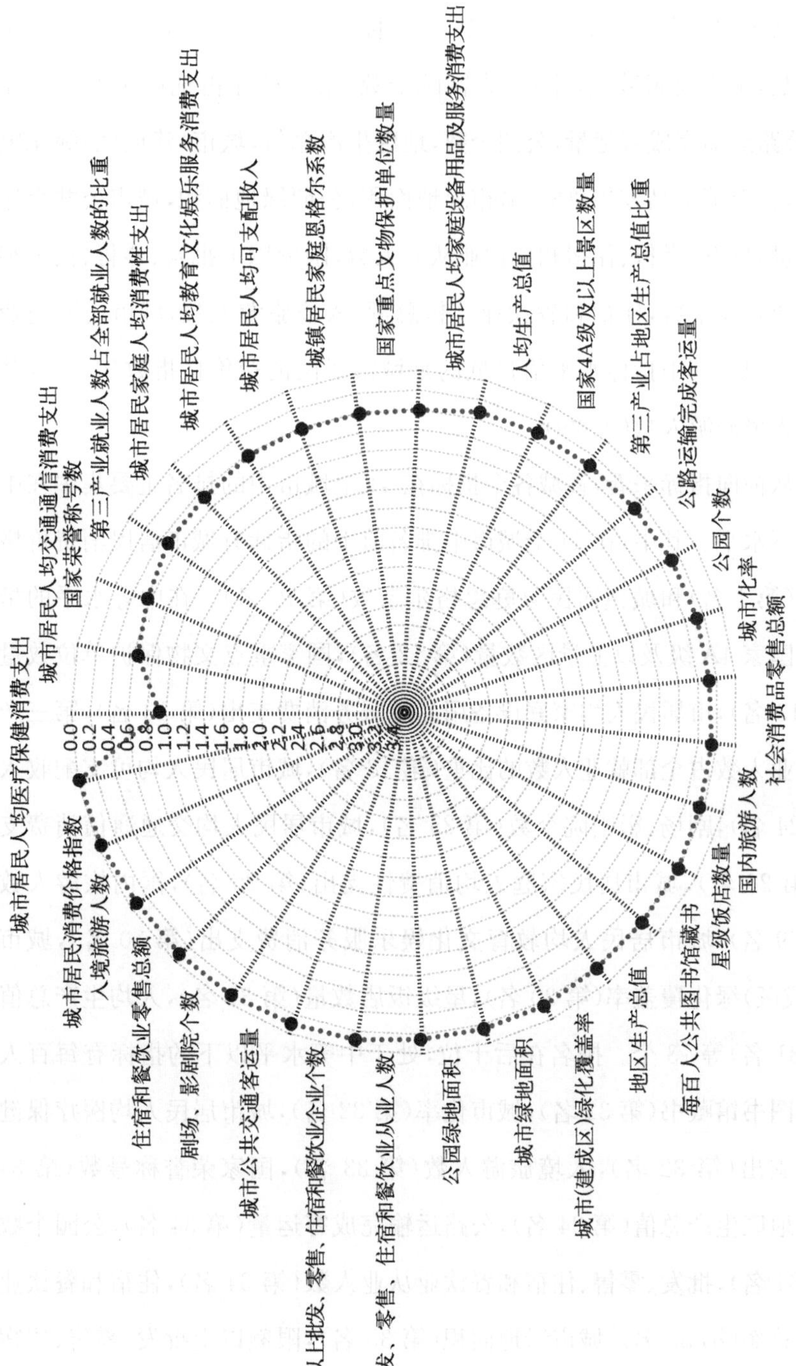

图 5－38　亳州各指标水平排列图

低于均值水平的指标有 17 个,占指标总数的 54.84%,主要有国内旅游人数,星级饭店数量,剧场、影剧院个数,第三产业占地区生产总值比重,公路运输完成客运量,公园个数,地区生产总值,城市(建成区)绿化覆盖率,社会消费品零售总额,城市绿地面积,公园绿地面积,城市公共交通客运量,批发、零售、住宿和餐饮业从业人数,限额以上批发、零售、住宿和餐饮业企业个数,住宿和餐饮业零售总额,入境旅游人数,城市居民消费价格指数。其中指标水平值最低的是城市居民消费价格指数(0010),其次是入境旅游人数(0.029)。

从横向指标来看,宣城各个指标在 41 个城市中的排名主要集中在中等以下水平。其中,在 41 个城市中排名前十的指标有城市居民消费价格指数(第 1 名)和城镇居民家庭恩格尔系数(第 10 名)。在中等水平的指标有国家 4A 级及以上景区数量(第 12 名),国家重点文物保护单位数量(第 13 名),市居民人均家庭设备用品及服务消费支出(第 13 名),第三产业就业人数占全部就业人数的比重(第 18 名),城市居民人均可支配收入(第 24 名),剧场、影剧院个数(第 25 名),城市居民人均交通通信消费支出(第 26 名),城市居民家庭人均消费性支出(第 26 名),国内旅游人数(第 29 名),城市居民人均教育文化娱乐服务消费支出(第 30 名),城市(建成区)绿化覆盖率(第 30 名),星级饭店数量(第 31 名),人均生产总值(第 31 名)等 13 个。排名在后十位,处于中等水平以下的指标有每百人公共图书馆藏书(第 32 名),城市化率(第 32 名),城市居民人均医疗保健消费支出(第 32 名),入境旅游人数(第 33 名),国家荣誉称号数(第 34 名),地区生产总值(第 34 名),公路运输完成客运量(第 34 名),公园个数(第 34 名),批发、零售、住宿和餐饮业从业人数(第 34 名),住宿和餐饮业零售总额(第 35 名),城市绿地面积(第 35 名),限额以上批发、零售、住宿和餐饮业企业个数(第 36 名),城市公共交通客运量(第 36 名),社会消费品零售总额(第 36 名),公园绿地面积(第 38 名),第三产业占地区生产总值比重(第 40 名)等 16 个。

综合以上数据可以得出,宣城在城市休闲化发展进程中表现较弱的指标有生态环境建设、住宿餐饮业规模、交通客运规模、文化设施规模等方面。这说明宣城休闲化发展状况相对较弱,尽管居民有较高的休闲文娱消费水平和消费需求,但相应产品和产品供给结构相对单一,交通体系的不完善和自然生态环境建设的滞后性严重削弱了城市的对外吸引力、竞争力和品牌建设的进程,见图 5-39。

五、黄山

黄山市隶属于安徽省,既是徽商故里,又是徽文化的重要发祥地。黄山市境内的黄山为世界自然与文化双遗产,皖南古村落西递、宏村为世界文化遗产,曾获得“中国公众最向往的旅游城市”称号。从数据分析可以看出,黄山 31 个指标水平值区间在 0～5 之间,均值水平是 0.542。高于均值水平的指标有 8 个,占指标总数的 25.81%,主要有入境旅游人数,国家重点文物保护单位数量,国家 4A 级及以上景区数量,国家荣誉称号数,每百人公共图书馆藏书,星级饭店数量,国内旅游人数,人均生产总值。其中指标水平值最高的是入境旅游人数(4.127),其次是国家重点文物保护单位数量(2.472)。从中可以看出,黄山在城市休闲化发展进程中发展较好的是旅游接待及服务规模、人均休闲消费水平等,这与黄山深厚的文化底蕴和丰富的自然文化资源有直接关联,推动了当地旅游休闲的发展。

低于均值水平的指标有 23 个,占指标总数的 74.19%,主要有城市绿地面积,第三产业就业人数占全部就业人数的比重,城市居民人均可支配收入,城市居民人均交通通信消费支出,城市居民家庭人均消费性支出,城市居民人均医疗保健消费支出,城镇居民家庭恩格尔系数,城市居民人

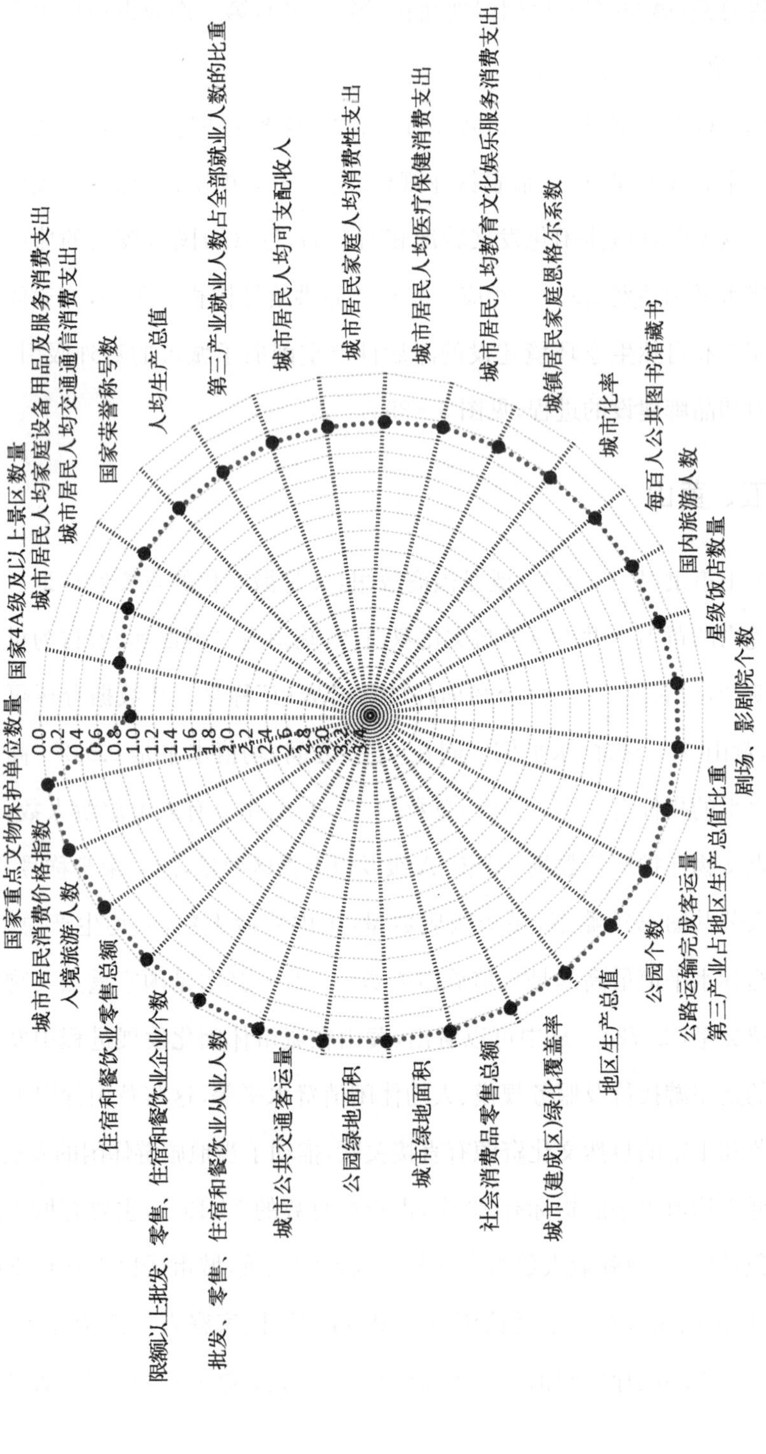

图 5－39　宣城各指标水平排列图

均家庭设备用品及服务消费支出，城市居民人均教育文化娱乐服务消费支出，城市化率，第三产业占地区生产总值比重，公园个数，公路运输完成客运量，城市(建成区)绿化覆盖率，公园绿地面积，社会消费品零售总额，地区生产总值，住宿和餐饮业零售总额，批发、零售、住宿和餐饮业从业人数，限额以上批发、零售、住宿和餐饮业企业个数，剧场、影剧院个数，城市公共交通客运量，城市居民消费价格指数。其中指标水平值最低的是城市居民消费价格指数(0.010)，其次是城市公共交通客运量(0.014)。

从横向指标来看，黄山各个指标在41个城市中的排名主要集中在中等及中等以下水平。其中，在41个城市中排名前十的有城市居民消费价格指数(第1名)，城市(建成区)绿化覆盖率(第1名)，入境旅游人数(第2名)，国家重点文物保护单位数量(第3名)，第三产业占地区生产总值比重(第6名)，国家4A级及以上景区数量(第10名)等6个。中等水平的指标有城市绿地面积(第11名)，城镇居民家庭恩格尔系数(第11名)，星级饭店数量(第16名)，国内旅游人数(第19名)，第三产业就业人数占全部就业人数的比重(第21名)，每百人公共图书馆藏书(第22名)，公园个数(第26名)，公路运输完成客运量(第27名)，城市居民人均可支配收入(第29名)，国家荣誉称号数(第30名)等10个。排名在后十位，处于中等水平以下的指标有人均生产总值(第32名)，城市居民家庭人均消费性支出(第32名)，城市化率(第34名)，城市居民人均医疗保健消费支出(第34名)，城市居民人均交通通信消费支出(第34名)，住宿和餐饮业零售总额(第34名)，城市居民人均教育文化娱乐服务消费支出(第37名)，限额以上批发、零售、住宿和餐饮业企业个数(第37名)，社会消费品零售总额(第38名)，城市居民人均家庭设备用品及服务消费支出(第38名)，批发、零售、住宿和餐饮业从业人数(第39名)，剧场、影剧院个数(第39名)，公园绿地面积(第39名)，地区生产总值(第41名)，城市公共交通客运量(第 41 名)等 15 个。

综合以上数据可以得出,黄山在城市休闲化发展进程中表现较弱的指标有地区生产总值、生态环境建设、住宿餐饮业等零售规模、交通客运规模等方面。虽然黄山自然风景独特,吸引力强,旅游业发展状况较为可观,但是休闲娱乐供给产品结构层次单一,无法满足居民和游客休闲消费需求,此外黄山在生态环境建设、交通通达性等方面需进一步改进,见图 5-40。

六、池州

池州,安徽省地级市,长江三角洲中心区 27 城之一,是长江流域重要的滨江港口城市、全国双拥模范城市、国家森林城市。有“中国戏剧活化石”贵池傩戏、“京剧鼻祖”青阳腔和东至花灯等一批国家级非物质文化遗产和源远流长的佛文化、茶文化,又素以生态闻名,有“天然大氧吧”之称。从数据分析可以看出,池州 31 个指标水平值区间在 0～1 之间,均值水平是 0.306。高于均值水平的指标有 15 个,占指标总数的 48.39%,主要有国内旅游人数,国家 4A 级及以上景区数量,国家重点文物保护单位数量,城市居民人均交通通信消费支出,国家荣誉称号数,人均生产总值,第三产业就业人数占全部就业人数的比重,城市居民人均家庭设备用品及服务消费支出,城市居民人均医疗保健消费支出,城市居民人均教育文化娱乐服务消费支出,城市居民家庭人均消费性支出,城市居民人均可支配收入,城镇居民家庭恩格尔系数,城市化率,每百人公共图书馆藏书。其中指标水平值最高的是国内旅游人(0.693),其次是国家 4A 级及以上景区数量(0.651)。从高于均值水平的指标可以看出,池州在城市休闲化进程中表现较好的指标有旅游接待规模、各项人均休闲消费水平、休闲文娱设施规模等,其直接原因是池州人口规模较小,且环境优美,生态优良,是安

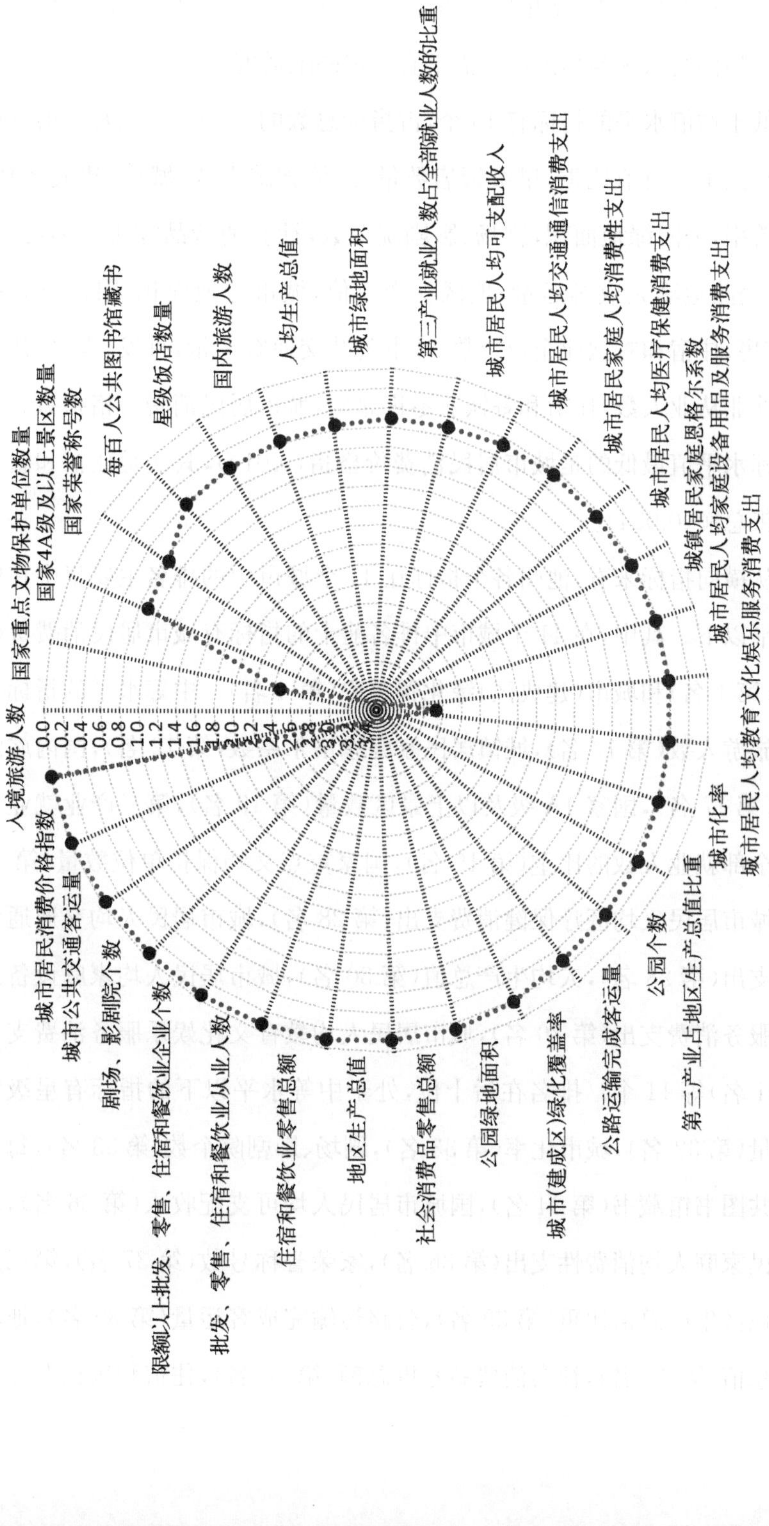

图 5-40　黄山各指标水平排列图

徽省旅游资源最集中、品味最高的“两山一湖”区域的重要组成部分，城市休闲产品供给状况与休闲消费需求有一定的配适度。

低于均值水平的指标有16个，占指标总数的51.61%，主要有第三产业占地区生产总值比重，星级饭店数量，入境旅游人数，城市(建成区)绿化覆盖率，公园绿地面积，剧场、影剧院个数，社会消费品零售总额，公园个数，公路运输完成客运量，地区生产总值，城市绿地面积，限额以上批发、零售、住宿和餐饮业企业个数，城市公共交通客运量，批发、零售、住宿和餐饮业从业人数，住宿和餐饮业零售总额，城市居民消费价格指数。其中指标水平值最低的是城市居民消费价格指(0.010)，其次是住宿和餐饮业零售总额(0.034)。

从横向指标来看，池州各个指标在41个城市中的排名主要集中在中等水平以下。其中，在41个城市中排名前十的指标有城市居民消费价格指数(第1名)和城市(建成区)绿化覆盖率(第4名)。中等水平的指标有入境旅游人数(第12名)，城镇居民家庭恩格尔系数(第12名)，国内旅游人数(第17名)，国家4A级及以上景区数量(第19名)，第三产业就业人数占全部就业人数的比重(第19名)，国家重点文物保护单位数量(第20名)，城市居民人均医疗保健消费支出(第28名)，城市居民人均交通通信消费支出(第28名)，人均生产总值(第30名)，城市居民人均家庭设备用品及服务消费支出(第30名)，城市居民人均教育文化娱乐服务消费支出(第31名)等11个。排名在后十位，处于中等水平以下的指标有星级饭店数量(第32名)，城市化率(第33名)，剧场、影剧院个数(第33名)，每百人公共图书馆藏书(第34名)，国城市居民人均可支配收入(第36名)，城市居民家庭人均消费性支出(第36名)，家荣誉称号数(第37名)，第三产业占地区生产总值比重(第39名)，公路运输完成客运量(第39名)，地区生产总值(第40名)，社会消费品零售总额(第40名)，住宿和餐饮业零售总额(第 40 名),批发、零售、住宿和餐饮业从业人数(第 40 名),限额以上批发、零售、住宿和餐饮业企业个数(第 40 名),城市公共交通客运量(第 40 名),城市绿地面积(第 40 名),公园绿地面积(第 40 名),公园个数(第 41 名)等 18 个。

综合以上数据可以得出,池州在城市休闲化发展进程中表现较弱的指标有住宿餐饮业规模、交通客运规模、文化设施建设等方面。这说明池州在住宿餐饮业、交通体系和城市自然生态环境等配套设施的建设尚需进一步完善,进一步满足居民精神文化休闲方面的需要,见图 5－41。

参考文献

[1] 庞学铨.休闲与城市发展[M].杭州：浙江大学出版社,2021.

[2] 栗郁.城市资源视角下城市休闲产业发展模式研究[M].北京：电子工业出版社,2021.

[3] 楼嘉军,李丽梅.中国城市休闲化研究[M].上海：交通大学出版社,2019.

[4] 鲁开宏.休闲城市研究[M].深圳：深圳报业集团出版社,2013.

[5] 徐爱萍,楼嘉军.中国城市休闲化区域差异及成因解读[J].世界地理研究,2019,28(06)：98－108.

[6] 生延超,吴昕阳.城市休闲化水平区域差异动态研究[J].湖南工业大学学报(社会科学版),2018,23(03)：18－26.

[7] 楼嘉军,李丽梅.成都城市休闲化演变过程及其影响因素[J].旅游科学,2017,31(01)：12－27.

[8] 刘松,楼嘉军.2003～2013 年中国城市休闲化质量评估——耦合与协调双重视角的考察[J].软科学,2017,31(02)：87－91.

[9] 刘润,马红涛.中国城市休闲化区域差异分析[J].城市问题,2016(10)：30－36.

[10] 楼嘉军,刘松,李丽梅.中国城市休闲化的发展水平及其空间差异[J].城市问题,2016(11)：29－35.

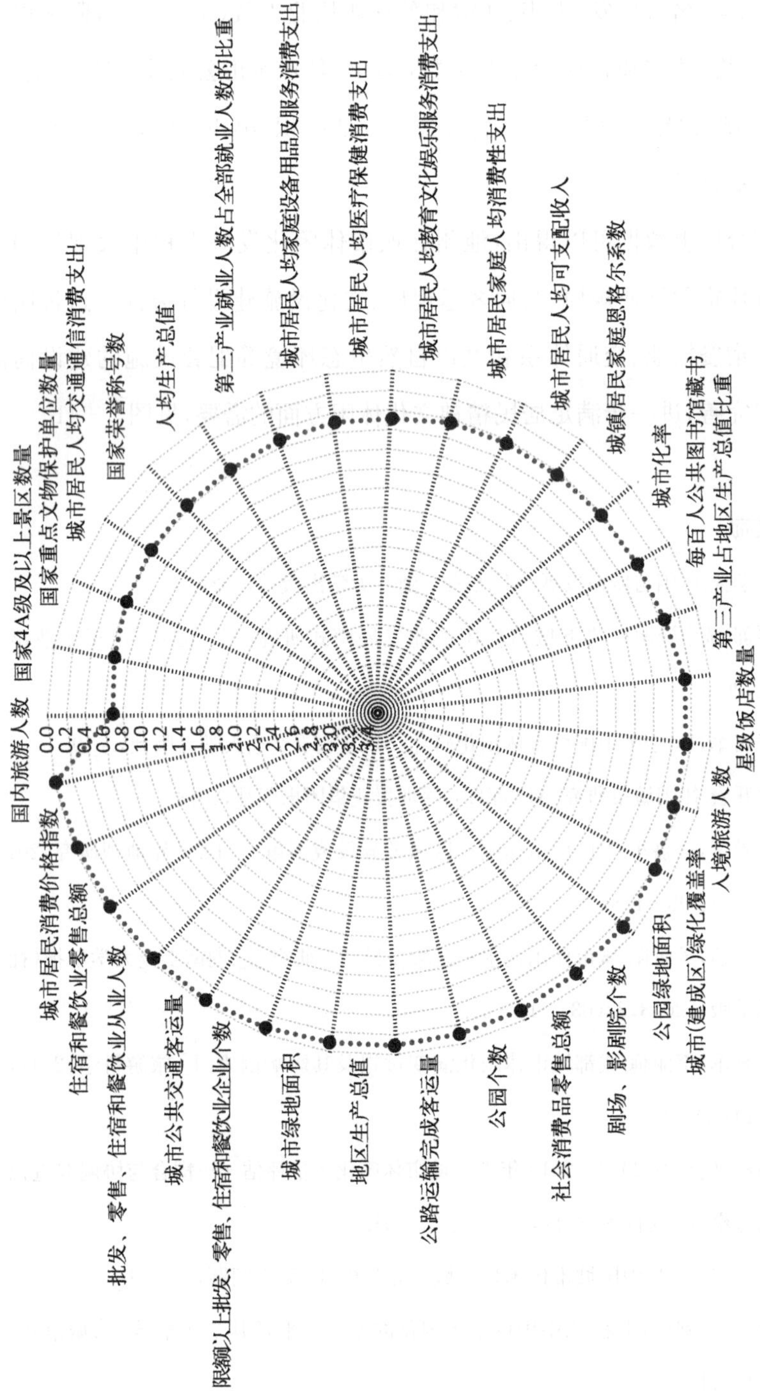

图 5-41　池州各指标水平排列图

[11] 李丽梅，楼嘉军．国外城市休闲化研究述评及启示[J]．旅游学刊，2016，31(12)：126－134.

[12] 楼嘉军，李丽梅，刘润．基于要素贡献视角的城市休闲化水平驱动因子研究[J]．旅游科学，2015，29(04)：1－13.

[13] Kang Lei, Yang Zhaoping, Han Fang. The Impact of Urban Recreation Environment on Residents' Happiness—Based on a Case Study in China[J]. Sustainability, 2021, 13(10): 5549－5549.

[14] Kuang C. Does Quality Matter In Local Consumption Amenities? An Empirical Investigation with Yelp[J]. Journal of Urban Economics, 2017, 100(2): 1－18.

[15] Kim D, Jang S. Symbolic Consumption in Upscale Cafes: Examining Korean Gen Y Consumers' Materialism, Conformity, Conspicuous Tendencies, and Functional Qualities[J]. Journal of Hospitality & Tourism Research, 2017, 41(2): 154－179.

[16] Pritchard A, Kharouf H. Leisure Consumption in Cricket: Devising a Model to Contrast Forms and Time Preferences[J]. Leisure Studies, 2016, 35(4): 438－453.

[17] Philippa H J. Changing family structures and childhood socialization: A study of leisure consumption[J]. Journal of Marketing Management, 2014, 30(15): 1533－1553.

[18] Han Kyo-nam, Han Beom-Soo. Changes in Distinction of Leisure Consumption between Social Classes[J]. Journal of Tourism Sciences, 2012, 36(9): 197－219.

第三部分

专题研究

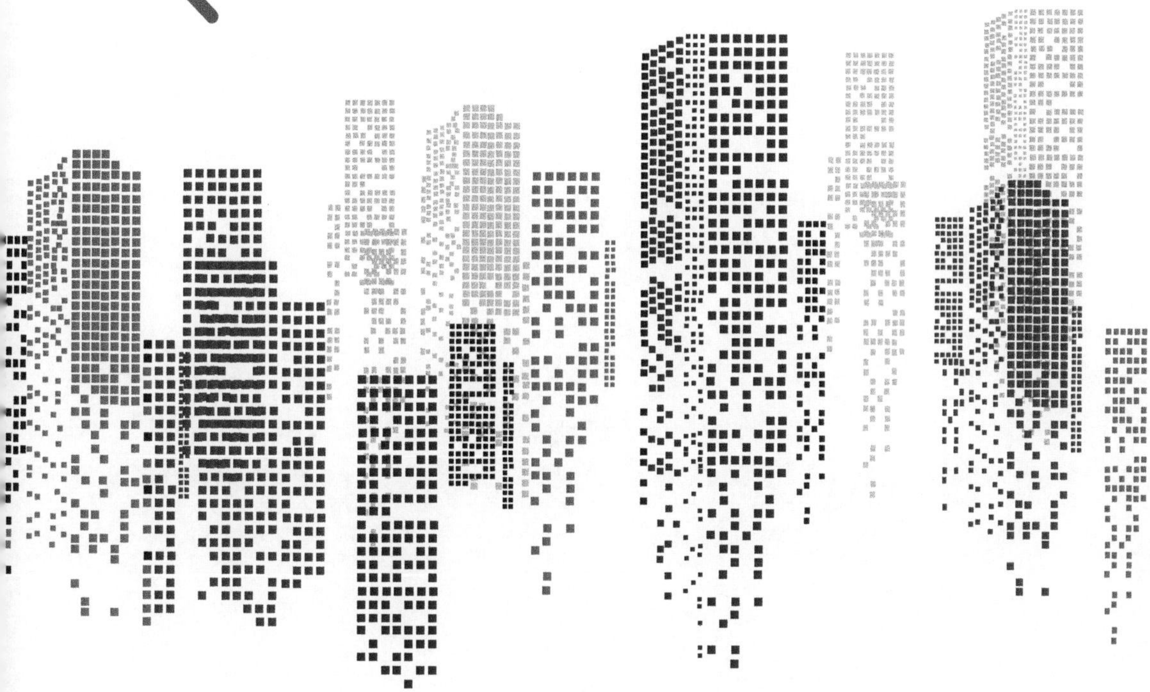

第六章 新发展格局下的居民休闲消费：影响机理与潜力释放

第一节 休闲消费提升是构建新发展格局的现实选择

从内容上讲，休闲消费既包含体育、旅游、家庭娱乐耐用消费品、享受型服务体验等满足健康娱乐的消费，也包含知识技能学习活动等满足发展需要层次的消费，还包含满足精神需要层次的各类消费活动。采取有效措施刺激国内消费需求，大力提升居民休闲消费，是构建我国经济新发展格局的内在要求。

一、扩大休闲消费是经济社会高质量发展的实现路径

扩大居民消费是国家和政府的重要关注点，逐渐成为未来经济增长的主要动力，对国民经济的贡献率稳步提升。2011—2019 年，我国消费率平均为 53.4%，2020 年尽管受到较大冲击，但最终消费支出占 GDP 的比重仍达到 54.3%。通过加强居民消费的引导和推动，切实增强消费对经济发展的决定性作用，不断提升居民休闲消费能力，从而满足人民日益增长的美好生活需要，是我国经济社会高质量发展的重要路径。

二、提升休闲消费是供给侧结构性改革的终极目标

供给侧结构性改革的目标即是要通过调整经济结构,使要素实现最优配置,最终满足人们对于高质量消费的需求。通过供给侧结构性改革,依托国内市场促进生产要素自由顺畅的流动,是构建新发展格局的要义所在。近些年,我国居民消费总量逐年上升,消费结构明显变化,医疗保健、教育、娱乐和旅游支出明显增加,休闲消费需求旺盛。然而值得关注的是,目前我国供给市场尚不能满足居民不断上涨的消费需求,尤其是不能充分满足多样化的休闲消费需求。大力实施供给侧结构性改革,满足和提升居民休闲消费,是当前我国社会经济发展面临的主要任务。

三、完善休闲消费是消费结构转型升级的重中之重

“十四五”期间,要顺应消费升级趋势,进一步提升传统消费,积极培育新兴消费,持续激发潜在消费[2]。当前,我国居民消费形态发生显著变化,消费结构转型升级凸显,居民休闲消费意愿强烈。一是居民更多关注闲暇生活,享受型休闲消费比重极大提高。城乡居民家庭消费专项调查显示,居民家用汽车拥有率为26.1%,冰箱、洗衣机、热水器、空调、彩电、计算机、手机等耐用消费品家庭拥有率分别高达96%、97%、94%、94.2%、98.3%、70.7%、56.5%,并且有38.4%的受访者有近期出游计划[3]。二是居民深度休闲活动参与频繁,摄影、观鸟、攀岩、露营、骑乘等深度休闲活动受到追捧,伴随深度休闲参与群体的大众化,深度休闲消费规模明显扩大[4]。

四、发展休闲消费是后小康社会建设的重要内容

进入新时代,人民对生活的需要已经由原来生活资料“有没有”的数量层面转变为“好不好”的质量层面,由原来生活资料的单一层面转变为

现在的多维层面，即人民对生活的需要已经由原来追求温饱层面转变为新时代追求美好层面[5]。“十三五”时期是我国全面建成小康社会的决胜时期，消费发展着眼于消费结构优化、消费方式升级以及消费理念和谐，最终促进消费质量提高和效益增加。进入“十四五”，不断提高享受资料和发展资料在消费结构中的比重，进一步提高休闲消费的质量仍然是后小康社会建设的主要目标，是现阶段引导居民消费的重点所在。

第二节　居民休闲消费研究动态

一、国外研究动态

国外学者开展休闲消费研究相对较早。所有休闲都含有某种消费，所有消费活动都含有某种休闲[6]。后续研究主要集中在：一是从经济学和社会学领域探讨居民休闲消费行为。经济学范畴关注休闲和消费的决策选择[7]、休闲和消费效用最大化的检验[8-9]。社会学范畴聚焦于休闲消费的动机和偏好[10-11]、休闲消费的特征和趋势[12-13]、休闲消费的体验和质量[14-15]。二是考察居民休闲消费的影响因素。研究发现主要在于：不同来源和形式的收入[16-17]；休闲消费观念和社会心理特征[18-19]。三是探索休闲消费与经济增长关系。针对休闲和消费的外部性展开理论探讨和实证检验，发现外部性以相对不同的方式影响长期均衡和最优增长率[20]。另有学者研究了生产、消费和休闲外部性条件下的最优税收政策[21]。

二、国内研究动态

进入新世纪，休闲研究得到国内学者的更多关注，休闲消费相应进入哲学、社会学、经济学、统计学等领域研究视野。休闲与消费都具有经济学的性质,本质上是人的价值存在和全面发展的表现[22]。近20年来,相关研究成果主要集中在以下方面。一是休闲消费行为研究。包括:休闲消费概念、特征和意义讨论[23-24];休闲消费理论模型构建[25-26];休闲消费能力和结构考察[27-28];休闲消费调查统计分析[29-30]。二是休闲消费影响因素识别。研究发现主要有:居民收入水平、消费环境、闲暇消费品及劳务供应、价值观和消费观[31-32];工资率、非工资收入、工作时间变化[33];休闲时间[34]。然而它并非仅仅受到单一因素影响,而是社会经济综合作用的结果[35-36]。三是休闲消费社会经济影响探讨。基于投入产出模型,有学者定量测度休闲消费对国民经济及各部门产出增长的贡献率变化[37]。另有研究认为,休闲消费不仅有助于总消费水平提升,也能够显著改善居民消费内部结构[38]。

三、研究简评

可以看出,国内外学者针对休闲消费议题进行了跨学科、多领域和广维度的研究,呈现由浅入深、一般到具体、理论探讨到实证分析的基本轨迹。总体来看,经济学领域研究将休闲界定为时间概念,更多地从理论上分析休闲和消费的关系,探讨休闲消费对经济增长的影响。社会学、统计学领域研究将其视为一种个体活动,进而考察休闲消费行为本身及其影响因素。尽管研究文献较为丰富,但是相关研究更多侧重休闲消费质量和水平,休闲消费潜力关注不多,同时缺乏休闲消费潜力内在机理分析,对休闲消费潜力有效释放关注不够。

第三节　居民休闲消费潜力影响机理分析

基于传统消费函数理论,沿着收入—消费关系主线,分析影响休闲消费潜力的内外诸因素，有助于探查居民休闲消费潜力的影响机理，以及寻求休闲消费潜力释放的切入点和突破口。

一、居民收入水平是休闲消费潜力的基础条件

首先，休闲消费潜力对收入依赖程度相对较高。衣物、食品和住房属于基础型消费，而休闲消费具有发展型和享受型特点。在居民收入水平相对较低情况下，基础型消费是首要消费内容，因此休闲消费潜力受到限制。其次，休闲消费潜力与收入水平呈动态变化。伴随人们生活质量要求的提高，居民休闲消费需求得以凸显，休闲消费范围不断扩大，休闲消费潜力日趋增强。最后，收入水平对休闲消费潜力产生差异性和复杂化影响。随着居民收入水平不断提高，休闲消费形式选择呈现较大差别，然而可以确认的是，居民休闲消费可能性大幅增加。

二、居民生活成本是休闲消费潜力的约束因素

居民消费大致包含生活型支出和休闲消费两部分内容。生活型支出主要以满足人们日常生活需要为基本目的，它通常具有一定刚性，生活成本的变化会使得生活型支出发生同方向调整，进而对居民休闲消费空间产生反方向影响。从外部因素分析来看，物价水平上涨和家庭结构变化等均对居民生活成本带来直接影响，需要指出的是，居民的食品、衣物等消费具有较大选择空间，与之相对，住房消费在某种程度上属于刚性需求，因此住房价格波动成为导致居民生活成本变化的主要原因。然而，通过缩小贫富差距、健全和完善社会保障体系、防止房价过快上涨等努力，继续逐渐提升消费对 GDP 的贡献度应该具有一定的空间[39]。

三、家庭固定资产是休闲消费潜力的重要保障

随着城镇化进程持续加快和住房价格不断攀升，住房资产在居民固定资产中所占比重明显加大。固定资产是家庭资产中最重要的组成部分，占家庭总资产的比重超过 85%，远远大于金融资产的占比[40]。现金、储蓄存款等金融资产规模很大程度上受到居民收入水平的直接影响，而固定资产尤其是住房资产规模对居民休闲消费作用明显，直接影响居民休闲消费潜力。

四、居民家庭负担是休闲消费潜力的主要制约

居民收入水平提升和家庭财富增加，在某种程度上能够为居民休闲消费潜力拓宽空间，住房价格上涨则可能产生推动和抑制两方面截然不同的影响效应，而居民家庭负担的加重更多地则是制约居民休闲消费潜力提升。其中，人口年龄结构的变动尤其是少儿和老年抚养比的不断上涨，一定程度上加重了居民家庭生活负担，然而它对居民休闲消费潜力可能存在正反两个方向的影响。

五、居民消费意愿是休闲消费潜力的推动力量

居民休闲消费潜力除了受上述客观因素影响外，主观休闲消费意愿也是居民休闲消费潜力的重要影响因素之一。需要指出的是，居民休闲消费意愿是一种相对复杂的心理过程，同样受到内外诸多层面因素的影响，其中居民消费习惯、消费观念和消费文化等与居民休闲消费意愿紧密相关。

不难看出，收入水平和家庭固定资产能够为居民休闲消费潜力提供物质条件和重要基础，居民生活成本和家庭负担变化产生多元化和差异性影响，休闲消费意愿在主观层面影响居民休闲消费的规模和结构并进

而对休闲消费潜力施加作用。需要指出的是，休闲消费环境、社会保障水平等外部因素也间接影响居民休闲消费潜力。当然从供给角度来讲，休闲供给水平是居民休闲消费的必要条件和基本门槛，在一定程度上决定休闲消费潜力的上限。

第四节　居民休闲消费潜力释放建议

为有效释放居民休闲消费潜力以畅通国内大循环，进而加快构建我国经济新发展格局，从提升休闲消费地位和作用、优化休闲消费内部结构、提高休闲供给水平、调适住房制度和人口政策、强化区域协同推动等方面提出建议如下。

一、注重需求侧管理，合理引导居民休闲消费

工作和休闲是人类两种重要的生活方式，基本涵盖了个体生命的全部意义。然而休闲又可以看作是工作的终极指向和目标，休闲在个体全面发展中占据无比重要的地位。消费是休闲活动的重要属性之一，很多休闲活动都带有消费的性质，因而消费型休闲成为人们休闲活动的主要选择。进入新世纪尤其是新时代以来，我国居民休闲消费极大提升，居民消费结构尤其是休闲消费结构升级成为必然趋势，这就需要研判动态需求、满足合理需求、鼓励健康消费[41]。一是科学明晰休闲消费支出内容，充分理解休闲消费潜力内涵，理性认识休闲消费潜力全面释放问题。值得注意的是，居民休闲消费涉及的层面较广，需要从宏观、中观和微观多重角度去审视和解读。二是可以在现有居民消费统计数据基础上，剥离休闲消费支出内容，深度分析居民休闲消费实际情况，调整和优化休闲供给结构，以期与居民休闲消费需求形成良好匹配。三是休闲消费潜力释

放仍要回归到居民休闲消费行为这一根本出发点上,需要仔细揣摩居民休闲消费的需要和动机,认真研究居民休闲消费显在行为的变化和趋势。

从休闲消费涉及的主要内容来看,以下三个方面需要做好重点引领:一是文化娱乐消费。从学理层面来说,休闲与文化存在某种必然的联系,休闲之于个人的目的意义与文化活动内容具有良好契合。从实践层面来讲,西方社会更多地将休闲与文化纳入同一范畴,而我国也愈加重视它们间的密切关系,旅游休闲与文化的融合发展即是很好的例证。因此可以说,文化休闲是居民休闲消费的核心内容,政府应结合地区发展实际和文化现状,重点抓好产业规划、营销宣传、政策保障等方面工作。需要指出的是,娱乐文化是社会文化的重要内容,娱乐消费也是居民休闲消费的主要方面,然而现阶段我国社会悄然出现泛娱乐化甚至是过度娱乐化的倾向,这对社会经济发展带来双重影响,需要从文化精神层面做出恰当而合理的指引,使之真正满足居民休闲需求进而对社会经济发展发挥拉动作用。二是教育培训消费。教育消费与一般性商品及服务消费具有不尽一致的特性,更多地是为了满足人们精神和发展的需要。一般认为,衣食等基本型需求得到满足后,享受型和发展型需求上升,教育消费成为居民休闲消费的重要内容。原因在于,居民收入水平提升使得教育消费等发展型需求受到重视,同时由于社会和市场竞争渐趋激烈,终身学习和人力资本持续投资趋势明显。当前除了政府增加教育投入、学校扩大招生规模以刺激居民教育消费外,社会各类教育培训的潮流日盛。因此,政府应加以管控和引导,保障教育培训的规范有效,从而避免和杜绝教育培训的盲目性。三是医疗保健消费。医疗保健消费包括治病就医花费和养生保健消费,其中治病就医花费具有一定刚性,对居民休闲消费产生"挤出效应",因此医疗保健消费引导应侧重养生保健等健康消费内容。政府和产业界需要结合大数据统计分析,采取有效和针对性措施切实激发和满足居民医疗保健的消费需求。此外，不断完善居民休闲消费环境，培养居民休闲消费理念和习惯。加快发展消费信贷，建立消费市场环境优化机制，营造消费者想消费、敢消费的市场氛围，进一步提高居民休闲消费积极性。

二、加强全方位休闲建设，保障居民休闲供给

确保国民经济发展良好势头以及居民收入持续增加，是提升居民休闲消费潜力的基础和前提，不过休闲产业发展和产业结构优化是实现国民经济发展目标的必要举措。财政、货币、金融与产业政策应当为休闲相关产业发展提供支持，以促成产业结构与消费结构升级的良性互动。

第一，积极发展传统休闲产业。目前，休闲产业的类型和范畴在国内外并没有严格的界定和划分，但是从各国发展实践和统计规则上可以大致梳理休闲产业所涵盖的基本内容。联合国统计委员会、北美产业分类系统（North American Industry Classification System，NAICS）均将艺术、娱乐和游憩作为单独的产业门类。澳大利亚国家统计局制定了专业的文化与休闲分类标准，包括遗产、艺术、运动体育休闲、其他文化和休闲等内容。英国经济活动标准产业分类涉及住宿和餐饮、信息和通信、管理和支持服务、艺术娱乐和游憩等相关类别。总体上看，传统休闲产业基本包含艺术、娱乐、文化、体育、博彩、住宿、餐饮、交通、购物、信息、会展、游憩等产业门类[42]。政府应针对上述产业门类，做好战略规划，突出发展重点，实现产业结构的调整和优化。

第二，高度重视新兴休闲产业。近年来，伴随社会变迁、科技发展以及居民生活的重大变化，新兴产业层出不穷，其中与休闲产业相关内容众多。在未来很长一段时间，除了云计算、大数据、人工智能、机器人、新能源、新材料、生命技术与生命科学外，医疗服务、医疗器材、互联网医疗、健康养老、体育、教育、文化娱乐等休闲产业也将是我国极具潜力的重点新

兴产业[43]。国家《战略性新兴产业分类(2018)》针对九大领域进行了详细划分,其中数字创意产业和相关服务业中包含诸多休闲产业类别。因此,除了要高度重视国家战略性新兴产业中休闲门类发展外,也应重点发展消费需求旺盛的新兴休闲产业。

第三,特别关注休闲新兴业态。社会经济快速发展和生活水平持续攀升使得“享乐主义”盛行,新兴文化娱乐休闲业态不断涌现。当前,传统商业发展出现百货购物中心化、购物中心娱乐化、品牌主题生活化等趋势,传统业态积极融入文化元素和休闲娱乐的理念,进而演化成休闲新型业态。融入休闲元素的复合书店、演艺文化与休闲娱乐综合广场、特色影院、主题夜市等的出现广受消费者青睐。因此,休闲市场应准确把握消费文化和理念变化,创新休闲产品与服务的内容与方式,满足消费者多元化的休闲需求。

此外,需要加大公共基础休闲设施的建设力度,使居民充分享受新时代美好生活的社会福利,养成居民休闲行为习惯,以培育全社会休闲的良好氛围。多样化提供公共休闲设施条件,大力创设居民休闲行为基础。在公共休闲设施建设上,补充和完善供居民休闲游憩的图书馆、博物馆、档案馆、科技馆、体育场馆和俱乐部等基础设施。在城市生态环境建设上,注重城市公园、动植物园、自然保护区等的建设和保护。在文化设施建设和休闲文化环境营造上,重点关注演艺剧场、节庆活动、历史遗迹和遗址、游乐园和主题公园、乡村俱乐部等的规划设计和开发建设。

三、有效利用房产价格工具,妥善处理住房与休闲消费关系

第一,合理引导居民住房消费,避免对休闲消费需求的过度挤压。一是引导树立居民恰当的住房消费理念。鼓励无房者通过信贷消费计划性购房,以此释放居民休闲消费。二是适时调整房地产政策,规避房价过快

上涨对居民休闲消费的负面影响。可以鼓励小户型住房消费，适当限制大户型住房需求，为居民休闲消费留出更大空间。采用税收等手段区别对待居民购房需求，限制投机性购房行为，淡化房地产资本品属性，引导居民转向休闲消费。

第二，运用多元化政策机制，充分发挥住房财富效应。在货币政策方面，有效利用利率对住房价格的调节作用，防止住房价格过度上涨。在财政政策方面，通过调控政府财政支出和运用房产税手段稳定房价。在金融政策方面，不断完善住房金融市场，丰富住房权益变现工具，增强住房资产收益的可获得性。适当增加信贷规模，减小流动性约束程度，发挥住房财富变化对休闲消费的促进作用。此外，加强经济适用房、保障性住房等的建设和落实，在保证房地产市场活跃前提下，实现居民消费结构合理化，推动居民休闲消费为主的转型升级。

第三，房地产政策应因地制宜、区别对待。房价上涨对于居民休闲消费的影响呈现出一定地区差异性[44]。其中，我国北部、西部等省市财富效应体现明显，应加强居民休闲消费的引导和激励。相对而言，东部、南部等发达省市房价上涨一定程度上反映居民生活成本增加对休闲消费的挤出作用，因此调控房价显得尤为重要，应根据实际情况分地区施策。需要指出的是，尽管住房价格上涨能够带来明显财富效应，但是也使得住房对休闲消费影响的“挤出效应”更加突出，从而不利于居民休闲消费潜力的进一步释放。确保居民可支配收入的稳步提升，缩小居民收入分配的差距，同时结合住房价格波动带来的财富变化，才是释放居民休闲消费潜力的长效机制。

四、采取恰当人口生育政策，高度重视人口老龄化问题

目前我国人口年龄结构正朝着少子化和老龄化趋势发展，人口红利

在国民经济增长中的关键作用逐渐压缩,扩大居民休闲消费需求成为我国经济社会持续发展的重要战略选择。

第一,采取恰当生育政策,平衡生育率提升和休闲消费扩大间的关系。少儿人口增加对居民休闲消费产生一定抑制作用,生育率提高给居民休闲消费带来不利影响。然而生育率降低倾向严重化使得社会人力资本长期匮乏,又会削弱经济增长的核心动能。因此,建议维持目前"全面二孩"生育政策,这是因为,一方面它在一定程度上使得社会生育人口有所增加,另一方面受社会文化环境和生活方式变迁影响,人口的增长速率将会维持在相对合理范围。尽管自"单独二孩"到"全面二孩"政策实施以来,我国少儿抚养比并未出现明显提升,由2013年的22.2%提高到2021年的25.6%,但是少儿人口增加对于居民休闲消费的抑制作用仍需充分重视。一是要持续增加居民可支配收入,有效提振居民休闲消费的信心;二是要制定实施休闲发展相关政策,加强公共休闲供给,优化休闲产业结构;三是要着力发展儿童休闲市场和教育消费,积极创新儿童休闲产品及服务,引领儿童休闲消费需求。

第二,充分认识人口老龄化问题,精心开发老年休闲消费市场。我国老年抚养比由2010年的11.9%上涨到2021年的20.8%,未来老年人口数量还将大幅增加,人口老龄化进程将加速推进。然而我国当前人均收入水平依然较低,面临"未富先老"的困境。不过,人口老龄化将导致国内市场需求转型,老年人口数量增加意味着养老设施、养老服务需求的增加,大力发展老龄产业,提高老年人的消费能力,通过"银发经济"形成新的消费增长点,是我国社会经济发展面临的重要机遇。因此,首先确保老年人口衣食住行等基本需求的满足;客观看待老年医疗保健消费需求,提供充足的基本医疗保障,适当减少刚性医疗消费,大力促进老年健康消费;积极发展老年休闲产业,培育新兴消费市场,比如老年照料与护理、老年教育、银发旅游休闲等。

第三，扩大社会保险覆盖面，持续提高社会保障水平。生育、养老、医疗等社会保险的全面覆盖，有利于切实解决居民休闲消费需求满足的后顾之忧。同时，社会保障支出扩大，一方面会增加政府支出和促进政府消费，另一方面又可以降低居民预防性储蓄，从而促进居民休闲消费。因此，结合我国人口结构实际情况，配合人口政策的调整和完善，通过社会保障体系建设发挥社会保障的稳定器功能，很大程度上能够提升居民休闲消费意愿，有助于增强居民休闲消费信心，以及改善居民休闲消费预期。

五、客观审视地区差异性，全力推进区域间协调发展

第一，加强区域一体化发展，强化居民休闲消费考量。目前我国已形成京津冀、渤海湾、长三角、珠三角、粤港澳等经济圈，区域经济一体化发展已见成效，同时未来区域协调发展趋势明显。长江中游城市群、哈长城市群、成渝城市群、长江三角洲城市群、中原城市群、北部湾城市群等发展规划的相继落地，即是很好的例证。但是需要强调的是，在城市群规划建设和区域合作一体化发展过程中，在国家消费促进和结构转型背景下，居民休闲消费的协调互动应纳入考量并形成实效。

第二，制定房地产政策、社会保障制度，落实人口政策、城镇化发展规划，须实现地区间的沟通和协调、借鉴和参考。住房政策、人口政策以及城市休闲供给、产业规划等在居民休闲消费潜力释放中均起到关键作用，然而也应该看到，地区间政策效果存在某种程度上的相互作用，需要地区间在政策制定前加强沟通，政策实施中加强协调，以此共同促进居民消费结构转型升级和地区经济持续增长。

参考文献

[1] 陈彦斌.形成双循环新发展格局关键在于提升居民消费与有效投资[J].经济评论,2020,41(6): 11-15.

[2] 任保平,豆渊博."十四五"时期构建新发展格局推动经济高质量发展的路径与政策[J].人文杂志,2020,64(1): 1-8.

[3] 肖立,杭佳萍.大众消费时代的居民消费特征及消费意愿影响因素分析——基于江苏千户居民家庭消费专项调查数据[J].宏观经济研究,2016,38(2): 120-126.

[4] 刘松,楼嘉军.深度休闲: 国外文献述评与研究启示[J].旅游学刊,2019,34(2): 137-146.

[5] 蒋永穆,祝林林.构建新发展格局: 生成逻辑与主要路径[J].兰州大学学报(社会科学版),2021,65(1): 29-38.

[6] Becker G S. A theory of the allocation of time[J]. Economic Journal, 1965, 75(9): 493-517.

[7] Dane G, Arentze T A, Timmermans H J P, et al. Simultaneous modeling of individuals' duration and expenditure decisions in out-of-home leisure activities [J]. Transportation Research Part A-Policy and Practice, 2014, 10(3): 93-103.

[8] Patterson K D. A non-parametric analysis of personal sector decisions on consumption, liquid assets and leisure[J]. Economic Journal, 1991, 101(4): 1103-1116.

[9] Choi K J, Shim G, Shin Y H. Optimal portfolio, consumption-leisure and retirement choice problem with CES utility[J]. Mathematical Finance, 2008, 18(3): 445-472.

[10] Pritchard A, Kharouf H. Leisure consumption in cricket: devising a model to contrast forms and time preferences [J]. Leisure Studies, 2016, 35(4): 438-453.

[11] Celsi R L, Rose R L, Leigh T W. An exploration of high-risk leisure consumption

through skydiving[J]. Journal of Consumer Research, 1993, 20(1): 1-23.

[12] Park Min-gyu, Park Soon-hee. A study on the leisure consumption of Korean female university students[J]. Journal of Leisure Studies, 2008, 6(2): 83-107.

[13] Han Beom-Soo. A study on the polarization of leisure consumption in Korea[J]. Journal of Tourism Sciences, 2011, 35(9): 53-72.

[14] Park, Eun-aha, Ju Kyung-mee. A study of the club leisure consumption experiences[J]. The Korean Journal of Consumer and Advertising Psychology, 2006, 7(1): 23-45.

[15] Kuang C. Does quality matter in local consumption amenities? An Empirical investigation with Yelp[J]. Journal of Urban Economics, 2017, 100(2): 1-18.

[16] Pawlowski T, Breuer C. Expenditure elasticities of the demand for leisure services[J]. Applied Economics, 2012, 44(26): 3461-3477.

[17] Ko Jongbo, Han Beom-Soo. A study on the effects of materialism and face on outdoor leisure consumption[J]. Journal of Tourism Sciences, 2013, 37(5): 197-218.

[18] Choi Young-rae, Lee Jae-hee. The effects of consciousness of social position and dignity of participants in leisure sports on conspicuous leisure consumption[J]. The Korean Journal of Physical Education, 2011, 50(4): 1-11.

[19] Kim D, Jang S. Symbolic consumption in upscale cafes: Examining Korean Gen Y consumers' materialism, conformity, conspicuous tendencies, and functional qualities[J]. Journal of Hospitality & Tourism Research, 2017, 41(2): 154-179.

[20] Gomez M A. Consumption and leisure externalities, economic growth and equilibrium efficiency[J]. Scottish Journal of Political Economy, 2008, 55(2): 227-249.

[21] Escobar-Posada R A, Monteiro G. Optimal tax policy in the presence of

productive, consumption, and leisure externalities[J]. Economic Letters, 2017, 26(2): 62 - 65.

[22] 许斗斗.休闲、消费与人的价值存在——经济的和非经济的考察[J].自然辩证法研究,2001,17(5): 50 - 53.

[23] 张永红.马克思的休闲消费理论探析[J].探索,2010,26(2): 154 - 158.

[24] 耿莉萍.论休闲消费的特征、发展趋势与企业商机[J].商业经济与管理,2004,24(3): 8 - 10.

[25] 郭鲁芳.休闲消费的经济分析[J].数量经济技术经济研究,2004,21(4): 12 - 21.

[26] 卿前龙,吴必虎.闲暇时间约束下的休闲消费及其增长——兼论休闲消费对经济增长的重要性[J].杭州师范大学学报(社会科学版),2009,31(5): 89 - 94.

[27] 楼嘉军,马红涛,刘润.中国城市居民休闲消费能力测度[J].城市问题,2015,34(3): 86 - 93.

[28] 郭鲁芳.中国休闲消费结构: 实证分析与优化对策[J].浙江大学学报(人文社会科学版),2006,52(5): 122 - 130.

[29] 刘菲,白贺玲.城市中心商业区休闲消费实证分析——以北京为例[J].北京工商大学学报(社会科学版),2009,29(1): 75 - 80.

[30] 宋瑞.休闲消费和休闲服务调查: 国际经验与相关建议[J].旅游学刊,2005,20(4): 62 - 66.

[31] 尹世杰.闲暇消费论[M].北京: 中国财政经济出版社,2007.

[32] 臧旭恒,陈浩,宋明月.习惯形成对我国城镇居民消费的动态影响机制研究[J].南方经济,2020,38(1): 60 - 75.

[33] 郭鲁芳.时间约束与休闲消费[J].数量经济技术经济研究,2006,23(2): 117 - 125.

[34] 王琪延,韦佳佳.收入、休闲时间对休闲消费的影响研究[J].旅游学刊,2018,33(10): 107 - 116.

[35] 金晓彤,戴美华,王天新.台湾地区老龄人口休闲消费的影响因素与趋势展望[J].

亚太经济，2012，29(1)：138－142.

[36] 刘婷婷，宋冰洁.新型城镇化视角下农民工家庭休闲消费研究——基于收入效应和文化效应的分析[J].农村经济，2020，38(12)：77－86.

[37] 周文丽.基于投入产出模型的旅游消费对经济增长的动态影响研究[J].地域研究与开发，2011，30(3)：79－83.

[38] 赵迪，张宗庆.文化消费推动我国消费增长及其结构改善吗？——基于省际面板数据的实证研究[J].财经论丛，2016，32(2)：3－10.

[39] 张礼卿.对“双循环”新发展格局的几点认识[J].南开学报(哲学社会科学版)，2021，67(1)：17－20.

[40] 李涛，陈斌开.家庭固定资产、财富效应与居民消费：来自中国城镇家庭的经验证据[J].经济研究，2014，60(3)：62－75.

[41] 石建勋，杨婧.新发展格局下需求侧管理的历史逻辑、理论内涵及实施路径[J].新疆师范大学学报(哲学社会科学版)，2021，42(11)：29－39.

[42] 李丽梅.中国休闲产业发展评价、结构与效率研究[D].上海：华东师范大学，2018.

[43] 信中利.未来10年，中国很赚钱的17个新兴产业[EB/OL].https://baijiahao.baidu.com/s?id=1610092133460792330&wfr=spider&for=pc，2018－08－29

[44] 刘松.中国城镇居民休闲消费潜力研究[M].上海：上海交通大学出版社，2020.

第七章　文化空间视角下旅游休闲街区演化机理与游客感知评价研究

第一节　研究背景

一、研究意义

（一）国家级及省级旅游休闲街区建设与评定如火如荼

《第十四个五年规划和 2035 年远景目标纲要》指出："加强区域旅游品牌和服务整合，建设一批富有文化底蕴的世界级旅游景区和度假区，打造一批文化特色鲜明的国家级旅游休闲城市和街区"。《十四五文化和旅游发展规划》在旅游产品和服务提升中提出要建设一批兼顾旅游者和本地居民需求的国家级旅游休闲街区。因此可以看出，建设和发展旅游休闲街区是当下我国建设旅游强国的关键性目标之一，在我国城市建设获得一系列成就的同时，机遇与挑战并存，尤其是全域旅游时代，风景处处可见，旅游休闲街区作为城镇的重要组成部分，一定程度上可以体现城镇的建筑风貌、文化内涵与空间意向，并且带动了城镇的旅游休闲消费，因此研究旅游休闲街区的发展具有一定意义。

从目前文旅部公布的国家级旅游休闲街区以及各省市公布的省市级

旅游休闲街区名单来看，旅游休闲街区类型丰富，主题多元，包含历史文化街区、休闲娱乐街区以及创意文化街区等。从发展和消费水平来看，长三角区域的城市群旅游休闲街区领先发展，2019 年中共中央和国务院印发《长江三角洲区域一体化发展规划纲要》，强调为促进长三角一体化发展，需要大力推动文化旅游合作发展，尤其是要共筑文化发展高地，实现优秀传统文化的继承与发展，突出江南文化，共同打造区域特色文化品牌[1]。

旅游休闲街区的发展除了需要满足《旅游休闲街区等级划分(LB/T082－2021)》中聚焦物质空间载体的硬性规定，在对街区整体布局、文化环境要素、传统建筑等物质形态进行保留的基础之上，还需要提取其文化价值内涵，探索旅游休闲街区内核价值，并且满足多方活动主体(政府、旅游行业、外来游客、本地居民等)需求。

(二) 文旅融合背景下注重旅游休闲街区文化特色提升

文旅融合发展可以推动国家文化产业与旅游产业实现转型升级，促进文化传承发展、提高发展质量和经济效益，实现地区经济稳步增长。2018 年，原文化部和国家旅游局合并组建成文化和旅游部，之后各地文化和旅游机构相继改革重组，集中体现国家对文旅融合发展的重视程度，以及从行政体制上促进文旅融合发展的决心，文化和旅游融合显然是大势所趋。在人民对美好生活充满向往的背景之下，这种群体需求引发消费升级，而旅游产业却呈现供给不平衡和不充分的问题，这些机遇和挑战为我国文化产业与旅游产业融合带来了新的发展前景[2-5]。

旅游产业在促进经济发展的同时也承担着传承文化的使命任务，文化和旅游的要素构成以及结构关系可以通过空间的形态反映出来，旅游活动的文化属性决定了旅游地本质上是为旅游者提供一个文化空间[6]，如果仅仅将空间视作为地理学的专属概念，就会片面理解文化旅游空间的内涵和属性功能，如今关于文化空间的研究已经形成相对成熟的研究视角和理论体系，旅游休闲街区作为一种文化空间，其发展需要注重挖掘和凝练街区所处的城市地方或区域性文化，对于旅游休闲街区已有国家级和省级的硬性指标评价标准，尚且缺少专门从文化层面研究旅游休闲街区发展的成果，因此基于提升旅游休闲街区文化软实力的目的，试图将文化空间理论引入旅游休闲街区研究。精神支撑是旅游休闲街区文化发展的核心，物质基础是旅游休闲街区文化发展的载体，社会主体活动是旅游休闲街区文化发展的途径。在全域旅游以及文旅融合上升为国家战略的背景之下，旅游休闲街区发展更应该专注于文化空间的生产过程与现状，深入挖掘街区历史底蕴和文化特色，彰显自身的独特文化魅力和个性，成为与其他街区有明显区别和吸引力的旅游目的地[7]。

（三）倡导以游客评价为主的旅游目的地评价机制

对于旅游休闲街区文化空间的发展评价体系，本文首先在总结文献的基础上，以空间生产理论三元一体论为基础，构建评价体系维度，再参考成熟量表进一步寻找相关指标。以往对于旅游目的地发展评价研究中较多使用的是基于专家打分的评价机制，而专家评价和普通游客评价的目的和结果并不相同，专家评价更倾向于从决策者和专业理论角度出发，而游客评价更多的是游后体验反馈评价，可以真实反映体验实况，并且在国家全域旅游的环境政策下，要求加快建立以游客评价为主的旅游目的地评价机制[8]。因此，本文重点思考如何建立以游客感知为主的旅游休闲街区评价体系，以此考察旅游休闲街区的发展现状。

综上所述，文化空间视角下旅游休闲街区的发展就是文化空间生产的过程，引入空间生产的概念是为了在研究文化空间发展过程和了解发展现状的基础之上贯穿可持续发展理念。本文经过系统化和深化文化空间理论，针对休闲旅游街区的文化特点，形成更为广泛的研究文化旅游可持续、高质量发展的文化空间理论，并选取上海武康路—安福路街区为案例地进行实证分析，研究其文化空间的演化机理和游客感知评价具有重要的理论和实践意义。此外，结合文化空间理论和空间生产理论的三元空间方法论，形成以游客感知为基础的发展评价机制。侧重在文化视阈下研究旅游休闲街区的发展质量，将旅游目的地视为文化空间，着重说明在旅游休闲街区有什么样的文化精神、文化活动和人文特征，从文化的角度、游客的视角探讨发展质量，提供发展建议。

二、研究进展

（一）国外研究进展

国外关于“旅游休闲街区”的研究较少，与之相关研究较多的是街区。学者们主要聚焦于对街区的规划和建设方面的研究，大多数研究街区的文献与城市街区可步行性有关，研究领域覆盖交通、建筑、公共服务和城市更新设计等不同学科背景。关于影响游客街区体验方面的研究，学者们从不同研究视角出发，运用多种研究方法。UjangN 和 MuslimZ(2015)基于地方依恋视角，描述游客对于城市可步行性的评价，并在此基础上以吉隆坡市为研究案例地，阐述游客在城市街区的步行体验问题。Nicholas Aetal(2017)则运用多元回归方法，对活动空间可步行性与交通体育活动之间的联系进行研究，最终验证得出二者之间存在强相关联系。从旅游学科视角研究城市街区可步行性的文献较少，更多的是从地理学视角探索游客在城市街区中活动的时空分布特征[9]，其中，JoanH(2018)为探讨城市规划和交通政策对游客步行体验的影响，以新加坡城市为案例地进行研究，得出对游客城市街区漫步舒适性产生积极影响的几项举措[10]。

在西方，早期诸多领域的学者对于空间的理解仅限于“物质性”，随着时代发展，逐渐有学者对空间的理解涉及“精神空间”的范畴。20 世纪 70 年代，西方人文社会科学发展中出现了“空间转向”，代表人物有亨利・列斐伏尔(Henri Lefebvre),其在1974年出版的《空间的生产》一书中提出了空间理论以及将空间性与社会性、历史性结合的“三元辩证法”,成为当代人文社会科学的内在理论视角之一,书中提及文化空间但并未对其概念做出过多阐释[11]。

在此之后,越来越多的学者探讨和研究文化和空间二者之间的关系。人文主义地理学家段义孚指出,空间在不同的文化中表现出不同的意向,地方性的概念是由于文化长期作用于自然物质性地理空间而产生的。当代西方马克思主义学者David Harvey探讨了当代社会的各种空间形态,包括“后现代的文化空间”[12]。后现代地理学家Edward W. Soja在物质世界和精神世界的基础上,提出了“第三空间”的概念,将空间看作是赋予深刻文化意义的文本,从文化的视角来解读空间,实现了文化与空间的融合[13]。后现代批评理论家Fredric Jameson认为后现代文化就是空间化的文化,提出后现代文化的特征之一是由时间性向空间性转变,并从文化角度分析全球化和区域化所带来的空间变革[14]。社会学家沙朗·佐京Sharon Zukin深入发掘了空间的文化意义,指出文化可以有效控制城市空间,经济和政治精英们通过控制城市公共空间来塑造公共文化[15]。

1998年联合国教科文组织发布的《宣布人类口头和非物质遗产代表作条例》将“文化空间”定义为:“一个集中了民间和传统文化活动的地点,但也被确定为一般以某一周期或是某一事件为特点的一段时间”[16]。在国外地理学界,文化空间是人文地理学和文化地理学的交叉研究领域。博厄斯提出文化区的内涵,认为过去遗存下来的文化特质会展示在当代的空间分布中,体现出文化研究的“空间转向”。空间被赋予文化意义的过程就是空间变为地方的过程,这一过程也是空间“文化转向”的过程。

(二)国内研究进展

2021年文旅部对“旅游休闲街区”含义进行了界定,含义中对于街区

“文化特色鲜明”的强调，彰显了在未来发展过程中对于文化和旅游业深度融合的现实要求和重要趋势，反映出旅游休闲街区的建设需要能体现复合功能特征。结合对于相关文献检索结果可知，旅游休闲街区目前是国内街区发展的一种新趋势，较少有文献专门对其进行研究和探讨。根据已经公布的国家级旅游休闲街区名单，以及各省市按照标准公布省级旅游休闲街区名单可以看出，旅游休闲街区涵盖了不同类型具备旅游和休闲功能的街区，目前国内旅游学领域关于街区的研究主要集中在保护更新与开发、规划发展及运营管理、居民及游客体验与感知等方向。

国内不少学者从多种角度对文化空间研究现状进行梳理，有的从不同学科视角，例如人类学、文化学、社会学、地理学等，对文化空间概念定义进行界定；有的从狭义和广义维度对国内文化空间理论进行梳理[17]。本文主要采取后者分类方式，对国内关于文化空间的研究进行综述，主要集中在以下两个方向。

第一，作为非物质文化遗产的一种类型。

狭义的文化空间主要沿用的是联合国教科文组织对文化空间的定义，将文化空间作为专用名词来代表非物质文化遗产，是作为非物质文化遗产的一种重要类型来表述与认定的。

乌丙安认为文化空间是按照约定俗成的时间和固定的场所举行的传统民族民间文化活动[18]。向云驹提出文化空间具有自然属性和文化属性，其核心价值和理论依据在于完整、综合、真实、生态、生活地呈现非物质文化遗产[19]。张晓萍和李鑫提出传承和发展非物质文化遗产不能简单依靠“静态保护”，而应采取符合时代特征的“旅游化生存”对文化空间实施“动态保护”，此时作者已经将文化空间视为一种理论，对非物质文化遗产的保护和发展进行探究，强调突破传统的“物理性地域空间”、突出空间的文化特征以及寻求动态性发展[20]。

第二,作为一种研究视角或理论。

“文化空间”作为一种理论依据或者一种研究视角,主要是学者们结合联合国教科文组织文件定义,参考相关“文化”及“空间”的研究文献,在此基础上界定出与研究领域相匹配的定义,并据此来探讨研究对象,研究对象既包括非物质文化遗产、物质遗产、自然遗产、乡村、古镇、都市等实体物理空间,也包括虚拟空间形式。总的概括就是扩大并丰富“文化空间”的内涵和外延,并以此视角来探讨不同领域的文化形式和空间形式。

国内学者在文化学和社会学视角关于文化空间的界定很多,但大多都是宏观研究,偏向于理论概括和抽象思辨。地理学视角的文化空间受到人文地理学和文化地理学的共同关注,其主要表现形态是文化区,人文地理学侧重于从地域的观点去研究人文现象即某地的人文活动和特征呈现什么样的空间分布规律,而文化地理学侧重通过空间分布的文化特质重建文化历史的顺序以及不同人群之间的关系。地理学研究范式拓展了旅游领域文化空间的研究视野,侯兵等指出当时学术界针对文化旅游空间研究较少,侧重于目的地意境空间以及游客感知、文化遗产和民俗旅游空间[21],因此认为文化旅游研究的不足制约了文化旅游空间的研究,提出文化空间理论可以利用于文化旅游空间的研究,并阐述了研究文化旅游空间的现实意义,从文化旅游的内涵、核心、基本属性、特征表现阐述了文化旅游空间的形成基础,在此基础上将文化旅游空间分成三个维度:物质维度、时间维度、区域维度,更突出人在文化空间中的核心意义。

然而以上研究侧重于从空间的角度探究文化旅游的发展,而非探究旅游驱动下文化空间的发展。朴松爱和樊友猛认为文化空间在内涵上包括物质、精神和社会生活三个维度,在外延上包括核心层(文化遗产富集的区域)和辐射层(文化创意项目、文化产业园区、休闲旅游区等)两个圈层,由中心理念、核心象征、符号系统、活动主体等构成[22]。李星明认为对文化空间的研究应该跳出传统文化地理学关于文化要素在空间的分布研究，而应转向旅游视角下旅游目的地空间的文化研究，强调文化空间的形成以及文化的发展演变，然而对于文化空间的定义却模糊了文化的重要性[6]。

针对历史文化街区面临传统建筑风貌环境与格局遭到破坏、非物质文化遗产逐渐消失等问题，章慧明和翟伶俐以文化和历史价值较高的巢湖市柘皋镇北闸老街为例，在文化空间的保护与发展视角下探讨如何在修缮过程中协调更新与改造、传承与发展的关系[23]。

因此，本文认为旅游地文化空间反映的是旅游地生态文化的生存与发展状态，其研究就应突破传统旅游地理学中“物理性地域空间”和“旅游空间结构”的认识，并基于旅游的文化本质属性而集中于旅游地空间的文化研究。在阅读大量相关文献之后，本文主要借鉴侯兵和朴松爱的文化空间理论，结合两位学者的主要理论观点以及列斐伏尔的三元空间理论，并参考李星明总结的旅游地文化空间演化机制，对旅游休闲街区文化空间的时空演变和发展评价进行研究，而游客评价可以较好体现旅游休闲街区的发展现状。

第二节　上海武康路—安福路街区文化空间演化实践分析

一、上海武康路—安福路街区概况

上海武康路—安福路街区位于衡山路复兴路历史文化风貌区内，由上海武康路和安福路以及道路周围的社区连接形成。街区基本完整保留了一个多世纪以来的城市建设历程和风貌格局，承载了上海的城市文脉，这里见证着上海城市的变迁，汇聚大量的历史文化、建筑文化和人文资源[23]。上海武康路—安福路街区内的武康路最初辟筑于19世纪末，是近代上海法租界西区内历史最久远的城市道路之一，街道形式及沿线建筑于20世纪30年代基本定型。道路全长1 183米，两侧有10个街坊，共有83个地块与街道直接相连，包含建筑物138栋，总建筑面积13.8万平方米，在这一范围内约有1 300余户居民和30多家单位[24]。作为旧上海法租界花园住宅区的典型代表，沿路集中了西班牙式、法国文艺复兴式等风格的建筑以及众多的优秀历史建筑和名人故居。2011年武康路街区被文化部授予“中国历史文化名街”，成为上海第二条获批的历史文化名街[25]。街区内的安福路始建于1915年，长862米，过去是住宅区，两旁洋房林立，街道环境宜人，也处处充满文化韵味[26]。2019年以前，安福路并不像衡复风貌区的其他街道那么有名气，街面上进出的多以本地市民为主，近几年安福路被划入上海文化风貌展示区后，引入包括话梅、野兽派、多抓鱼等在内的七十多家特色鲜明且业务丰富的商铺，于是逐渐占领了文化消费的高地，吸引了大量年轻人聚集，加上上海艺术话剧中心坐落于此，“网红”“文艺”逐渐成为安福路的代名词。

二、上海武康路—安福路街区文化空间演化过程

通过梳理相关文献和资料，探究其文化空间发展历程，发现在时间和空间维度上的演化呈现出一定的规律，下文主要结合上海武康路—安福路街区文化空间实际生产的过程，从时间维度和空间维度分析演化过程中的关键事项，以此揭示其发展过程及现状。

（一）时间维度演化

1. 初步介入期(2011年之前)

这个时期的上海武康路—安福路街区主要是当地居民生活和生产的场所，街区的文化类型主要以海派文化、社会关系文化和建筑文化为主。

在未进行街区风貌更新之前，街区自然生态环境单一，从物质性外观来看，沿街商业主要集中在一些杂货店、小摊贩和小店面，一些房屋建筑呈现出破败的情景，老洋房在岁月更迭中显得落魄，内部性结构不少遭到破坏性使用，不美观的工业化装饰使得整体道路风貌缺乏吸引力，此时的街区缺乏明显的旅游吸引物，具有悠久历史的名人故居和建筑未经活化更新前仅仅是静态的物质性人文景观，街区整体几乎体现不出旅游与休闲功能。旅游业介入武康路—安福路街的空间生产源于上海世博会前后上海市以及徐汇区对街区进行更新和风貌建设，并且在上海都市旅游的带动下，开始有小规模的旅游介入，继而引发街区文化空间的文化要素转变，推动了街区文化空间的生产。

2. 探索起步期(2011—2020 年)

这个时期的上海武康路—安福路街区处于旅游业快速发展阶段，经过旅游初期介入阶段，旅游要素不断增加，旅游休闲功能也更加齐全，文化空间系统的文化要素通过不同的方式得到了凝练与升华，逐渐形成了丰富的文化种类，涵盖精神、物质和社会关系等各方面，例如海派文化在街区覆盖面变广、渗透更深，街区经过更新维护之后，精巧典雅的道路风貌和梧桐风情使得生态文化也逐渐显现，街区道路两侧不断入驻的商铺使得商业文化气息浓厚，历史底蕴和建筑风格吸引一系列艺术品牌加盟，与丰富的演出活动共同营造街区的艺术氛围。

3. 稳定发展期(2021 年至今)

这个时期的上海武康路—安福路街区已经处于旅游休闲发展的稳定时期，经过前一阶段的探索起步时期，街区文化空间的文化要素系统提供了丰富的旅游和休闲功能，旅游业态齐全，文化和旅游高度融合，街区的文化是吸引游客的核心要素。街区的游客和休闲娱乐群体已经形成较大规模，海派文化、历史文化、建筑文化、艺术文化等构建出多元立体、包容性强、文化底蕴深厚、艺术气息浓厚、精致时尚的旅游目的地形象,与同类旅游目的地相比较,上海武康路—安福路街区在上海甚至国内已经拥有较大的旅游影响力,在社交媒体平台上经常有一些相关的营销活动,吸引大量的本地和外来游客。

(二)空间维度演化

1. 上海武康路—安福路街区文化节点

上海武康路—安福路街区文化空间结构中的文化节点主要是为居民和游客提供文化服务和体验的基本空间形态,例如街区道路两侧文化特色鲜明的建筑、业态丰富的商铺、活动场馆、公共服务设施等等。街区内的建筑节点均匀分布在道路两侧,根据建筑节点的功能和历史意义进行分类,可以概括成历史名人故居文化节点。徐汇区政府贯彻引导街区有机生长的理念,在这些建筑文化节点附近引入一批文化创意和餐饮娱乐业态,这些业态逐渐形成商铺节点、活动场馆节点,不同类型的节点之间也逐渐形成关联,居民和游客在体验当地文化、欣赏历史建筑、观看话剧演出和参与文艺活动之后,可以前往消费节点进行惬意地旅游休闲消费。

2. 上海武康路—安福路街区文化轴线

上海武康路—安福路街区的文化轴线由街区内关系紧密的文化节点连接形成,例如街区内分布的各个建筑节点,经过活化更新之后形成开放的旅游文化景观,由于这些景观文化类型相同并且功能相似,于是被设计成为具有相应主题的建筑可阅读游览路线。同理,街区内集中分布在安福路西侧的商业文化节点呈现线状分布,为居民和游客提供多元化消费体验,因此逐渐形成商业文化轴线。街区道路两侧梧桐树、经过精细化设计的围墙立面、花架装饰和绿化形成了街区的生态轴线。

3. 上海武康路—安福路街区文化场

上海武康路—安福路街区的文化场由街区内的文化节点和文化轴线

互相影响和融合而形成，将文化消费嵌入各类艺术演出、文化展览、特色餐饮中，能够为居民和游客提供集海派文化底蕴、历史文化景观、丰富的文化活动、特色的文创产品、艺术气息浓厚的文化旅游休闲消费集聚区，例如街区内的武康庭就是典型的文旅消费场所。咖啡生活周、落叶不扫季、复兴艺术节、口袋生活文创市集等多个知名节庆品牌在上海武康路—安福路街区的文化场中源源不断的涌现，构成“点线面”融合的文旅消费矩阵。

4. 上海武康路—安福路街区文化域面

上海武康路—安福路街区的文化域面是由文化节点、文化轴线和文化场融合而成。在精神层面上表现为融合所有政策制度所凝练的区域性文化，围绕“点线面”管理体系，针对优秀历史文化建筑、风貌保护道路和文化风貌区三个层次对整体区域进行文化空间保护规划管理，根据政策评估，上海武康路—安福路街区包含一类风貌保护道路，是上海极为重要的风貌道路集中区域。在物质层面表现为街区所覆盖的整体范围，包括街区所有文化所依托的建筑景观、生态绿化、公共服务设施、场馆、活动、商铺、饮食以及创意产品等。在社会关系层面包含街区内所有相关的利益主体，街区的权利主体、管理投资者、居民和游客相互影响，共同促进街区文化空间的发展。

第三节　上海武康路—安福路街区文化空间游客感知评价分析

一、评价体系构建

由前文所梳理的文化空间理论研究部分可知，文化空间既是可视化的物质空间也是精神空间，空间内的场所精神和核心价值理念是文化空间区别于普通物质空间的关键之处;同时,文化空间也是一种社会空间,包含各种社会群体之间的关系,这些群体在空间内发挥社区力量和社会力量。

随着旅游介入街区的文化空间生产,权利主体例如政府部门或规划者和投资管理者通过制度、政策和规划放大街区的文化属性、提炼街区的核心文化价值观和意识形态,逐渐形成了街区特有的人文精神,街区内部的建筑形态作为物质支撑,为更多文化空间的实践生产提供了场所,在此过程中又不断形成新的社会关系。

因此,作为旅游休闲街区,其最显著的特征体现在三个方面:精神性、物质性和社会性。其中,精神性是旅游休闲街区文化空间的内涵和核心;物质性主要体现在可以基于可视化的载体(如街区建筑景观、产品、活动、服务设施、美食以及商业店铺等),通过物质的方式将文化表达和传播;社会性体现在旅游发展使街区文化空间内出现了政府、旅游休闲者、外来开发商等新的外来者,街区居民与外来者会通过空间实践和生产关系等形成一种新的社会关系。在旅游休闲街区文化空间生产的过程中包括文化空间生产表征、文化空间生产实践以及表征性文化空间,这三种文化空间生产状态在内涵意义上分别对应精神空间、物质空间和社会空间。

根据上述理论依据,本文的旅游休闲街区文化空间游客感知评价维度包括精神文化空间、物质文化空间和社会文化空间三个维度。其中,精神文化空间维度指通过由政府或者规划师通过制定政策、更新规划等方式对旅游休闲街区文化空间内精神、价值理念、民风民俗等非物质文化进行凝练升华形成的空间;物质文化空间维度指旅游休闲街区内物质性文化载体或者物质性文化要素,比如街区的文化广场、特色街巷、传统建筑、文化活动、文化产品等;社会文化空间维度指街区内部居民以及外部的游憩者对于旅游休闲街区的参与和支持,多方主体形成文化的传播途径。

精神文化空间发挥旅游休闲街区文化空间的核心吸引点、物质文化空间作为依托提供文化实体感受、社会文化空间作为主体推动文化力量的来源，三个维度同时存在，才能营造出一个可持续发展的旅游休闲街区文化空间。

本研究的评价体系由目标层、准则层和指标层构成，其中目标层为旅游休闲街区文化空间游客感知评价，准则层为精神文化空间、物质文化空间和社会文化空间三个维度，再进一步通过文献的归纳分析，利用扎根理论对发展评价体系指标层要素即游客感知要素集进行开放性编码、主轴性编码和选择性编码，提取并形成本研究游客感知评价指标体系中的指标层。

旅游休闲街区文化空间游客感知要素集预先设定需要参考大量的相关文献，以便为之后游客感知评价指标的确定做好基础研究工作，所以对成熟的评价体系的借鉴就显得十分必要。学者朱晓翔的乡村旅游社区游客满意度评价体系、洪文峰的传统村落公共文化空间游客满意度评价指标体系、尹彤的历史街区文化空间游客满意度指标、卞修金的文化空间视点的历史街区更新评价体系、吴洁的历史文化街区认同指标体系以及公共文化资源分类(GB/T36309)等都具有借鉴与参考价值。

最终旅游休闲街区文化空间表征对应的精神文化空间游客感知要素包括共有价值观念、文化形象、文化氛围、艺术文化、商业文化和历史文化6个指标，文化空间实践对应的物质文化空间游客感知要素包括建筑文化、文创产品、公共设施、文化活动、饮食文化和生态文化6个指标，表征性文化空间对应的社会文化空间游客感知要素包括游客文化认同、居民热情好客、商家服务和文化传播4个指标，具体研究及编码情况如表7-1所示。

表7-1 旅游休闲街区文化空间游客感知要素提炼

维度	文献研究者	研究结果	感知影响要素
精神文化空间	周璟璟[27]、洪延峰[28]、闫亚旗[29]、乔家君、朱晓翔[30]、王永桂、吴文浩[31]、张位中[32]	精神价值、历史价值、艺术价值、精神及价值理念、地域文化氛围、传统文化、文化消费氛围、业态文化、历史人文、精神文化遗产、精神文化、自然生态状况、社区环境卫生和绿化美化	共有价值观念
			文化形象
			文化氛围
			艺术气息
			生态文化
			历史文化
物质文化空间	周璟璟、洪延峰、尹彤[33]、吴洁、闫亚旗、朱晓翔、乔家君	建筑物、生态价值、旅游产品、民俗活动、旅游服务设施、景观元素、沿街建筑风貌、小吃风味纯正、特色美食、建筑美感、旅游商品文化特色、旅游主题活动、标志性建筑、建筑特色和风格、公共活动区域、社区民居建筑特色	建筑风格
			文创产品
			公共设施
			文化活动
			饮食文化
			商业店铺
社会文化空间	周璟璟、尹彤、吴洁[34]、朱晓翔、乔家君、王永桂、吴文浩、李欣[35]、赵炜[36]	人居文化、日常生活、居民友善程度、游客居民友好互动程度、文化认同程度、文化认可、利益相关者的文化认可程度、邻里关系和谐和社会风气、居民与游客关系、行为文化	文化认同
			居民热情好客程度
			商家服务态度
			文化传播

二、游客感知问卷调研数据

(一)问卷设计

根据上文构建的旅游休闲街区文化空间游客感知评价体系，结合上海武康路—安福路街区文化空间实际特征设计相应游客感知问卷，问卷共分为两部分，第一部分是统计游客的基本信息，第二部分是对上海武康路—安福路街区文化空间的游客感知情况调查，包括精神空间感知、物质空间感知和社会空间感知三个维度，题项融合游客感知评价的感知体验、旅游认同和行为意向，借助李克特量表，共设计了 20 个测量题项，经过专家和专业同学的共同商讨进行修正。正式问卷调研之前，先进行了预调研，通过 SPSS25.0 进行因子分析，剔除不合适的题项，修正模糊化的题项，将问卷完善以确保正式调研获取可信度更高的真实数据，最终确定了 16 个测试题项。具体而言，游客感知量表是以旅游休闲街区文化空间生产的特征为基础，对游客在武康路—安福路街区的游后感知进行测量，其中精神文化空间维度共计 6 个观测变量；物质文化空间维度共计 6 个观测变量；社会空间维度共计 4 个观测变量。问卷采用李克特 5 级量表，每个题项包含 5 个选项并且对应相应的评分："非常同意"，赋值"5"；"同意"赋值"4"；"一般"赋值"3"；"不同意"，赋值"2"；"完全不同意"，赋值"1"。最终正式调研的旅游休闲街区文化空间游客感知题项见表 7－2。

表 7－2　上海武康路—安福路文化空间游客感知量表

一级指标	二级指标	具体测量指标
旅游休闲街区文化空间游客感知	精神空间	X1 我在街区感受到了浓厚的海派文化
		X2 我在街区感受到了浓厚的历史文化
		X3 街区充满文艺气息、艺术氛围浓厚
		X4 街区生态环境具有当地特色
		X5 街区呈现了很典型的上海现代都市文化形象
		X6 我在街区感受到休闲文化氛围

续 表

一级指标	二级指标	具体测量指标
旅游休闲街区文化空间游客感知	物质空间	X7 我觉得街区的建筑风格很特别
		X8 街区的文化产品丰富且有特色
		X9 街区的服务设施具有设计感
		X10 街区的文化活动(演出、音乐节、节庆活动等)丰富
		X11 街区小吃风味纯正,美食具有特色
		X12 我很喜欢街区的商业气息
	社会空间	X13 游客风格特质鲜明,与街区具有一致性
		X14 街区居民热情好客、开放包容
		X15 街区商家服务态度好,乐于展现当地文化
		X16 我会通过网络社交平台等线上方式了解或宣传街区

(二) 问卷数据的收集

正式调研采取实地问卷发放和网络问卷发放相结合的方式,力求样本数据来源的可靠性、真实性和全面性。

实地问卷发放地点选取在上海武康路—安福路街区范围内,主要以武康路和安福路的沿线为主,问卷发放的时间集中在 2022 年 10 月至 11 月,此时正处秋季,街区内梧桐落叶风貌正佳,来往的游客较多,能获取大量真实的游客感知数据。网络问卷发放形式首先是通过问卷星平台设计好问卷,问卷发放平台主要集中在微信、小红书、微博和抖音等,这些社交平台有很多曾经去过武康路—安福路街区的游客在网络上“打卡”发表游玩体会,因此可以有针对性地搜寻真实前往过街区的旅游者和休闲者。本次共发放问卷 325 份,问卷中设置的注意力测试题项未准确填写会被作为无效问卷剔除，除此之外线上问卷所有题项答案明显重复或者答题时间过短的也作为无效问卷剔除，最终统计得到有效问卷为 307 份，问卷的有效率为 94.46%。

（三）问卷数据的处理

1. 信度分析

如表 7-3 所示，经过信度检验计算问卷数据，得到问卷数据总体的克隆巴赫结果为 0.892，该数值大于 0.60，在旅游休闲街区文化空间感知三个维度中，各个克隆巴赫数值都大于 0.6，表示数据内部一致性较好，可靠性较高。

表 7-3　可靠性统计

维　　度	克隆巴赫 Alpha	项　　数
精神空间感知	0.892	6
物质空间感知	0.794	6
社会空间感知	0.754	4
总信度	0.892	16

2. 效度分析

据表 7-4 数据显示可得，检测出 KMO 值为 0.910，Bartlett 球度检验结果中卡方值为 1 833.123，sig.小于 0.05。因此根据 KMO 数值和 Bartlett 球形检验值的取值及其含义可知，本次搜集的问卷数据适用于做因子分析。

3. 公因子确立

通过主成分分析法进行分析和处理问卷数据得到公共因子，运用正

表7-4 KMO和Bartlett的检验

KMO取样适切性量数		0.910
Bartlett球形度检验	近似卡方	1 833.123
	自由度	120
	显著性	0.000

交法对因子转轴,共得到三个特征值大于1的因子(见表7-5),三个因子的方差贡献率分别为21.943%、17.785%、16.250%,因子贡献率越大则表明该因子在游客感知中的重要程度越高,第一个因子的贡献率最高,则重要程度最高,第二个因子次之,重要程度较高,由于第二个因子和第三个因子间差别率较小,因此重要程度相当。如表所示,三个因子的总方差解释率为55.978%,大于50%,所以此表效度良好,可选这三个因子为公因子。

表7-5 解释的总方差

成分	初始特征值			提取载荷平方和			旋转载荷平方和		
	总计	方差占比	累积%	总计	方差占比	累积%	总计	方差占比	累积%
1	6.226	38.911	38.911	6.226	38.911	38.911	3.511	21.943	21.943
2	1.680	10.502	49.413	1.680	10.502	49.413	2.846	17.785	39.728
3	1.050	6.565	55.978	1.050	6.565	55.978	2.600	16.250	55.978

提取方法：主成分分析法。

将这些感知因子归为三类(见表7-6),分别是精神文化空间、物质文化空间和社会文化空间游客感知因子。

表 7-6　旋转成分矩阵

类　别	成　分		
	1	2	3
X1 我在街区感受到了浓厚的海派文化	0.782		
X2 我在街区感受到了浓厚的历史文化	0.743		
X3 街区充满文艺气息、艺术氛围浓厚	0.682		
X4 街区生态环境具有当地特色	0.639		
X5 街区呈现了很典型的上海现代都市文化形象	0.636		
X6 我在街区感受到休闲文化氛围	0.599		
X7 我觉得街区的建筑风格很特别		0.707	
X8 街区的文化产品丰富且有特色		0.641	
X9 街区的服务设施(公共卫生间、座椅、垃圾桶等)具有设计感		0.624	
X10 街区的文化活动(演出、音乐节、节庆活动等)丰富		0.603	
X11 街区小吃风味纯正,美食具有特色		0.536	
X12 我很喜欢街区的商业气息		0.536	
X13 游客风格特质鲜明,与街区具有一致性			0.783
X14 街区居民热情好客、开放包容			0.774
X15 街区商家服务态度好,乐于展现当地文化			0.594
X16 我会通过网络社交平台等线上方式了解或宣传街区			0.574

提取方法：主成分分析法。

4. 差异分析

为研究武康路—安福路街区文化空间游客感知各个题项的得分情况，对其进行检验值为三的单样本t检验，均值越高说明对游客感知的影响程度就越重要，将数据进行分析可得到以下的结果(见表7-7)。

表7-7　单个样本统计量

类　别	个案数	平均值	标准偏差	标准误差平均值
X1 我在街区感受到了浓厚的海派文化	307	4.17	0.656	0.037
X2 我在街区感受到了浓厚的历史文化	307	4.14	0.591	0.034
X3 街区充满文艺气息、艺术氛围浓厚	307	4.30	0.676	0.039
X4 街区生态环境具有当地特色	307	4.09	0.715	0.041
X5 街区呈现了很典型的上海现代都市文化形象	307	4.13	0.727	0.041
X6 我在街区感受到休闲文化氛围	307	3.93	0.801	0.046
X7 我觉得街区的建筑风格很特别	307	4.25	0.672	0.038
X8 街区的文化产品(文创、手工艺品、特色商品等)丰富且有特色	307	3.91	0.766	0.044
X9 街区的服务设施(公共卫生间、座椅、垃圾桶等)具有设计感	307	3.69	0.784	0.045
X10 街区的文化活动(演出、音乐节、节庆活动等)丰富	307	3.93	0.710	0.041
X11 街区小吃风味纯正，美食具有特色	307	3.45	0.871	0.050
X12 我很喜欢街区的商业气息	307	4.10	0.641	0.037
X13 游客风格特质鲜明，与街区具有一致性	307	3.92	0.693	0.040

续　表

类　　别	个案数	平均值	标准偏差	标准误差平均值
X14 街区居民热情好客、开放包容	307	3.50	0.891	0.051
X15 街区商家服务态度好，乐于展现当地文化	307	3.82	0.692	0.039
X16 我会通过网络社交平台等线上方式了解或宣传街区	307	4.10	0.779	0.044

5. 基本信息情况分析

通过分析问卷数据中游客的基本信息，总结得出游客基本信息和游客行为方面的特征（见表 7－8）。

表 7－8　游客基本信息分析

统计项目	类　　别	次数	占比(%)
性　别	男	123	40.07
	女	184	59.93
年　龄	20 岁及以下	26	8.47
	21～30 岁	192	62.54
	31～40 岁	64	20.85
	41～50 岁	18	5.86
	50 岁及以上	7	2.28
受教育程度	初中及以下	2	0.65
	高中、高职	11	3.58
	专科	27	8.79
	本科	118	38.44
	研究生及以上	149	48.53

续 表

统计项目	类 别	次数	占比(%)
职 业	企业员工	69	22.48
	机关、事业单位干部、公务员	24	7.82
	自由职业者	17	5.54
	教育、卫生、科研从业人员	26	8.47
	文体从业人员	12	3.91
	学生	152	49.51
	其他	7	2.28

据表 7-8 统计，上海武康路—安福路街区休闲旅游的男性占比为 40.07%，女性为 59.93%，由此可见，女性更偏爱于前往武康路—安福路街区，主要是因为街区内的总体文化氛围和商业店铺更容易吸引女性，从旅游市场开发角度，应该关注女性的心理需求，持续吸引女性游客，同时也要开发一些更适宜男性的消费业态；从年龄角度来看，20～30 岁和 31～40 岁的年轻人是旅游休闲街区游客群体的主要组成部分，占到 62.54%和 20.85%，总计高达 83.93%，这也反映了武康路—安福路街区整体受众聚焦在年轻人群体，在实地发放调查问卷时可以明显发现街区内大部分都是穿着时尚的年轻人们，这些充满探索精神的年轻人热衷于打卡网红地和网红热点，因此成了武康路—安福路街区的游客主力军，在未来街区发展时，应该持续打造符合武康路—安福路街区文化氛围的旅游项目，迎合年轻人的需求；从受教育程度来看，硕士研究生及以上占比 48.53%，本科学历占比 38.44%，专科学历占比 8.79%，由于我国教育水平的总体提高，使学历层次普遍提高，人文素养也不断提升，并且武康路—安福路街区所处区域附近分布不少上海高校，充满历史底蕴又能展现上海都市文化的

武康路—安福路街区越来越吸引到更多高学历的人才前来参观和欣赏。从职业统计来看，学生占比 49.51%，企业人员占比 22.48%，此种情况和受教育程度以及年龄分布紧密相关，上海武康路—安福路街区的游客整体偏年轻化，上海的高校和互联网等新兴企业较多，不少学生和企业员工是网络媒体爱好者，加上上海都市旅游业一直吸引全国各地的游客前往，这些群体课余时间和周末空闲之时都会选择前往上海各个街区进行日常娱乐和休闲游玩，因此所占比例较大。

对武康路—安福路街区游客的出游特征进行分析，调查样本中，有 46.58% 的游客是来自上海以外地区，53.42%游客常住上海，由此可见武康路—安福路街区吸引了较多本地常住人口。如图 7-1 所示。

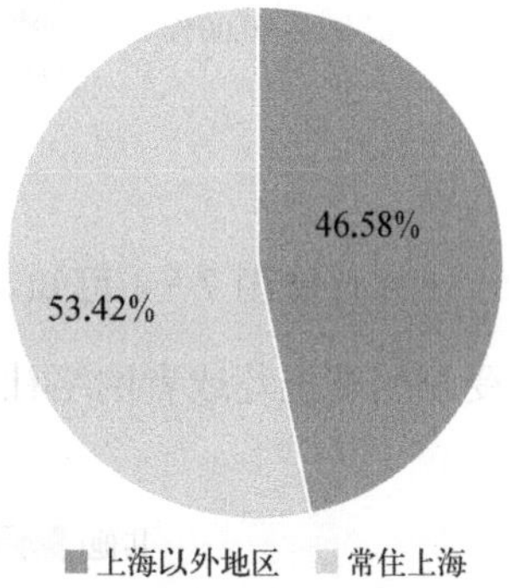

图 7-1　游客来源

图 7-2 中可以看出，大部分人前往武康路—安福路街区出于休闲娱乐的目的。

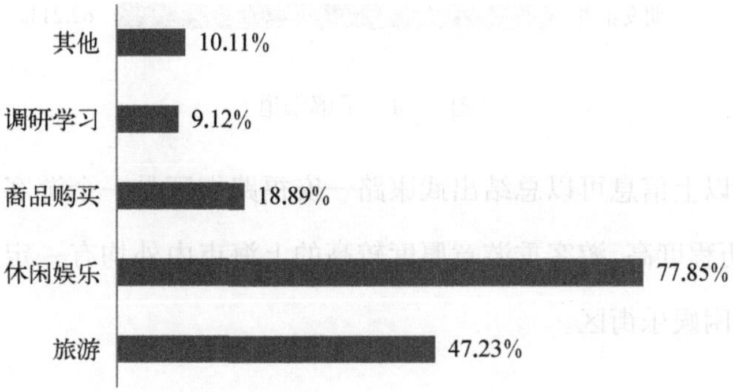

图 7-2　出行目的

从图 7-3 可以看出游客重游武康路—安福路街区的比例很高，大部分受访者游玩过一次以上。

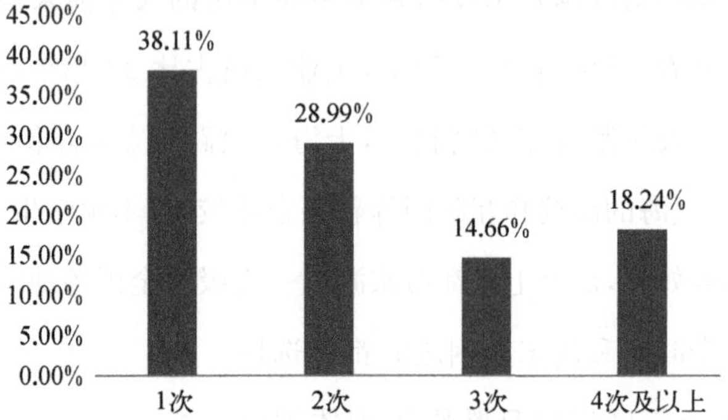

图 7-3　游玩次数

并且如图 7-4 可知，绝大部分受访者了解武康路—安福路街区都是受到朋友推荐或者网络社交媒体的渠道。

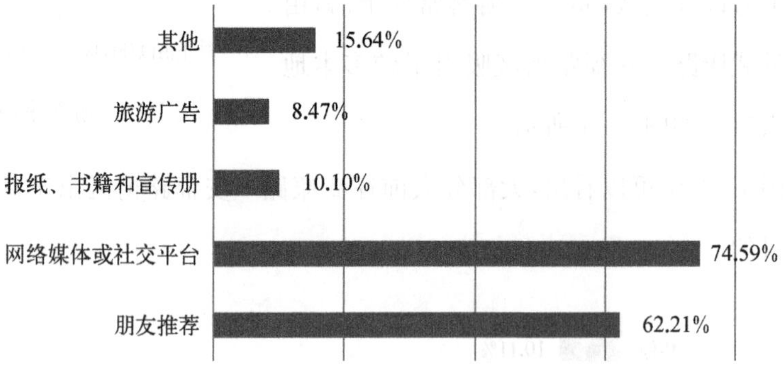

图 7-4　了解渠道

通过以上信息可以总结出武康路—安福路街区是一个游客年轻化程度高、学历程度高、游客重游意愿度较高的上海市内外均有一定知名度的旅游和休闲娱乐街区。

三、基于调研数据的综合评价分析

（一）精神文化空间游客感知评价分析

在文化空间生产的文化空间表征层面，游客所感知到的要素主要体现在精神文化方面，精神文化空间游客感知的六个影响要素中，武康路—安福路街区的艺术气息均值得分最高，为 4.30 分，超过其余的五项，也是街区文化空间游客感知所有影响因素中均值最高的一项，说明在街区文化空间发展过程中被塑造得最好，因此被游客强烈的感知和认可，也表明这是区别于其他主要依靠地方文化和人文历史而吸引游客的一个特殊吸引点；排名第二和第三的是街区的海派文化和历史文化，均值分别为 4.17 和 4.14，海派文化属于地方文化，历史文化是城市的文化底蕴，二者均为旅游目的地的核心文化，是不同旅游休闲街区吸引游客的关键和基本文化要素，其重要程度不言而喻；排名第四的是都市文化形象，均值为 4.13，由于武康路—安福路街区位于上海，而上海作为国际性大都市，是众多游客都市旅游的首选城市，因此武康路—安福路街区所展现的文化形象自然也是都市文化形象的一部分；排名稍后的是街区的生态形象，均值为 4.09，生态环境作为旅游休闲街区规划的重点，相关部门在更新规划的时候非常注重艺术性和视觉审美，道路两旁的梧桐树和围墙边的花艺均为精心打造设计；排名最后的是街区的休闲文化氛围，均值为 3.93，作为旅游休闲街区，除了要满足外来游客的良好旅游体验，也需要为本地常住人口提供一个舒适的休闲游憩空间，调查群体中有一半多的受访者常住上海，因此休闲文化氛围是非常重要的文化空间影响因素也是目前在精神文化空间里亟待武康路—安福路街区优化的要素。

（二）物质文化空间游客感知评价分析

在文化空间生产的文化空间实践层面，游客所感知到的要素主要体现在物质文化方面，物质文化空间游客感知的六个影响要素中，只有武康路—安福路街区的建筑风格和商业气息均值在 4 以上，分别是 4.25 和 4.10，其中建筑风格在街区文化空间游客感知所有影响因素中均值第二，仅次于精神文化空间的艺术文化；排名第三的是街区的文化活动，均值为

3.93,在武康路—安福路街区中,时常会举办各种文化活动,例如安福路上的上海艺术话剧中心几乎每天都有艺术表演,中心门口经常排满拿着门票等待观赏的话剧爱好者们;排名第四的是街区的文化产品,均值为3.91,街区近年来打造了不少“出圈”的文创IP,例如武康大楼形状的冰淇淋、有声明信片等,这些也是不少游客积极拍照打卡的必选元素;排名第五的是街区的公共服务设施,均值为3.69,公共服务设施是旅游的基本服务,其完备性和多样化在某种程度可以反映旅游目的地的发展质量,而调查结果显示游客对武康路—安福路街区公共服务设施的感知较差,这可能因为上海对垃圾分类要求较高,街道上较少设置垃圾桶,并且经过实地考察,武康路和安福路的道路两旁几乎没有设置供游客休息的座椅,公共卫生间的数量也较少,位于武康庭内部有几个卫生间但位置隐蔽,实地访谈中有游客提到“这里好多人,但是没厕所,问路人厕所在哪里,阿姨告诉我进店消费就有厕所了,然后我找了一路没有,被迫进店消费了,人多又无聊,可能我没有文艺气息,也没觉得很出片,很多人拍照真的,实在搞不懂一个这么多人的地方没厕所是怎么回事,属实是网上推荐的跟风来的”,这里的公共服务设施除了数量少以外,也较少能体现和街区文化相关的设计感;排名最后的是街区的小吃风味和美食特色,均值为3.45,此项得分不仅是武康路—安福路街区物质文化空间游客感知均值最低的因素,也是整个文化空间感知中均值最低的,结合街区情况分析,街区内的饮食类别主要集中在咖啡店和西餐厅,这些偏西式的饮食风格虽然能吸引一部分小资消费群体,但不能满足大众的多样化口味需求,街区内本土风格的餐厅相比较少。

(三)社会文化空间游客感知评价分析

在文化空间生产的表征性文化空间层面,游客所感知到的要素主要体现在社会文化方面,社会文化空间游客感知的四个影响要素中,游客对于武康路—安福路街区的认可和推荐程度最高，均值为 4.10，这说明大部分游客对街区的满意度良好，并且愿意通过多媒体渠道传播街区相关信息，网络平台上人们之间的交往体现的是虚拟社会关系，构成了虚拟的社会文化空间。排名第二的是对于游客特质的感知，均值为 3.92，说明游客特质也能很好地反映武康路—安福路的社会文化，在街区内可以明显地发现大多数游客都穿着年轻、打扮时尚，不少网红前往此处拍写真和视频，这里是“时尚弄潮儿”的聚集地，这使得不少游客在前往街区之前通过网络社交平台了解之后，也会自然地选择穿搭时尚或文艺的风格。排名第三的商家服务态度，均值为 3.82，这也体现了一些商家在做生意的过程中并没有重视服务态度，也没有街区的“文化归属感”和向客人传播街区文化的“主人翁意识”。排名最后的是游客对于街区居民的态度感知，均值仅为 3.50，这可能因为武康路—安福路街区的居民区并不对外开放，游客更多是在沿路游览和消费，而较少能和街区内的居民接触，或者居民走出住宅区以后，和休闲游憩者融为一体，并不能分清彼此的居住者和外来者身份，因此对于和街区内居民的感知程度较低。

第四节　研究结论与建议

一、研究结论

旅游休闲街区作为文化空间，既有文化属性，也有空间属性，可以将其文化空间生产过程视为文化空间的发展过程，在此过程中呈现出一定的时空演化规律，时间维度上表现为旅游初期介入、探索起步和稳定发展三个阶段，空间维度上表现为文化节点、文化轴线、文化场和文化域面四个结构形态。列斐伏尔空间生产理论三元组中空间的表征、空间的实践、表征的空间分别代表精神性、物质性和社会性三个层面的空间特征,构成了实际的空间生产过程。因此,旅游休闲街区文化空间具备精神性、物质性、社会性的特征,精神性文化空间是文化的内涵核心,物质性文化空间是文化的载体,社会性文化空间是文化的表达途径,这三类空间共同构成文化空间的内在结构。

上海武康路—安福路街区的时间演化阶段为初期介入期(2011 年之前)、探索起步期(2011—2020 年)和稳定发展期(2021 年至今)。空间演变中文化节点体现在街区内各个建筑、文化创意和餐饮娱乐店铺等文化景观和文艺活动;文化轴线可以体现在由武康路—安福路街区内建筑连接而成的建筑可阅读游览路线;文化场体现在街区内文化消费构成的消费集聚区,比如武康路上的武康庭就是一个集合餐饮、娱乐、艺术、展览等为一体的文化场;文化域面可以体现在由武康路—安福路街区的历史建筑、历史风貌街道和历史文化保护区复合成的区域。

为从游客视角了解旅游休闲街区文化空间的发展情况,结合文化空间理论和空间生产理论构建旅游休闲街区文化空间游客感知评价体系,包括精神文化空间、物质文化空间和社会文化空间三个维度。精神文化空间游客感知要素包括共有价值观念、文化形象、文化氛围、艺术文化、商业文化和历史文化 6 个指标,文化空间实践对应的物质文化空间游客感知要素包括建筑文化、文创产品、公共设施、文化活动、饮食文化和生态文化 6 个指标,表征性文化空间对应的社会文化空间游客感知要素包括游客文化认同、居民热情好客、商家服务和文化传播 4 个指标。

通过问卷调查、实地考察和访谈与网络文本分析,对武康路—安福路街区文化空间的游客感知进行分析,发现游客对街区的休闲文化氛围、文化活动、文化产品、公共服务设施文化性、饮食文化、游客文化认同、商家和居民态度的感知均值都低于 4 分,占到旅游休闲街区文化空间游客感知所有影响因素的一半比例，是在未来发展过程中政府和旅游运营管理企业需要重视并优化的空间文化要素。

二、相关建议

（一）旅游休闲街区精神文化空间的优化建议

为了提升游客对旅游休闲街区的感知和认同感，最好的方式是将街区文化空间在时空演变过程中所形成的最核心的精神文化融入街区的每一个景观和活动细节中，放大街区风貌中具有辨识性的特征，并让游客沉浸式体验，比如街区围墙粗糙的表面，古旧的门牌等，要避免因为统一的修整而造成独特性的丧失，而且在景观管理中也应保持原有的方式，可以通过生态景观烘托出旅游休闲街区的历史文化氛围。

在明确旅游休闲街区的文化特色和聚焦定位之后，政府在规划和街区更新过程中应该严格把控整体的建筑和街区道路风貌、商业分布特征和地方文化特色等，在视觉效果上实现协调统一的同时体现鲜明文化特色。

（二）旅游休闲街区物质文化空间的优化建议

加强旅游休闲街区的商业文化、公共服务设施和地方文化的关联性。商业本身也是旅游休闲街区文化的一种，因此并不应该全面否决街区的商业化发展，更重要的是怎样做到非同质化的商业发展，商业店铺是旅游休闲街区中非常重要的公共社会空间，商业发展过程中会逐渐形成当地性商业文化，这种文化可以反映街区文化空间中的精神文化，很多街区的本土精神文化就发源于人们在商铺的生产实践活动和交流沟通中，例如武康路—安福路街区里武康大楼下的沪上老牌美发店紫罗兰美发厅，就是街区居民相互交流信息的重要场所，也是居民归属感的物质基础。然而当前很多旅游休闲街区的商业文化与其地方文化并不统一或者业态种类太过单一,例如上海新天地街大量的咖啡店和小酒馆,这些中高档休闲商业可以体现一部分老上海的海派文化,却不能完全代表海派文化深厚的底蕴,这种消费水平并不契合石库门里弄市民阶层的属性。武康路—安福路街区内一系列画廊和艺术展览等文化商业以及餐饮商业虽然符合街区历史上较高文化层次和社会阶层的消费习惯和消费水平,并且也能满足当今一些小资族的消费需求,但随着街区旅游化发展,游客群体变广,并不是所有游客都能接受这样的消费水平。

要实现商业文化和本土文化的统一,需要增强二者的关联性,首先要保护街区过去特有的商业形式,通过商业来外延街区精神文化空间的内涵,通过创造或者引入过去没有的商业形式来体现、创新和活化旅游休闲街区的精神文化,引入的商业除了要符合街区的文化特征或居民阶层消费层次,如武康路以画廊、书店等文艺商业来展现街区高端文化特质,以高档法式餐厅等来体现街道原有居民的社会阶层饮食消费,也要引入一些能满足大部分普通游客群体的消费需求。

在城市现代化进程中,政府和规划设计院必须要在设计旅游休闲街区中的公共服务设施时添加具有地方文化特质的新元素,比如路灯、垃圾桶、卫生间、休息座椅等公共服务设施应进行专门的设计,以加强街区的文化体验。

(三)旅游休闲街区社会文化空间的优化建议

减少主客冲突,增强游客旅游休闲街区原生态体验。旅游休闲街区是能够提供旅游和休闲功能的居住区,也是文化传承的最直接载体,居住和生活是大部分旅游休闲街区曾经的主要功能,但在旅游休闲街区文化空间发展过程中,首要任务是在一定程度下保护街区原有的生活形态,这样不仅能发挥街区本身的功能,提供居民居住和生活的空间,也能给游客提供最真实的原生态街区体验。

目前很多经过保护和开发的旅游休闲街区却逐渐丧失“原生态”，为保护历史建筑和发展旅游业而将大量原住居民迁出，统一修复后作为景点或商业建筑，要保护旅游休闲街区的真实生活形态，首先应当保持一些建筑的原有居住功能，街区需要由居民居住才具有活态性和真实性，否则就变成了物质景观。除此之外，可以对历史建筑进行分类，将一些具有居住功能的住宅开放给居民，按照原有的居住模式引入居民，避免房子闲置，或者像武康路的花园住宅一样的混居情况除了，但居住的规模也应该结合街道其他方面的特征进行调整，并且完善街区内的居住设施，改善条件，使居民“住老房子，过新生活”。而对于需要特殊保护的建筑，可以集中相同类型的建筑，设计不同主题的文化轴线，提供游客文化游览线路。

参考文献

[1] 宋长海，楼嘉军.江南休闲文化娱乐街区业态结构与服务提升研究[J].江苏商论，2020(12)：71-74.

[2] 庞学铨，彭菲.反思文旅融合视域下休闲学科的发展[J].旅游学刊，2019，34(12)：5-7.

[3] 田志奇.文旅融合下旅游目的地互联网思维的产品营销及创新[J].旅游学刊，2019，34(08)：8-10.

[4] 张朝枝，朱敏敏.文化和旅游融合：多层次关系内涵、挑战与践行路径[J].旅游学刊，2020，35(03)：62-71.

[5] 徐翠蓉，赵玉宗，高洁.国内外文旅融合研究进展与启示：一个文献综述[J].旅游学刊，2020，35(08)：94-104.

[6] 李星明，朱媛媛，胡娟，等.旅游地文化空间及其演化机理[J].经济地理，2015，35(05)：174-179.

[7] 胡敏杰,邹芳芳.文化空间理论视角下福州城市内河休闲旅游空间布局与开发研究[J].海口:海南师范大学学报(自然科学版),2014,27(01):78-83.

[8] 李颖.基于旅游大数据的景观评价研究[D].杭州:浙江大学,2020.

[9] Howell N A, Farber S, Widener M J, et al. Residential or activity space walkability: What drives transportation physical activity? [J]. Journal of Transport & Health, 2017: 160-171.

[10] 罗丹.夜间旅游街区感知吸引力维度及其与游客重游意愿关系研究[D].西安:西北大学,2021.

[11] 陆扬.社会空间的生产——析列斐伏尔《空间的生产》[J].甘肃社会科学,2008(05):133-136.

[12] Harvey D. Between Space and Time: Reflections on the Geographical Imagination1[J]. Annals of the Association of American Geographers, 2010, 80(3): 418-434.

[13] T D J. Seeking Spatial Justice by Edward W. Soja[J]. Economic Geography, 2011, 87(1): 105-106.

[14] D B. Fredric Jameson, Postmodernism, or the Cultural Logic of Late Capitalism, 1991[J]. 2007.

[15] Zukin S. The Cultures of cities[G]. Blackwell, 1995.

[16] 伍乐平,张晓萍.国内外"文化空间"研究的多维视角[J].西南民族大学学报(人文社科版),2016,37(03):7-12.

[17] 覃琮.从"非遗类型"到"研究视角":对"文化空间"理论的梳理与再认识[J].文化遗产,2018(05):25-33.

[18] 乌丙安.非物质文化遗产保护中文化圈理论的应用[J].江西社会科学,2005(1):102-106.

[19] 向云驹.论"文化空间"[J].中央民族大学学报(哲学社会科学版),2008(3):81-88.

[20] 张晓萍,李鑫.基于文化空间理论的非物质文化遗产保护与旅游化生存实践[J].

学术探索，2010(06)：105－109.

[21] 侯兵，黄震方，徐海军.文化旅游的空间形态研究——基于文化空间的综述与启示[J].旅游学刊，2011，26(03)：70－77.

[22] 章慧明，翟伶俐.文化空间视角下的历史文化街区保护与发展路径研究——以巢湖市柘皋镇北闸老街为例[J].小城镇建设，2019，37(12)：78－83.

[23] 沙永杰，张晓潇.上海徐汇区风貌道路保护规划与实施探索10年回顾[J].城市发展研究，2019，26(02)：66－73.

[24] 张晓潇，沙永杰.保护规划与实施落地之间的关系——以上海武康路项目为例[J].城市建筑，2020，17(36)：17－20.

[25] 孙巍.浅议历史街区非物质遗产的保护方法——以武康路为例[J].绿色科技，2014(07)：179－180.

[26] 舒抒."武康路—安福路"街区打造文化IP[N].解放日报，2021－11－17(02).

[27] 周璟璟.传统聚落文化感知及其文化空间规划应用研究[D].杭州：浙江大学城乡规划，2022.

[28] 洪延峰.寒地传统村落公共文化空间游客满意度评价指标体系研究[D].哈尔滨工业大学风景园林，2018.

[29] 闫亚旗.文化人类学视野下思南安化历史文化街区的遗产旅游发展研究[D].贵阳：贵州大学旅游管理，2022.

[30] 朱晓翔，乔家君.乡村旅游社区可持续发展研究——基于空间生产理论三元辩证法视角的分析[J].经济地理，2020，40(08)：153－164.

[31] 王永桂，吴文浩.基于AHP分析法的徽州文化旅游资源评价[J].安徽农业科学，2012，40(02)：889－891.

[32] 张位中.国内古城镇旅游可持续发展理论模式研究——基于文化空间与场所精神理论[J].城市发展研究，2014，21(10)：13－16.

[33] 尹彤.基于空间生产理论的历史街区文化空间生产研究[D].西安：西安外国语大学，2018.

[34] 吴洁.历史文化街区旅游地空间生产和旅游认同研究——以瑞安忠义街为例[D].桂林：广西师范大学旅游管理(MTA),2022.
[35] 李欣.基于文化空间理论的侗族百家宴保护与传承研究[D].桂林：桂林理工大学,2019.
[36] 赵炜,杨文艳,吴潇.非遗传承视角下的历史古镇文化空间生产过程——以崇州市怀远古镇为例[J].西部人居环境学刊,2022,37(02)：7-14.

第八章　浙江丽水市松阳县乡村旅游“抖音”短视频营销分析

第一节　短视频营销的理论基础

一、短视频的概念

短视频是指在多媒体平台，通过多种途径播放的时间短且具有实时性的视频。以单个小视频，或系列短片为主。Social Beta(社会化商业网)认为短视频是“以一种以秒计数，且主要依托于移动智能终端实现拍摄与美化编辑，可在社交媒体平台实时分享和无缝对接的一种新型视频形式。”简言之，短视频是一种融合文字、视频、语音等元素的新媒体，透过立体化的表达方式，呈现丰富多彩的内容，具有社交和娱乐属性[2]。短视频的出现表明人类进入“读秒时代”，并且短视频制作门槛低、娱乐性强，贴合当下人们信息阅读的习惯。抖音是短视频创作和播放的主流平台，深受国内外民众喜爱。

二、短视频营销及特征

短视频营销主要是指企业或品牌所有者通过短视频向目标受众宣传

组织文化、产品信息和服务理念等内容的过程,以此促进交易达成。现如今,随着商业文明和文化价值传播的进步,短视频营销已成传播界的主流方式之一[3],呈现如下特征。

第一,互动性强。短视频营销的出现,改变过去传统营销单向传播的方式,进化为双方,乃至多方间交互传播。受众不仅是信息的接收者,也是信息的生产者和传播者。企业与消费者之间通过评论、回复、弹幕等方式进行“对话”,实现一对一互动交流。受众感知和体验性增强,营销效果更加突出。

第二,传播速度快,范围广。与传统营销相比,利用5G技术,短视频营销的传播更加快捷、直观和高效,更容易被消费者快速接受和理解。在大数据的计算下,短视频被精准推送至目标对象,突破时空限制,在最大范围内完成与实际需求间匹配。

第三,多样化。短视频营销具有形式多样化、渠道多元化的特点。抖音、小红书、微信视频号等新媒体各具特色,满足不同企业的差异需求。与此同时,企业利用平台大数据进行用户画像分析,挖掘游客潜在需求,研判消费流行趋势。

第二节　松阳县乡村旅游“抖音”短视频营销现状

松阳县大部分农村以农业生产为主要经济来源。2018年起,当地出现一批拍抖音短视频的年轻人。他们在短视频里分享地方美食、农特产品和乡村生活方式,让松阳县成为抖音界的“网红县”。2021年4月,字节跳动结合松阳开展“山里dou是好风光”的项目,通过“线上+线下”营销模式,宣传当地形象,吸引游客。根据《抖音数据报告》,松阳县三都乡毛源村位列2021年抖音传统村落打卡量排名的第三位。

一、短视频用户类型

2022年2月28日，笔者在抖音平台以“丽水松阳”“松阳”的名称进行搜索，共发现直接或相关视频用户153个，排除与乡村旅游无关视频账户后，剩余120个。其中，超过100万粉丝的账户有2个，16个账户粉丝数量在10万～100万，69个账户粉丝数在1万～10万间（见表8-1）。此外，视频获赞数最多的有4 312.5万次，传播效果十分理想。从抖音认证类型来看，松阳短视频账户主要包括个人、企业和官方三种。个人账户数量最多，共计91个，包括本土自媒体、农产品个体户、乡村旅游创业者、导游、旅游策划师、旅游博主、普通农民等。该类账户一部分由团队代运营，短视频制作专业精良。另一部分则属个体创作，是松阳乡村旅游营销传播的主体，但大多数是业余人士，所以在选题、拍摄、剪辑、配乐等方面经验不足，视频质量一般。企业认证有19个，基本为旅游公司和茶叶企业。官方认证的数量最少，仅9个。

表8-1　松阳乡村旅游的抖音自媒体账号

账号名称	粉丝量	作品数量	获赞量
大山里的秘蜜	244.4万	716	4 312.5万
山中杂记	189.2万	526	2 202.5万
航拍丽水&明月	22.3万	445	257.1万
我的家乡在丽水	2.9万	175	47.2万
松阳旅行	3 218	22	2.9万
跟着潘姐游松阳	2 514	99	1.9万

资料来源：笔者根据部分相关资料整理。

二、短视频表现形式

松阳县抖音短视频营销形式包括以下几种。

(1) 解说式。该形式目前最为普遍，大部分针对乡村风貌、民俗文化、传统美食、农产品等进行介绍。存在讲解人出镜和未出镜两种，前者如“九菜玩记”，为旅行博主，专注松阳周边小众秘境；后者如“王太琼”和“飞行的玮聆”，利用无人机航拍画面，再进行旁白解说。

(2) 采访式。采用当下流行的街采形式，通过询问路人，借助路人的回答来表达视频创作者的观点。

(3) 生活 Vlog 式。如“我的家乡在丽水”，博主用视频形式向网友分享乡村生活瞬间及旅游经历，真实感较强。

(4) 图文式。如“真实的地理位置”，作者通过视频制作软件将旅游照片合成为短视频，并配上文字和音乐。

(5) 情景式。以故事形式表现松阳乡土生活。此种方式更富表现力，对脚本的设计、表演、拍摄和后期制作要求较高。

三、短视频营销内容

内容始终是抖音短视频营销传播最关键的因素，如厦门的“蓝眼泪”、西安的“摔碗酒”，前者以景观特色不可复制，后者以活动设计新颖有趣，成为短视频营销的经典案例。可见，“网红”景点的成功一部分归因其天赋特色，另一部分则是凭借内容的创意策划而出圈[4]。

(一) 短视频内容类型

根据内容差异，松阳乡村旅游短视频可分为七个类别：景色风貌、乡村遗产和古代建筑、民俗文化、茶文化、特产商品、旅游体验和个人展示。景色风貌类短视频侧重对松阳乡村生态环境、自然景观展示和分享。例如山顶云景、箬寮原始森林等；乡村遗产类以乡村历史遗迹、传统建筑、书院及特色民居等为传播主题，如松阳明清老街、松宣古道、石仓古民居和李坑村景区等；民俗文化则主要包括民间演艺、节庆、风俗等内容，如上梅畲寨旅游区的文化活动；茶文化类以当地企业或者个体户为主，以农户劳作为主题，如采茶、制茶等；特产商品类以风味美食、传统手工产品为主要展示内容；旅游体验类以拍摄乡村旅游活动体验为核心；个人展示类占乡村旅游短视频的比重最大，博主以模仿、记录生活，才艺展示、搞笑等为主题。

表 8－2　松阳乡村旅游短视频内容类别

主要类别	类别元素	短视频内容(旅游资源、景点)
景色风貌类	地质地貌景观	山顶云景
	动植物观赏	中国茶文化之乡
旅游体验类	乡村休闲	大木山骑行茶园
		先锋书店(悬崖上的书店)
	自驾游	松古平原、松古盆地(八山一水一分田)
乡村遗产类	民俗风情游	石仓古民居(客家文化)
	怀旧仿古游	黄家大院(木雕艺术殿堂)
		松宣古道
		古堰画乡
		明清老街
民俗文化类	演艺、节庆、风俗等	上梅畲寨旅游区的文化活动
茶文化类	农户劳作为主题	采茶、制茶
特产商品类	美食	徐记盐煨鸡、酒糟大肠面
	购物	石仓老酒、土法红糖、茶叶、蜂蜜

续 表

主要类别	类别元素	短视频内容(旅游资源、景点)
特产商品类	住宿	过云山居、飞鸟集(悬崖上的民宿)、揽树山房
个人展示类	模仿、记录生活,才艺展示、搞笑等为主题	大山里的秘密等博主内容

资料来源:笔者整理所得。

(二) 短视频营销举措

随着乡村振兴战略的全面落地,各乡村旅游地之间"没有硝烟的战争"逐渐打响。为了突出本地乡村旅游的特色,松阳抖音短视频营销主要推进以下举措:

第一,农旅结合。松阳茶业底蕴深厚,抖音茶农账号以短视频形式展现制茶工艺,吸引网友观赏采茶、制茶等过程,激发网友在线购买茶叶的同时,也带动许多游客前来松阳茶乡旅游度假,体验茶文化。以短视频为营销媒介,茶旅实现互利共赢,乡村得到发展。

第二,文旅结合。松阳县古村落众多,乡村游深受市场欢迎,如杨家堂村的"金色布达拉宫"、平田村、陈家铺村、上田村、李坑村等每日接待大量游客。当地业者使用航拍机拍摄古村落面貌、居民生活场景、农家劳作等画面,加以声效,在抖音上分享传播,旅游宣传效果突出,文旅得到有效融合。

第三,康养旅游。随着健康理念深入人心,康养旅游的价值得到普遍认可。松阳"八山一水一分田"的生态环境宛如世外桃源,让人感到宁静放松。字节跳动结合松阳开展"山里dou是好风光"项目,通过"线上+线下"营销模式,吸引游客,宣传旅游地形象,推动当地康养产业发展。

第三节　松阳县乡村旅游“抖音”短视频营销存在的问题

抖音短视频越来越受到社会大众喜爱，短视频营销也成为诸多旅游目的地宣传推广的主流方式之一。但我们看到松阳县“短视频＋旅游”营销方式日益成熟的同时，也存在一些问题亟待解决。

一、质量参差不齐

视频质量是吸引粉丝的根本，也是持续获得热度的关键[5]。由于抖音短视频制作和发布的门槛较低，所以形成个人用户、政府和企业发布的内容参差不齐，大部分缺乏创新性和亮点。笔者搜索松阳乡村一些最具代表性的抖音账号，发现尽管粉丝量几十万以上的网红博主受到追捧，但从视频主题、内容选择上看，与其他博主的差异不大，特色风格不突出，同质化明显。而占据绝对多数的粉丝量一万上下的视频博主，不管是叙述主线、内容画质，还是文案编辑等的质量不佳。此外，一部分博主为了扩大视频传播效应，通过艺术手法对视频美化剪辑，造成与实景不符。来访游客到达实地后，心理落差大，影响松阳的形象，此类短视频营销手段带来较大的负面作用。

二、文化表现不足

综观松阳县乡村旅游抖音短视频内容，发现大部分视频仅显示景物、生活方式的外在表现，缺少对其文化价值的挖掘。例如“大山里的秘蜜”博主展现许多乡村日常生活、自然风光画面，以及当地特产，给网友感官上营造了好山好水、惬意舒适的乡村环境。但鲜少阐述当地生活理念、生活方式意义、特产制作的过程及地方传统手艺的文化属性。类似问题在其他博主的视频中也同样存在。尽管这背后涉及各博主抖音号定位问题,但如果绝大部分视频账号的表现内容都流于表象,缺少对文化特色和深度挖掘,长此以往对松阳形象的传播其实有害。留在网友心中的一个单纯山水风光佳、居民生活悠闲自得的刻板印象掩盖了松阳历史悠久、文化厚重、生活哲学深刻的多样化。此类短视频营销的结果让松阳和浙江其他山区形象差异化不明显,一旦失去热度,游客锐减,旅游目的地的可持续性发展便成问题。

三、运营策略不佳

对松阳乡村旅游短视频博主的运营行为分析发现,大部分粉丝量十万以上的博主,近年来视频呈现效果越加倾向诙谐风格,究其原因是为迎合市场,其中不乏一些媚俗表现。以市场需求为导向本身无错,更是营销策略的出发点,但这种为获得流量,降低视频品质,甚至过分夸张博人眼球的做法不可取,且不可持续[6],此类视频越多则会严重影响松阳乡村旅游形象的传播效度,更胜的是产生巨大的负面连锁反应。另外,从视频留言区看,大部分博主后期维护不够,对视频中的争议或误解置之不理,导致错误传播效应持续扩大。但就社群运营原则而言,短视频领域,博主与观众保持一定程度的交流,不仅可以提升用户黏性和忠诚度,也能引导粉丝的价值判断和审美情趣,达到制作者的传播目的。笔者对松阳短视频博主互动环节全面分析后发现,80%以上的博主和观众没有互动,特别是一些观光游览视频中,多人留言询问民宿、餐饮、购物点地址及游览路线时,鲜少有博主能及时回答沟通,造成营销价值的大幅度流失。

第四节　松阳县乡村旅游"抖音"短视频营销策略

整体来看,松阳县乡村旅游短视频营销正处于快速发展阶段,取得亮眼成绩的同时,出现局限性和片面性问题在所难免,为了更好地提升短视频质量,实现营销传播的优质效果。笔者提出如下建议。

一、通过规范与合作,打造优质作品创造土壤

在抖音平台,大部分松阳乡村旅游短视频博主为个人用户,因此在营销中较容易发生传播错误信息、不够专业等问题,偏离地方和政府营销的初衷。政府相关部门应加强与个人用户、公司用户及短视频平台联系和沟通。在尊重对方创作自由的前提下,通过组建行业协会、自律联盟等社会组织,强化博主社会责任,规范营销传播过程中商业和媚俗偏浓等问题;同时,政府出台优质内容创作奖励制度,表彰品质好、文化性强、特色显著、受欢迎程度高的作品,引导各类博主创造佳作,实现多元、文化、特色、体验等相融的正面营销效果[7]。再则,政府搭建协作平台,鼓励短视频博主参与政府旅游推广项目,利用博主流量热度,推动松阳乡村旅游新项目走进市场。

二、丰富短视频内容,强化线上带动线下效应

松阳县应充分利用"江南最后的秘境"这一金字招牌,通过政府短视频创作引导机制,借助新媒体强化县域乡村旅游特色形象。首先,政府、企业和个人账户联动策划系列短视频主题营销,赋予松阳各旅游区块差异化品牌形象,提高游客识别感和认知度;其次,丰富视频体验性和参与

感,围绕当地特色农产品,直播农产品耕种、制作过程,同时传递生态农业知识,并邀请游客与当地农户一起体验采摘乐趣。例如,借助茶叶种植资源,直播采茶、制茶过程,吸引网友线下体验,增加农产品附加值,促进农产品旅游化,助推乡村产业振兴;此外,举办研学、集市、文化节等线下活动,举办“全民共享松阳香茶”等创意短视频大赛,邀请KOL等视频博主来访拍摄,借助短视频、名人效应,将线上热度转化为线下的人气和流量,实现乡村旅游营销闭环[8]。

三、构建多元体系,提高营销策略及运营能力

松阳短视频营销须构建多元化运营体系。

第一,在政府协作平台机制下,针对视频生命周期短、传播时效性强的特点,利用运营大数据分析结论,进行个性化精准营销,即避免短时间内同类型视频的重复推荐,防止网友厌恶感的产生。同时根据用户观看习惯和偏好,推荐松阳差异化、多元化乡村视频内容。

第二,政府联合平台把控内容质量,加强内容审核,优化审核流程,控制低质量、媚俗性乡村旅游视频的传播。

第三,在优质内容创作奖励制度下,鼓励短视频博主建立反馈机制,通过评论区回复、私信回复等方式与潜在游客及时沟通,解决相应问题。

第四,政府和协会通过开设视频拍摄、剪辑、账号运营等专项培训,为视频博主,特别是无团队的个人账户提供技术指导。围绕乡村旅游品牌定位,开展短视频创作,突出旅游视频的质量、文化内涵和地域特色,实现最佳营销效果。

第五,结合地方政府的大学生返乡创业补贴、人才补贴等政策,吸引人才,留住人才,提升行业整体水准,保障松阳乡村旅游短视频营销体系

的持续发展。

参考文献

[1] 许馨文.抖音短视频的营销模式及商业价值探究[J].现代营销(学苑版),2021(12):100-102.

[2] 金星月.新媒体环境下抖音短视频对城市旅游营销的意义[D].杭州:浙江大学,2019.

[3] 肖奕琳.短视频平台下旅游营销模式的创新策略研究[J].中国商论,2021(21):57-59.

[4] 刘慧悦,阎敏君.移动短视频使用对旅游者行为意愿的影响研究[J].旅游学刊,2021,36(10):62-73.

[5] 吴斌,周小怡.新闻"三一律"对短视频的流量破局——主流媒体打造抖音爆款的路径探析[J]青年记者,2022(09):75-77.

[6] 邓绍明,向文雅,李旭."抖音短视频"对旅游营销的启示[N].中国旅游报,2018-05-22(003).

[7] 杨丹,张健挺.乡村旅游中的短视频赋能与路径分析[J].中国广播电视学刊,2021(11):14-15+56.

[8] 张康.自媒体时代短视频网红营销策略探究[J].青年记者,2019(17):98-99.